NEW TESTAMENT ABSTRACTS

DIE
GESCHICHTSAUFFASSUNG
DES FLAVIUS JOSEPHUS
IM BELLUM JUDAICUM

INSTITUTUM IUDAICUM, TÜBINGEN

OTTO MICHEL und MARTIN HENGEL

————

ARBEITEN ZUR GESCHICHTE DES ANTIKEN JUDENTUMS UND DES URCHRISTENTUMS

BAND XII

DIE GESCHICHTSAUFFASSUNG
DES FLAVIUS JOSEPHUS
IM BELLUM JUDAICUM

LEIDEN
E. J. BRILL
1972

DIE GESCHICHTSAUFFASSUNG DES FLAVIUS JOSEPHUS IM BELLUM JUDAICUM

GLEICHZEITIG EIN BEITRAG ZUR QUELLENFRAGE

VON

HELGO LINDNER

LEIDEN
E. J. BRILL
1972

ISBN 90 04 03502 8

INHALT

Die vorliegende Arbeit ist die im wesentlichen unveränderte Fassung meiner Dissertation, die zu Anfang des Wintersemesters 1970/71 vom Fachbereich Evangelische Theologie der Eberhard-Karls-Universität zu Tübingen angenommen worden ist.

Den Anstoß zur Beschäftigung mit Josephus empfing ich durch eine zweijährige Mitarbeit an der Tübinger Bellum-Ausgabe. Mit tiefem Dank möchte ich hier als meinem Lehrer Herrn Prof. D. Otto Michel nennen, der mir bereits während der Tübinger Studienzeit und dann auch innerhalb der Tübinger Josephus-Arbeitsgemeinschaft entscheidende Hilfestellung gegeben hat, die Fragen des Neuen Testaments und der jüdischen Geschichte selbständig zu durchdenken und zu bearbeiten. Er hat auch das Werden dieser Arbeit über Jahre hindurch mit ständigem Interesse und viel Geduld begleitet. In den Dank sei eingeschlossen, daß die Arbeit nun in der von ihm betreuten wissenschaftlichen Reihe erscheinen darf.

In der Fragestellung und der Methode knüpft meine Untersuchung in wesentlichen Stücken an die alte literarkritische Forschung an, wie sie zu Zeiten Nieses und Destinons lange vor der Jahrhundertwende in Marburg, dann aber auch von A. Schlatter, seinerzeit in Greifswald, betrieben worden ist. Mit den unmittelbar nach dem ersten Weltkrieg erschienenen Arbeiten von Weber und Laqueur ist diese Forschung noch einmal sehr nachdrücklich in die internationale Diskussion um Josephus vorgestoßen, danach aber auch verebbt. Otto Michel hat in einem Nachwort zu der von ihm betreuten Neuausgabe des Buches von Laqueur (Darmstadt 1970) das Zurücktreten der „analytischen und historisch-kritischen Gabe, die uns Deutschen seit B. Nieses Ausgabe geschenkt war," als einen „Verlust" bezeichnet. Ich kann dieses Urteil voll bestätigen und möchte es dahingehend interpretieren, daß das methodische Defizit sich in der Gegenwart auch darin auswitkt, daß die Josephusforschung in der Frage eines Gesamtverständnisses des jüdischen Historikers einen gewaltigen Nachholbedarf vor sich sieht. Zu dieser Forschungssituation gehört es wohl auch, daß eben diese Hindernisse, die uns auf der Suche nach einem rechten Josephusverständnis im Wege liegen, häfig unterschätzt oder gar ganz außer Acht gelassen werden. Die vorliegende Arbeit möchte in diesem Zusammenhang nicht bloß von ihren Ergebnissen her, sondern auch in ihrem Bemühen um die Methodik Beachtung finden.

Ich habe mannigfach zu danken für Hilfen, die zum Zustandekommen der Arbeit und des Buches beigetragen haben: Eine wichtige Ergänzung der Tübinger Josephusstudien bot mir das eine Jahr, in dem ich die Münsteraner Josephusforschung unter Leitung von Prof. D. Dr. K. H. Rengstorf kennenlernen konnte. Das seinerzeit (1965/66) bereits vollständig vorliegende Material der in Münster erarbeiteten Josephuskonkordanz hat mir durch Prof. Rengstorfs freundliche Erlaubnis zur Verfügung gestanden. Hinzu kamen eine Reihe sachdienlicher Gespräche mit den dortigen Mitarbeitern Dr. H. Schreckenberg, meinem Freunde Dr. E. Gütung, sowie eine freundliche Beratung durch Prof. A. Schalit, Jerusalem. Zwei Jahre lang durfte ich ein Promotionsstipendium der Stiftung Volkswagenwerk in Anspruch nehmen. 19 Monate lang hat mich die Pfarrergebetsbruderschaft finanziell getragen. Herrn Hellmuth Keusen (Bochum) von der Stiftung Volkswagenwerk sowie Herrn Pfarrer Otto Rodenberg (Rengshausen/Hessen) von der Pfarrergebetsbruderschaft bin ich zu besonderem Dank verpflichtet. Für Zuschüsse und ein Darlehen zur Finanzierung des Drucks danke ich den kirchlichen Stellen, denen ich in meinem derzeitigen Dienst als Pastor zugeordnet bin: dem Propsteivorstand in Bad Segeberg und dem Landeskirchenamt in Kiel. Schließlich möchte ich in der Dankesliste Frau Franziska Haarnagel aus Wilhelmshaven und Frau Helga Güting, Cappel, nennen, die mir bei der Erstellung des Manuskripts bzw. beim Lesen der Korrekturen Zeit und sorgfältigen Arbeitseinsatz geschenkt haben.

Das fertige Buch möchte ich meinem Vater widmen.

Todesfelde in Holstein, im Sommer 1972.

HELGO LINDNER

ABKÜRZUNGEN

a) *Altes Testament und Apokryphen*

Chr.	Chronikbücher
Dan.	Daniel
Dt.	Deuteronomium
Gen.	Genesis
Kön.	Bücher der Könige
Lev.	Leviticus
Makk.	Makkabäerbücher
Nu.	Numeri
Sach.	Sacharja
Sir.	Jesus Sirach
Thr.	Threni (Klagelieder Jeremias)

b) *Neues Testament*

Apg.	Apostelgeschichte
Hebr.	Hebräerbrief
Kor.	Korintherbriefe
Mt.	Matthäusevangelium
Phil.	Philipperbrief

c) *Josephus*

a	Antiquitates
b	Bellum Judaicum
Ap	Contra Apionem
vita	Vita

Die Sigla der griechischen Josephushandschriften (PAM usw.) sind nach B. Nieses
großer Ausgabe angeführt.

d) *Sonstiges Judentum*

Apk Bar	(syrische) Baruchapokalypse
CD	Damaskusschrift
LXX	Septuaginta
Ps. Sal.	Psalmen Salomos
1 Qp Hab	Habakukpescher
Tos.	Tosefta

e) *Griechen und Römer*

Dio Cass.	Dio Cassius
Epict. diss.	Epicteti dissertationes (Arrian)
Polyb.	Polybios
SVF (v. Arnim)	Stoicorum veterum fragmenta, coll. J. v. Arnim
Sueton Vesp.	Sueton, Divus Vespasianus
Tac. hist.	Tacitus, Historiae

f) *Häufiger zitierte Ausgaben und Monographien*

Laqueur, Josephus	R. Laqueur, Der jüdische Historiker Flavius Josephus usw. (siehe Literaturverzeichnis!)
Loeb-Edition	Josephus, with an English Translation by H. St. J. Thackeray usw.
Michel-Bauernfeind	Flavius Josephus. De Bello Judaico usw., hrsg. von O. Michel und O. Bauernfeind usw.
Schlatter, BEJ	A. Schlatter, Der Bericht über das Ende Jerusalems usw.
Schlatter, TGP	A. Schlatter, Zur Topographie und Geschichte Palästinas usw.
Schlatter, Theologie	A. Schlatter, Die Theologie des Judentums usw.
Schlatter, WJG	A. Schlatter, Wie sprach Josephus von Gott? usw.
Thackeray, Josephus	H. St. J. Thackeray, Josephus, the Man and the Historian usw.
Weber	W. Weber, Josephus und Vespasian usw.

g) *Sammelwerke, Kommentarwerke*

Billerbeck	(H. L. Strack-) P. Billerbeck, Kommentar usw. (siehe Literaturverzeichnis!)
EKL	Evangelisches Kirchenlexikon, Kirchlich-theologisches Handwörterbuch, hrsg. von H. Brunotte und O. Weber, 4 Bände, Göttingen 1956-1961.
ERE	Encyclopaedia of Religion and Ethics, ed. J. Hastings, Edinburgh 1908-1926.
NTD	Das Neue Testament Deutsch, Neues Göttinger Bibelwerk, hrsg. von P. Althaus und G. Friedrich, Göttingen.
Pauly-W. RE	A. Pauly-G. Wissowa, Real-Encyclopädie der klassischen Altertumswissenschaft.
RGG	Die Religion in Geschichte und Gegenwart, Handwörterbuch für Theologie und Religionswissenschaft, 6 Bände und Registerband, 3. Aufl. hrsg. von K. Galling, Tübingen 1957-1965.
ThWb	Theologisches Wörterbuch zum Neuen Testament, begr. von G. Kittel, hrsg. von G. Friedrich, Stuttgart 1933 ff.

h) *Zeitschriften und Periodica*

Hist. Zs.	Historische Zeitschrift
HThR	Harvard Theological Review
JBL	Journal of Biblical Literature
JQR	The Jewish Quarterly Review
Neue Jahrbücher	Neue Jahrbücher für das klassische Altertum, Geschichte und deutsche Literatur
Rhein. Mus.	Rheinisches Museum für Philologie
ThLZ	Theologische Literaturzeitung
ThZ	Theologische Zeitschrift, Basel
ZNW	Zeitschrift für die neutestamentliche Wissenschaft und die Kunde der älteren Kirche

i) *Wissenschaftliche Reihen*

AGSU	Arbeiten zur Geschichte des Spätjudentums und Urchristentums, Institutum Judaicum, Tübingen

ALGHJ	Arbeiten zur Literatur und Geschichte des hellenistischen Judentums, hrsg. von K. H. Rengstorf
BzFchrTh	Beiträge zur Förderung christlicher Theologie, begründet von A. Schlatter
FRLANT	Forschungen zur Religion und Literatur des Alten und Neuen Testaments, hrsg. von R. Bultmann
SPB	Studia Post-Biblica, herausgegeben von P. A. H. de Boer
StJ	Studia Judaica. Forschungen zur Wissenschaft des Judentums, hrsg. von E. L. Ehrlich
WMANT	Wissenschaftliche Monographien zum Alten und Neuen Testament, hrsg. von G. Bornkamm und G. v. Rad
WUNT	Wissenschaftliche Untersuchungen zum Neuen Testament, hrsg. von J. Jeremias und O. Michel

j) *Allgemeine Abkürzungen*

ed.	edidit
NF	Neue Folge
R.	Rabbi
röm.	römisch
Sp.	Spalte
Suppl.	Supplementband
s.v.	sub voce
u.ö.	und öfter
v.l.	varia lectio

KAPITEL I

EINLEITUNG

A. Zur Fragestellung

Diese Arbeit möchte der Geschichtsauffassung des Josephus in seinem bekanntesten Werk, dem Jüdischen Krieg, nachgehen. Josephus hat in seiner Weise Anteil an einer Aufgabe der umfassenden Neuorientierung, die dem ganzen jüdischen Volk nach dem Zusammenbruch des Jahres 70 n. Chr. gestellt war. Seine Aussagen treten unter diesem Gesichtspunkt neben die der Rabbinen, der Apokalyptiker sowie der frühen christlichen Autoren, soweit diese alle ebenfalls in die Zeit unmittelbar nach dem Ende des zweiten Tempels zu stellen sind. Wie jene Lehrer gibt Josephus Zeugnis von einem Ringen um Geschichte, in dessen Vollzug die religiösen und geistigen Grundlagen jüdischer Existenz aufs Spiel gesetzt und neu ausgesagt werden mußten [1].

Sein Beitrag sollte ernsthaft gehört werden, auch wenn die Synagoge seinen Weg nicht bestätigt und seine Lehren nicht anerkannt hat.

B. Forschungsgeschichte und Methode der Untersuchung

1. *Das Proprium des Josephus als Problem*

Wer den Versuch unternimmt, die eigenen Anschauungen des Josephus kennenzulernen, stößt allerdings auf Schwierigkeiten. Er erfährt, daß wir sein geistiges Eigentum nicht einfach aus seinen Schriften ablesen können. Josephus verbirgt sich uns in seinem Werk mindestens so stark, wie er sich zu erkennen gibt. Er bietet eine Vielfalt von jüdischem und heidnischem Traditionsstoff, arbeitet

---

[1] Eine kurze Übersicht über die verschiedenen Antworten, die im Judentum auf die Katastrophe des Jahres 70 gegeben wurden, gibt J. Neusner, A Life of Rabban Yohanan ben Zakkai, Leiden 1962, S. 129-141. Die Geschichtsauffassung der frühen rabbinischen sowie der apokalyptischen Schriften behandeln N. N. Glatzer (Untersuchungen zur Geschichtslehre der Tannaiten. Ein Beitrag zur Religionsgeschichte, Berlin 1933) und D. Rössler (Gesetz und Geschichte. Untersuchungen zur Theologie der jüdischen Apokalyptik und der pharisäischen Orthodoxie, 2. Aufl. Neukirchen 1962).

Quellen ein, die wir kaum mehr erschließen können, und gestaltet selbst die Erzählungen über seine persönlichen Geschicke mit Tendenzen aus, die uns eine klare Einsicht in das Verhältnis des Autors zu seinem Werk immer wieder erschweren, ja weithin überhaupt verstellen.

In der Forschung ist dementsprechend auch immer wieder Unsicherheit, ja Resignation gegenüber der Aufgabe zu verzeichnen, ein deutliches Bild über Umfang und Eigenart des eigentlich josephischen Gutes zu gewinnen.

Adolf Schlatter stellte seine große Arbeit über Josephus (1932) unter den Titel: „Die Theologie des Judentums nach dem Bericht des Josefus." Obwohl in früheren Jahren selbst Pionier der quellenkritischen Arbeit an Josephus [1]), verzichtete er in seinem späten Werk fast völlig auf eine Herausarbeitung der eigenen Anschauungen des Josephus und entfaltete das, was sich im josephischen Werk fand, als „Gemeingut" eines durch Hellenisierung verflachten Pharisäismus [2]).

Durch diese Querschnittsmethode wird jedoch die Josephusproblematik in unzulässiger Weise vereinfacht [3]). Was für Schlatter gilt, läßt sich aber auch sonst in der Josephusforschung beobachten: Die literarkritische Arbeit wird seit den zwanziger Jahren im wesentlichen liegengelassen [4]), und auch ihre bisherigen Ergebnisse und Fragestellungen müssen für die gegenwärtige Arbeit erst wieder mit

---

[1]) Siehe unten S. 9.

[2]) A. Schlatter, Die Theologie des Judentums nach dem Bericht des Josefus, Gütersloh 1932 S. V f. Methodisch geht die Arbeit vom Wortgebrauch aus und ordnet den Stoff nach theologischen und religionsgeschichtlichen Gesichtspunkten. Kittels Theologisches Wörterbuch basiert hinsichtlich Josephus weitgehend auf Schlatters Werk.

[3]) Vgl. die forschungsgeschichtlichen Bemerkungen bei O. Michel-O. Bauernfeind, De Bello Judaico (Zweisprachige Ausgabe mit Kommentar in drei Bänden, Darmstadt 1959-1969) Bd. I S. XXVI. „Das jüdische Gemeingut, in dem Josephus steht, ist ebensowenig einheitlich wie das Material, das A. Schlatter zum Vergleich bringt."

[4]) Lehrreich ist etwa das Werden der Loeb-Edition. Ihr Begründer, H. St. J. Thackeray, verwies auf die Vorstöße der zwanziger Jahre (Laqueur, Weber), lenkte aber im ganzen zu einer traditionellen Auffassung zurück, wie sie etwa von E. Schürer vertreten wurde. R. Marcus, der Fortsetzer, empfand die Notwendigkeit, das Quellenproblem für die hellenistische und römische Zeit neu zu behandeln und verwies mehrfach (Bd. VI S. 8 f., Bd. VII S. 2, 203, 243, 341, 449 u. ö.) auf einen Appendix, der zum letzten Band geplant war. Als 1965 endlich der letzte Band erschien, fehlte überraschenderweise gerade der angekündigte Appendix. Was Marcus als dringende Forschungsaufgabe gesehen hatte, war nach dessen Tode (1956) bei den Fortsetzern der Loeb-Edition wieder in Vergessenheit geraten. Die Aufgabe blieb liegen.

Mühe freigelegt werden, ehe die eigene Arbeit sinnvoll einsetzen kann.

Ich beginne deshalb mit einem Stück Forschungsgeschichte.

2. *Forschungsgeschichte zur Quellenfrage bei Josephus allgemein*

Zunächst seien zwei Arbeiten der zwanziger Jahre genannt, die das Verhältnis des Historikers Josephus zu seinem uns überlieferten Werk grundsätzlich und bis in die Konsequenzen hinein behandelt haben und methodisch noch immer unentbehrlich sind: Richard Laqueur, Der jüdische Historiker Flavius Josephus, Gießen 1920 [1]), und Wilhelm Weber, Josephus und Vespasian, Berlin 1921. Beide Arbeiten sind jedoch nicht für sich zu nehmen. Sie stehen im Zusammenhang einer sehr regen und intensiven Josephusforschung aus den letzten Jahrzehnten des vorigen Jahrhunderts, die für unsere Fragestellung kaum ohne wesentliche Verluste ignoriert werden kann [2]).

Es ist B. Niese, dem die Arbeit an Josephus nicht nur die große kritische Textausgabe [3]), sondern auch wesentliche methodische Anregungen zur quellenkritischen Fragestellung verdankt. Ich möchte zwei seiner Aufsätze nebeneinanderstellen, die schon wegen ihrer Nachwirkung in der Forschung beachtenswert sind, die dann aber auch in ihrem Verhältnis zueinander methodisch lehrreich sind, weil der jeweils verschiedene Ansatz in der Quellenfrage auch ein verschiedenes Gesamtbild von der literarischen Leistung des Josephus zur Konsequenz hat.

Niese nimmt im ersten Aufsatz [4]) zum Problem der in a zitierten hellenistischen und römischen Privilegien für die Juden Stellung. Dabei rückt er für die Quellenfrage den Parallelismus von a 13, 218-17,355 mit b 1,50b-2,117 ins Blickfeld und schließt auf eine gemeinsame Quelle [5]). Die Altertümer hätten diese meist ausführlicher

---

[1]) 2. Auflage (Nachdruck) Darmstadt 1970 mit einem Nachwort von O. Michel.

[2]) H. Schreckenberg, Bibliographie zu Flavius Josephus, Leiden 1968, S. IX sieht völlig richtig, daß die Josephusforschung wie kaum ein anderes Gebiet unter dem Mangel an forschungsgeschichtlicher Orientierung leidet. Als „ziemlich ungewöhnliche Tatsache" stellt er fest, „daß sehr viele Arbeiten auch des vorigen Jahrhunderts... inhaltlich noch keineswegs veraltet, ja oft nicht einmal richtig zur Kenntnis genommen sind."

[3]) Flavii Josephi opera edidit et apparatu critico instruxit Benedictus Niese, 7 Bde. Berlin 1887-1895.

[4]) Hermes 11 (1876) S. 466-488: „Bemerkungen über die Urkunden bei Josephus Archaeol. B. XIII. XIV. XVI."

[5]) S. 468: „dieselbe ist gemeinsam sowohl hier in der Arch. als im Anfange

wiedergegeben, seien darüber hinaus auch noch von Josephus mit
bestimmten Zusätzen [1]) versehen worden, die ohne Mühe von der
Hauptquelle wieder abgehoben werden könnten. Hat Niese später
(1896) [2]) seine Schlußfolgerungen auch einer kritischen Revision
unterzogen, so blieb als methodischer Grundsatz für die weitere
Quellenkritik maßgebend, daß man die Parallelbericht ein b und a zum
Ausgangspunkt der Fragestellung zu nehmen habe [3]).

Auf dieser Basis [4]) erwuchs aus der Feder J. v. Destinons, des
langjährigen Mitarbeiters Nieses, die für die nächsten Jahrzehnte
grundlegende Arbeit über „Die Quellen des Flavius Josephus in der
Jüdischen Archaeologie XII-XVII = Jüdischer Krieg Buch I" (1882) [5]).
Hier wurde Nieses „gemeinsame Quelle" näher präzisiert: Für die
Herodesdarstellung kam vor allem Nikolaos in Betracht, während

---

des bj. benutzt... Anfangs liegt sie im b in einer sehr verkürzten Form vor, bald
aber gewinnt sie, abgesehen von einigen Modifikationen und Schwankungen denselben Umfang, wie der in a vorliegende Bericht, dem sie mindestens bis zum
Ende des 17. Buches zugrundeliegt, vielleicht noch weiter."

[1]) Niese Hermes 1876 S. 470 nennt vier Gruppen: 1. Chronologische Bestim-
mungen, 2. Zitate aus Historikern, 3. Wundergeschichten aus priesterlicher Tradition und 4. die Dekrete (Privilegien).

[2]) Siehe unten S. 5.

[3]) Die erste umfassende Arbeit zur Quellenfrage (A. Bloch, Die Quellen des
Flavius Josephus in seiner Archäologie, Leipzig 1879), in der Josephus nicht als
Einzelpersönlichkeit, sondern vor allem als bedeutender Übermittler jüdischer
Tradition gewertet wird, hat das genannte kritische Prinzip nicht herangezogen
und wird dementsprechend als unzureichend beurteilt. So E. Schürer (ThLZ
1879 S. 570): „Das erste Erfordernis wäre gewesen, die parallele Darstellung im
Bellum Judaicum sorgfältig zu vergleichen und sich über das Verhältnis der beiden
parallelen Texte genaue Rechenschaft zu geben."

[4]) Freilich unter Verwertung von Blochs Arbeit, vgl. die vorige Anm.!

[5]) Destinons Ergebnisse:

1. Die Darstellung von a 11,297-17,344 ist in ihrem Grundbestand eine neue,
   von b unabhängige Wiedergabe des schon im früheren Werk zugrunde-
   liegenden Quellenmaterials.
2. Für a 14-17 und b 1,120-2,111 ist die gemeinsame Grundlage die Weltgeschichte des Nikolaos von Damaskus.
3. In a 11, 297-13, 432 ist Josephus von einem zu erschließenden Werk (Anony-
   mus!) abhängig, in welchem jüdische und griechische Quellen bereits „von
   geschickter Hand kunstvoll zu einem Ganzen vereinigt" waren (S. 20 vgl. 28 f).
   Die entsprechende Partie in b (1, 31-119) ist eine Straffung der Anonymusquelle durch Josephus.
4. In a hat Josephus der jeweils benutzten Hauptquelle noch neues Material
   hinzugefügt, insbesondere aus den mit Namen genannten Historikern. Neu
   hinzutretendes Material hat ihn auch veranlaßt, die ursprünglich nach sachlichen Gesichtspunkten aufgebaute Herodesdarstellung des Nikolaos (= b!)
   durch eine chronologische Anordnung des Stoffes in a zu ersetzen.

für a 12 und 13 eine anonyme Mittelquelle erschlossen wurde, eine universalgeschichtliche Darstellung, in der Josephus recht verschiedenes Material, das dort bereits zu einer neuen Einheit verbunden war, vorgefunden haben soll. Josephus habe die Quellen recht gedankenlos abgeschrieben, ja z.B. sogar die Verweisungsformeln [1] der Anonymusquelle wörtlich übernommen, obwohl diese in seinem neuen Zusammenhang nur selten realisierbar seien. Bei Destinon wird deutlich, daß die Quellenkritik notwendig Konsequenzen für die Gesamtwertung des Autors hat. Die literarkritische Hypothese impliziert einen Vorgriff auf ein Gesamtbild von der literarischen Tätigkeit des Josephus, d.h. im konkreten Fall: Der einst „hochberühmte" Historiker [2] wird — jedenfalls für bestimmte Partien — zum gedankenlosen Abschreiber [3].

Destinons Vorstoß hat Schule gemacht: Über die nächsten Jahre hin, bis zu Hölschers Arbeiten an den Quellen des Josephus, hat man es sich angelegen sein lassen, Destinons These von der unbekannten Mittelquelle zu präzisieren oder weiter auszubauen [4]. Indessen hat B. Niese, wesentlich Inaugurator der seit Destinon vorangetriebenen Hypothesen, 1896 einen zusammenfassenden Aufsatz über Josephus veröffentlicht [5], in dem er vorsichtig, aber kaum überhörbar, die

---

[1] καθὼς καὶ ἐν ἄλλοις δεδηλώκαμεν oder ähnlich, vgl. besonders a 12, 244. 390; 13, 36. 61. 108. 119. 186. 253. 271. 347. 371. Destinons Aufstellung (S. 21) ist nach H. Drüner, Untersuchungen über Josephus, Diss. Marburg 1896 S. 84 ergänzt. – Wichtig zur Auseinandersetzung mit der Anonymushypothese ist besonders E. Täubler, Die nicht bestimmbaren Hinweise bei Josephus und die Anonymushypothese, Hermes 51 (1916) S. 211-232.

[2] Vgl. die Titel der im 16. und 17. Jhdt. erschienenen Übersetzungen bei H. Schreckenberg a.a.O. S. 8, 16 f., 22.

[3] Daß die Arbeit an den Quellen notwendig zu einer Neubestimmung unseres Josephusbildes führt, sieht Destinon a.a.O. S. 21.

[4] So Fr. Schemann, Die Quellen des Flavius Josephus in der jüdischen Archaeologie Buch XVIII-XX = Polemos II cap. VII-XIV, 3 (Diss. Marburg), Hagen 1887. Er postuliert „eine ausführliche Universalgeschichte", die Josephus bis in die Regierungszeit des Titus als Kompendium der Zeitgeschichte auch im Bellum habe heranziehen können. Eine Variation der Destinonschen Anonymushypothese findet sich bei P. Otto, Strabonis ΙΣΤΟΡΙΚΩΝ ΥΠΟΜΝΗΜΑΤΩΝ fragmenta, Leipzig 1889. Komplizierte Spätformen dieser Entwicklungslinie sind die Quellenhypothesen W. Ottos (Artikel „Herodes" in Pauly-W.RE (1913) Suppl. II Sp. 7-15) und G. Hölschers (Artikel „Josephus" in Pauly-W. RE IX (1916) Sp. 1943-1949, 1951-1993. Zur Beurteilung dieser Linie Destinon-Hölscher vgl. R. Laqueur, Art. Nikolaos von Damaskus, Pauly-W. RE XVII (1936) Sp. 362-424, hier: Sp. 392-394.

[5] Historische Zeitschrift 40 (1896), S. 193-237: „Der jüdische Historiker Josephus." Ganz ähnlich in der Grundposition dann Nieses Artikel „Josephus" in ERE VII, Edinburgh 1914, Sp. 569-579.

Hypothesen seit Destinon ablehnt und konsequentermaßen auch seine eigene frühere Auffassung einer Revision unterzieht. Schon der Titel, in dem Josephus ausdrücklich als „Historiker" erscheint, markiert die Wende gegenüber der früheren Arbeit, denn dort fand sich das Urteil, daß Josephus diese Bezeichnung gerade nicht verdiene, vielmehr ein apologetischer Zweitschriftsteller sei [1]). Jetzt wird ihm ein „lebhafter schriftstellerischer Ehrgeiz und nicht geringe Befähigung" zugesprochen [2]). Wie kommt Niese zur Revision seines früheren Josephusbildes? Ausgangspunkt der Überlegungen sind diesmal nicht die Altertümer, sondern das Bellum, dessen Text Niese zwei Jahre zuvor in Gemeinschaft mit Destinon als Abschluß der Textedition herausgebracht hatte. Er gewinnt hier im Unterschied zu früher den Eindruck einer durchaus geschlossenen Komposition, deren Zustandekommen nicht auf einen Kompilator zurückgeführt werden kann. Einheitlich ist die Tendenz des Bellum: die Behandlung der Zelotengruppe, der flavischen Feldherrn, insbesondere des Titus, die Hervorhebung des eigenen Anteils an den Geschehnissen [3]). Einheitlich ist auch die „lebhafte, blumenreiche Rhetorik, die das ganze Werk von Anfang bis zu Ende gleichmäßig durchzieht": die Reden, interessante Einzelheiten, die persönliche Anteilnahme des Autors an den Ereignissen, bei der häufig mit wortreichem Pathos und Übertreibung gearbeitet wird, aber auch die ständige Bemühung um eine gewählte Ausdrucksweise und überhaupt eine kunstvolle Ausgestaltung des Ganzen [4]).

Wichtig ist nun, daß Niese diese Auffassung von b als einer originalen Leistung des Josephus auch für die umfangreiche Vorgeschichte des Krieges durchführt [5]) — freilich nicht ohne die Annahme von Quellenbenutzung [6]), aber doch so, daß Josephus immer Herr über

<hr>

[1]) Hermes 1876 S. 475 f.

[2]) Hist. Zs. 1896 S. 237. Seinen Mängeln könne „als Entschuldigung dienen, daß sie vielen, ja den meisten der alten Historiker ebenfalls mehr oder weniger eigen sind." Auch der Begriff des Historikers hat bei Niese offenbar eine Modifikation erfahren!

[3]) A.a.O. S. 201-204.

[4]) A.a.O. S. 204-209. Nach Niese kann kein Zweifel bestehen, „daß Josephus sein Werk nach den Mustern und Regeln der rhetorischen Geschichtsschreibung eingerichtet hat", der Grieche, der ihn in diese Regeln eingeführt und bei der stilistischen Ausarbeitung unterstützt, vielleicht auch bei der rhetorischen Auswahl des Stoffes angeleitet hat, sei „ein Rhetor asianischer Richtung" gewesen (S. 208 f.).

[5]) A.a.O. S. 219.

[6]) A.a.O. S. 209 f.: Josephus habe „aus einem griechischen allgemeinen Ge-

das ihm vorgegebene Material geblieben sei. Dementsprechend wird nun aber der Parallelbericht in a als eine erweiternde Bearbeitung verstanden [1]).

Wir halten inne. Denn mit eben diesen Überlegungen ist die Basis für die quellenkritische Arbeit R. Laqueurs gegeben, die wir oben bereits erwähnten. Wie B. Niese sieht er im Bellum die primäre Berichterstattung und in den Antiquitates die Bearbeitung [2]).

Wie jenem gilt ihm Josephus nicht als gedankenloser Abschreiber, sondern als Historiker, der seine Stoffe einem bewußten Gestaltungswillen unterwirft [3]). In der Vorgeschichte des Bellum — darin ist Laqueur wesentlich zuversichtlicher als Niese — habe Josephus allerdings ziemlich direkt einen entsprechenden Bericht des Nikolaos

---

schichtswerke das auf die Juden Bezügliche, soweit es ihm für seine Aufgabe geeignet schien, ausgezogen", das Ganze jedoch einem völlig eigenen Gestaltungswillen unterworfen (gegen Destinon, vgl. oben S. 6 f.).

[1]) A.a.O. S. 219-223. Auch hier in a habe Josephus sich um stilistische Selbständigkeit bemüht, S. 223-225. – Bei H. Drüner a.a.O. ist Nieses (neue) Josephuskonzeption aufgenommen und (etwa im Gegenzug gegen die Anonymushypothesen) weiter ausgebaut worden, allerdings (S. 51 f., 52-56!) mit in sich recht widersprüchlichen Resultaten zur Quellenfrage, so daß seine Arbeit nicht einfach als Ausdruck von Nieses Meinungen hingestellt werden darf (gegen Laqueur, Josephus S. 215 f.). – Eine gewisse Mittelstellung zwischen Nieses späterer Auffassung und der Destinon-Richtung nimmt E. Schürer ein. Er schließt wie Destinon aus den Parallelberichten von b und a auf eine gemeinsame Grundlage (erkennt auch Destinons Argumentation aus den nichtrealisierbaren Verweisen an), wendet sich jedoch dagegen, daß diese (zu a 12 und 13, bzw. auch 14) als anonyme Mittelquelle bezeichnet wird, da Strabo und Nikolaos in den betreffenden Partien von Josephus als Quellen genannt sind und auch durchaus als seine Hauptgewährsmänner in Frage kommen (E. Schürer, Geschichte des jüdischen Volkes im Zeitalter Jesu Christi I, 3. und 4. Auflage, Leipzig 1901 S. 82 f.). Zu b vgl. Schürer S. 83 Anm. 16: „*Eine* der in der Archäologie ausgiebiger benützten Quellen (vermutlich Nicolaos Damascenus) liegt auch schon der kürzeren Darstellung des Bellum Judaicum zu Grunde." Diese Position vertreten nach Schürer auch etwa A. Büchler (JQR IX, 1897, S. 311-349), E. Täubler (Hermes 51, 1916, S. 211-232), auch Thackeray (Josephus, the Man and the Historian, New York 1929 S. 62 ff.) und E. Bickermann (Pauly-W. RE 14, 1928, Sp. 779-800).

[2]) Laqueur, Josephus S. 133 f. Die Frage nach dem Quellenwert von a wird von Laqueur allerdings zu schematisch und einseitig negativ entschieden. Die neueste Herodesmonographie (A. Schalit, König Herodes, dt. Übersetzung aus dem Hebräischen, Berlin 1968, vgl. etwa S. 113 Anm. 52) geht andere Wege als Laqueur, leider fehlt dort eine entsprechende Diskussion (S. 583 Anm. 37 stellt eine solche in Aussicht).

[3]) Laqueur, Josephus S. 132. Übrigens verkennt Laqueur S. 129 völlig seine eigene Verbundenheit mit Niese II. – Laqueurs „psychologisches Verständnis der Persönlichkeit" des Josephus muß für die quellenkritische Arbeit ausscheiden. Vgl. zur Kritik neuerdings Michel-Bauernfeind I, S. XXI f. („Man kann nicht von einer bereits vorgegebenen Persönlichkeitsbestimmung ausgehen...").

wiedergegeben [1]). An diesem Punkt bestätigt Laqueur also die Auffassung Destinons [2]).

Zusammenfassend kann über die quellenkritische Fragestellung jetzt bereits Folgendes gesagt werden:

1. Wir haben innerhalb des josephischen Werkes bestimmte Parallelberichte, deren Vergleich als methodische Möglichkeit besonderer Aufmerksamkeit wert ist. In erster Linie kommt hier die Vorgeschichte des jüdischen Krieges b 1, 31-2, 279 par. a 12, 240 b-20, 258 in Betracht [3]).
2. Das Verhältnis des späteren (a) zum älteren Bericht (b) ist auf dreierlei Weise bestimmt worden, ohne daß zwischen diesen Möglichkeiten bisher eine eindeutige Entscheidung gefallen ist:
   a) Der spätere Bericht geht unabhängig vom früheren auf dieselben Quellen zurück (Niese I, Destinon, ähnlich Hölscher).
   b) Der spätere Bericht beruht auf dem früheren (Niese II, Laqueur).
   c) Der spätere Bericht verwendet die Quellen des früheren, daneben aber auch den früheren direkt (Schürer, Thackeray).
3. Der umfangreichere Bericht in a ist in jedem Fall durch das Hinzukommen neuen Materials zu erklären.
4. Für die Hasmonäer — und vor allem die Herodeszeit (b 1, 31-2, 116 par. a 12, 240 b-17, 354) geht ein sehr wesentlicher Anteil der beiden Berichte auf das Geschichtswerk des Nikolaos von Damaskus zurück.
5. Für die Zeit von 6 bis 66 n. Chr. (b 2, 117-279 par. a 17, 355-20, 258) hat Josephus nur ganz spärliche Information, der er (besonders in a) manches Sachfremde hinzufügt.

---

[1]) Laqueur, Josephus S. 137 f.

[2]) Als selbständige Begründung und Weiterführung der Nikolaoshypothese sind hier die Arbeiten G. Hölschers zu nennen, auf die Laqueur zurückblicken kann: 1. Die Quellen des Josephus für die Zeit vom Exil bis zum jüdischen Kriege (Diss. Marburg), Leipzig 1904; 2. Artikel „Josephus" Pauly-W. RE IX (1916), bes. 1944-1949. b 1,31-2,116 ist nach Hölscher „eine verhältnismäßig ungebrochene Wiedergabe der Nikolaostradition" (Sp. 1948), Vgl. auch wieder E. Schürer a.a.O. S. 83 f., dessen Auffassung hier unterstützend gewirkt hat. Die Abhängigkeit der Vorgeschichte des Bellum von Nikolaos begegnet später – gleichsam als communis opinio – bei Thackeray (Josephus S. 40 f.).

[3]) Daneben vor allem die Berichte über Kriegsausbruch und galiläische Mission des Josephus b 2, 280-654, die teilweise (562-646) mit vita 28-380 zu vergleichen sind. Beide methodischen Einsatzpunkte werden bei Laqueur fruchtbar gemacht.

3. *Bellum Judaicum und römische Grundschrift (A. Schlatter, W. Weber)*

Im Verlauf der bisher geschilderten Forschung ist die quellenkritische Frage auch auf den eigentlichen Kriegsbericht des Bellum angewandt worden.

Das war ein ganz ungewöhnlicher Schritt, denn von jeher war dem Josephus als Mithandelndem auch der Vorzug des Augenzeugen zugesprochen worden, so wie dies seinen eigenen Angaben (b 1, 3; Ap. 1, 47 f. 55; vgl. vita 357 f.) entspricht: Schon während der Belagerung Jerusalems will er Aufzeichnungen angefertigt haben über die Vorgänge im römischen Lager und ebenso über das, was die Überläufer berichtet haben (Ap. 1, 49). Für die Abfassung der Kriegsgeschichte hätten ihm außer eigenen Materialien allerdings noch solche der beiden flavischen Feldherren zur Verfügung gestanden (vita 358, vgl. 342; Ap. 1, 56) [1]). Die quellenkritische Arbeit hatte diese Angaben zu berücksichtigen, konnte sie aber nicht einfach zum methodischen Ausgangspunkt nehmen. Der erste wesentliche Vorstoß [2]) auf Grund des Bellum-Berichtes selbst stammt von A. Schlatter (1893) [3]). In seinen Studien über die „Topographie und Geschichte Palästinas" brachte er die Frage nach dem Judesein des Josephus zum ersten Mal in den Ansatz der literarkritischen Arbeit am Bellum hinein und schuf durch die Konsequenz, mit der er sie im einzelnen verfolgte, eine neue Diskussionslage. Bei dem Juden Josephus suchte Schlatter nach jüdischen Spracheigentümlichkeiten, nach Ortskenntnissen, nach der Sicht der Geschichte eines Juden; er suchte nach den jüdischen Lehrern, von deren Leben und Wirken Josephus aus persönlicher Erinnerung wissen mußte, nach den Diskussionen im Volk und den Beschlüssen des Synedriums, schließlich: wie das Judesein des Josephus in der Ausführung der Kriegserzählung zum Tragen gekommen sei. Ausschlaggebend für Schlatters neue Sicht wurde nun die Erkenntnis, daß das Bellum sich aufs Ganze gesehen dieser Fragestellung gegenüber sperrt: An mißverstandenen jüdischen Ortsnamen zeigte sich, daß der Verfasser die Landessprache nicht beherrschte.

---

[1]) Dementsprechend die communis opinio etwa bei A. Edersheim Art. Josephus (Dictionary of Christian Biography III, 1882, S. 441-460) S. 448; E. Schürer a.a.O. S. 79; G. Hölscher Pauly-W. RE IX (1916) Sp. 1949.

[2]) Zur älteren Literatur vgl. W. Weber a.a.O. S. 89 Anm. 1.

[3]) Zur Topographie und Geschichte Palästinas, Calw u. Stgt. 1893, darin S. 97-119 (M. Antonius Julianus, der Prokurator Judäas vom Jahr 70 und sein Bericht über den Untergang Jerusalems) und S. 344-403 (Die Beziehungen zwischen Josephus und Antonius).

Redete hier wirklich der gebildete Jude Josephus? Außerdem:
Gesichtspunkt der Schilderungen und Stoffbegrenzung setzten den
Standpunkt eines römischen Zeugen voraus. „Unser Bericht ist zu-
verlässig für alles, was im römischen Lager geschah, für alle militärischen Maßregeln des Titus. Wie viel Tage jeder Damm erfordert hat,
welche Soldaten sich besonders auszeichneten, welche Schwierigkeiten die Belagerung erschwerten, dergleichen hören wir ganz genau.
Was aber in Jerusalem geschehen ist, was die Juden wollten und
thaten, das sagt uns unser Bericht nicht" [1].

Ein sehr wesentliches Argument ergibt sich aus der Stellung der
geographischen Exkurse: „bj. enthält sorgfältig gearbeitete geogra-
phische Exkurse, aber nur dann, wenn die Cäsaren den betreffenden
Ort besuchen" [2]. Übereinstimmungen mit der römischen Geschichtstradition, besonders Tacitus [3], kamen hinzu, die auf eine römische
Grundlage [4] des Kriegsberichtes schließen ließen. In dieser frühen
Arbeit („Topographie") suchte Schlatter bei der Näherbestimmung
dieses römischen Geschichtswerkes die Lösung in den Bahnen von
Niese I, Destinon und insbesondere Schemann [5]: Er bezog die Vor-
geschichte des Bellum in die Betrachtung ein, stieß hier auf die auch
in a benutzte Quelle und sprach im Anschluß an Schemann [6] von
einer „großen Universalgeschichte Roms", jedoch — im Blick auf
Antonius Julianus als deren Verfasser — „mit genauer, sachkundiger
Darstellung" auch des jüdischen Krieges, da er (sc. Antonius) im
Jahr 70 in hoher amtlicher Stellung selbst in Palästina gewesen war [7].
Später hat Schlatter die Annahme der „gemeinsamen Quelle" im
Sinne Destinons, insbesondere die Thesen Schemanns, preisgegeben [8]

---

[1] Schlatter TGP S. 109 f.

[2] Schlatter TGP S. 348, aufgenommen bei W. Weber a.a.O. S. 79.

[3] Dabei ist der Kriegsbericht des Tacitus von Josephus unabhängig, Schlatter
TGP S. 391. 394.

[4] Schlatter denkt allerdings daran, daß der römische Autor sein Werk auf
griechisch verfaßt habe, TGP S. 391. Wenn Schlatter den Autor dieses Werkes
in M. Antonius Julianus, dem Prokurator Judäas, wiederfinden will, so kann er
sich an J. Bernays (Über die Chronik des Sulpicius Severus, Gesammelte Abhandlungen II 1885, S. 173) anschließen, der den bei Minucius Felix genannten
Schriftsteller („de Judaeis") mit dem b 6, 238 genannten Prokurator identifiziert
hat. Zur Diskussion vgl. E. Norden, Josephus und Tacitus usw., Neue Jahrbücher 16 (1913) S. 665, jetzt auch Michel-Bauernfeind II, 2 S. 172 f.

[5] Siehe oben S. 5 Anm. 4.

[6] Schlatter TGP S. 30 f.

[7] Schlatter TGP S. 100.

[8] A. Schlatter, Der Bericht über das Ende Jerusalems, Gütersloh 1923, S. 57-
59. Reprografischer Nachdruck in A. Schlatter, Kleinere Schriften zu Flavius
Josephus, herausgegeben und eingeführt von K. H. Rengstorf, Darmstadt 1970.

und (mit Niese II) an b als die Grundlage von a gedacht. Die nach
der „Topographie" als eigene Arbeit des Josephus verbleibende
Bearbeitertätigkeit hat Schlatter folgendermaßen beschrieben: „Er
hob ... die von Judäa handelnden Abschnitte aus dem Werk des
Antonius heraus, entfernte die judenfeindliche Stimmung, fügte
einen Bericht über seine eigenen Taten hinzu und goß das den
Krieg beklagende und seine Leiter verwünschende Pathos darüber ..." [1]).

Schlatters Vorstoß von 1893 wurde zunächst als phantastisch
abgetan [2]), weithin als unwissenschaftlich ignoriert [3]) und erst nach
dem ersten Weltkrieg durch W. Webers Arbeit neu ins Gespräch gebracht, so daß Schlatter dann seinerseits Anlaß hatte, im Gegenüber
zu dem Althistoriker seine eigene Position noch einmal — nun mit
Modifikationen gegenüber dem ersten Vorstoß, aber doch mit der
gleichen Grundposition — zur Diskussion zu stellen [4]). Auch in der
folgenden Zeit, ja bis heute, ist die Diskussion um die Grundfrage
des Bellum nur zögernd weiterbehandelt worden [5]).

In diesem Zusammenhang verdient jedoch B. Nieses Aufsatz von
1896 (Niese II) noch einmal Berücksichtigung, da er dort ohne
Bezugnahme auf Schlatter eine ganz ähnliche Ansicht wie jener
vertritt — jedenfalls für den eigentlichen Kriegsbericht: Argumente
sind die Berührungen mit Tacitus, die reiche Information über das
Geschehen auf römischer Seite bei spärlichem Wissen über die
jüdischen Vorgänge. „... (dem Josephus) lag ungefähr dasselbe
Material vor, wie auch Tacitus und seinen Gewährsleuten ... Wahrscheinlich war in dem von Josephus benutzten Werke die Geschichte
des jüdischen Krieges mit der gleichzeitigen römischen Geschichte
zusammen dargestellt. Dazu hat Josephus seine eigenen Erlebnisse

---

[1]) Schlatter TGP S. 100.
[2]) So E. Schürer ThLZ 1893, S. 326.
[3]) Dazu Th. Schlatter (hrsg.), Ad. Schlatters Rückblick auf seine Lebensarbeit,
Gütersloh 1952, S. 156 f.
[4]) A. Schlatter, BEJ Gütersloh 1923. Siehe S. 10 Anm. 8.
[5]) Vgl. Thackeray, Josephus S. 37-40. Er schließt sich weitgehend an Weber
an, denkt aber an eine direkte Benutzung der commentarii der Feldherrn durch
Josephus. Aus ihnen habe Josephus die Hauptmasse des Erzählungsstoffes übernommen. G. Ricciotti, Flavio Giuseppe (La guerra giudaica. Übersetzung und
Kommentar, 3 Bände, 3. Auflage Turin 1963) Bd. I (Introduzione) S. 59-69
geht auf die Bedeutung römischer Quellen fürs Bellum ein, möchte aber (S. 60)
wenigstens die aramäische Urfassung des Bellum (b 1, 3. 6) auf die eigenen Aufzeichnungen des Josephus zurückführen.

hinzugethan, ferner die frühere Geschichte der Juden angefügt und dem ganzen Werke die eigenthümliche Gestalt gegeben, in der es jetzt vorliegt" [1]. Einen Unterschied zu der bereits von Schlatter entwickelten Auffassung wird man hier — abgesehen von der Behandlung der Vorgeschichte — kaum finden können [2].

Niese hält auch hier, wo Josephus seiner Meinung nach in größerem Umfang von fremdem Material abhängig ist, an der These von der eigenständigen schriftstellerischen Leistung des Josephus fest, und entsprechend hatte bereits Schlatter sagen können: „Josephus hat sein eigenes Wort überall stark mit dem der Quelle gemischt" [3].

In den Zusammenhang von Schlatter und Niese II ist nun auch Wilhelm Webers große Untersuchung über das Bellum zu stellen. Bildete für Schlatter das Judentum den Einsatzpunkt der Fragestellung und führte jenen die Einzeluntersuchung zu dem Ergebnis, daß „das Heidnische in bj... nicht das eigene Wort des Josephus" sei [4], so ging dieser von der Kenntnis der römischen Literatur und Geschichte aus und suchte innerhalb des Bellum alle diejenigen Zusammenhänge zu bestimmen, die römischer Herkunft waren. Er ging der Tendenz dieser Stücke nach und bestimmte sie als „flavisch". Ihr innerer Zusammenhang läßt auf „eine flavische Quelle von großer Einheit und stark tendenziöser Aufmachung" [5] schließen. „Sie setzte mit der Ernennung Vespasians zum Feldherrn ein und endete mit dem Triumph der Flavier" [6]. Vespasian und Titus stehen im Mittelpunkt des Interesses. Ihr Aufstieg wird unter den Gesichtspunkt der Rettung des Imperiums gestellt und religiös, römischreligiös, motiviert, nämlich durch die Vorzeichen, die in den Erfolgen der neuen Herrscherfamilie ihre Wahrheit erweisen. Hier, bei den omina imperii, ist denn auch der feste Punkt, an dem Weber die Berührung der flavischen Tendenz mit den Interessen des Juden

---

[1] Hist. Zs. 1896 S. 211.

[2] Gemeinsam ist beiden ferner die Argumentation aus der Verwendung des (mit dem julianischen synchronisierten) syro-makedonischen Kalenders, vgl. Schlatter TGP S. 360-367 mit Niese Hist. Zs. 1896 S. 210, im einzelnen B. Niese, Zur Chronologie des Josephus, Hermes 28 (1893) S. 194-229; auch ERE VII (1914) Sp. 572, wo jedoch die Frage einer römischen Grundlage des Bellum wieder zurücktritt.

[3] Schlatter TGP S. 380.

[4] Schlatter TGP S. 391.

[5] Weber a.a.O. S. 106, vgl. bereits Schlatter TGP S. 101 (röm. Gesichtspunkt), S. 116 f. (Beschönigung der Kriegführung Vespasians), S. 367 f. (Titus im Mittelpunkt der Darstellung), S. 390 („flavianische Tendenz" in b 6, 313).

[6] Weber a.a.O. S. 106.

Josephus („Aufklärung über das Judentum und seinen großen Krieg"
S. 3) fassen kann: Josephus gehörte selber zu den Kündern des
neuen Weltherrschers, und sein Name war mitsamt seiner Weissagung
in den römischen omina-Listen erwähnt worden, vgl. Sueton Vesp.
5, 6; Dio Cassius 66, 1.4; Weber S. 45 f. So ist auch hier der sachliche
Zusammenhang, den Josephus aufnehmen und unter Herausstellung
seines eigenen Anteils am Aufstieg des Vespasian weiter ausbauen
kann: b 4, 622-629 die Freisprechung des Josephus nach Eintreffen
seiner Weissagung, b 3, 399-404 die Weissagung selbst [1]). Dieser
Weissagung aber wird der Bericht des Josephus über sein prophetisches Erleben in Jotapata, der Übergang zu den Römern und, was
entscheidend ist, die Deutung der messianischen Prophetie b 6, 312
auf Vespasian (b 6, 313) zugeordnet. Geht diese auch — so wie der
gesamte Prodigienzusammenhang in b 6, 288-315 — literarisch gesehen auf das flavische Werk zurück (Tac. hist. 5, 13, Sueton Vesp. 4),
so weist sie jedoch für den Historiker wieder auf Josephus selbst als
ihren Urheber [2]). Bezeichnenderweise hatte Schlatter [3]) gerade die
Deutung der messianischen Prophetie in b 6, 313 als Indiz der römischen Quelle angesehen: „... Im Munde eines Juden wäre dies eine
schnöde Verleugnung der messianischen Hoffnung Israels" [4]).
Gerade dies ist aber der entscheidende Vorwurf, den Weber gegen
Josephus erhebt: Er ist „Römling und Apostat" [5]). Sein Parteiwechsel
kann nicht vom religiös-messianischen Element getrennt werden,
jener Kraft also, die die Juden in ihrem Kampfe gegen Rom am
stärksten trug [6]). Wenn Josephus seinem Volke ein Heil predigt, das
in der Unterordnung unter Rom und seinen Friedenskaiser besteht,
so kann er kaum auf Gehör hoffen, da die Wurzeln seines Handelns
„Egoismus und kalter Verrat" (S. 54) [7]) sind.
    Die negative Schilderung der jüdischen Führer war bei Schlatter
teils auf die römische Quelle zurückgeführt worden [8]), teils auf das

---

[1]) Weber a.a.O. S. 50.
[2]) Weber a.a.O. S. 35-44.
[3]) Schlatter TGP S. 390.
[4]) Ebenda: „...der Kern vom Bellum ist heidnisch, und es verleugnet ausdrücklich Israels Hoffnung."
[5]) Weber a.a.O. S. 35.
[6]) 6,312: τὸ δ' ἐπᾶραν αὐτοὺς μάλιστα ... Weber a.a.O. S. 40.
[7]) Das Gebet des Josephus vor dem Übergang zu den Römern 3, 354 ist nach
Weber a.a.O. S. 43 Anm. eine „literarische Bemäntelung seiner moralischen
Feigheit."
[8]) „ärgerliche Verwunderung über die unbegreifliche Hartnäckigkeit der
Juden, die sich nicht ergeben wollen", Schlatter TGP S. 115, vgl. S. 118.

Urteil des Josephus, der — „gut pharisäisch” — auf seine Gegner „das Gottesurteil des Erfolges” anwendet [1]). Ebenso hatte Schlatter die Schilderung des friedenswilligen und von den „Tyrannen” zum Aushalten gezwungenen Volkes als eine tendenziöse Konstruktion des Josephus erkannt [2]). Die Verherrlichung des Titus hatte er der römischen Quelle zugewiesen [3]). Hier kann Weber stärker differenzieren, weil er auch für Josephus selbst flavische Tendenz in Anschlag bringt; allerdings in „pharisäischer” Durchführung! Das Motiv der Gerechtigkeit Gottes — Gott straft den Frevler — wird gegen die jüdischen Führer und zugunsten des Titus ausgearbeitet, polemisch und apologetisch zugleich. So entdeckt Weber völlig zu Recht einen „pharisäischen” Titus im Bellum: einen Titus, der die strategischen Notwendigkeiten hintansetzt, um die Feinde durch seinen Großmut zu beschämen (5, 332 f.), der voll Jammer über die Leichen der Stadt Jerusalem Gott zum Zeugen anruft, daß dies nicht sein Werk sei (5, 519), der ganz im Sinne des Josephus Scheltreden an das sündige Jerusalem richtet (6, 123 ff., 215 ff.), schließlich: der den Tempel erhalten will, dann aber vor dem Gang der Ereignisse resigniert [4]). Die Tendenz führt in solchen Partien direkt zur Fälschung, die den praktisch-politischen Zielen des Titus Vorschub leisten soll [5]).

A. Schlatter hat in seiner späteren Arbeit [6]) die „flavische” Tendenz bei Josephus selbst stärker herausgearbeitet. Er gibt zu, daß die Deutung des messianischen Wortes in 6, 312 f. nicht einfach „heidnisch” ist und auf einen Römer zurückgeführt werden kann, sondern der persönlichen Entscheidung des Josephus entstammt, also von b 3 nicht getrennt werden kann [7]). Aber diese Entscheidung ist nicht

---

[1]) Schlatter TGP S. 118.

[2]) Schlatter TGP S. 115.

[3]) Schlatter TGP S. 367. Er verweist auf b 3, 110. 298 ff. 324. 487; 4, 70 vgl. 32 (Bedeutung der Anwesenheit des Titus für den Ausgang des Kampfes!), 597; 5, 59 ff. 81. 339, auch 4, 92-111 (Johannes von Gischala entkommt wegen der Nachsicht des Titus) und 5, 331-339 (Milde des Titus führt zum Mißerfolg). Alle diese Zusammenhänge gehören bis auf die letzten beiden (Weber a.a.O. S. 70 f.) auch nach Weber der römischen Quelle an. Das Zögern, um den Feinden Gelegenheit zur μετάνοια zu geben, ist nach Weber jedoch Motivierung des Juden Josephus.

[4]) Weber a.a.O. S. 70 f.

[5]) Weber a.a.O. S. 73.

[6]) Schlatter BEJ, siehe oben S. 10.

[7]) Schlatter BEJ S. 35-43. Das literarkritische Urteil des früheren Buches, wonach auch b 6, 312 f. auf den Bericht des Antonius zurückgehen soll, hält Schlatter aber offenbar fest, siehe BEJ S. 43.

einfach feiger Abfall vom Glauben seines Volkes! Sie war vielmehr die Möglichkeit eines Pharisäers, auch unter der heidnischen Herrschaft weiterzuleben.

Ferner: Die innergeschichtliche Deutung des ursprünglich auf einen apokalyptischen Termin fixierten Weissagungswortes (κατὰ τὸν καιρὸν ἐκεῖνον b 6, 312) ist auch bei den Rabbinen der Weg gewesen, auf dem man die Autorität der Schrift angesichts der geschichtlichen Katastrophe festgehalten hat [1]). Schlatter hat sehen gelehrt, die religiöse Komponente im prophetischen Anspruch des Josephus vor Vespasian ernstzunehmen und nicht als Täuschungsmanöver abzutun [2]).

Fassen wir die Diskussion zum Kriegsbericht im Bellum zusammen, so ergibt sich:

1. Sowohl die Frage nach dem jüdischen Proprium des Josephus (Schlatter) als auch der eingehende Vergleich mit der römischen Geschichtstradition (Weber, vgl. bereits Niese II) legen die Annahme nahe, daß Josephus seinen eigenen Angaben und der früheren Auffassung zum Trotz den Kriegsbericht nicht auf der Grundlage eigenen Materials und eigener Erinnerungen verfaßt, sondern einen ausführlichen römischen Bericht verarbeitet hat.
2. Josephus hat den ihm vorliegenden Bericht, der seinerseits antijüdisch und flavisch ausgerichtet war, mit einer ebenfalls flavischen, im Grunde aber jüdisch-apologetischen Tendenz und Geschichtsauffassung durchgestaltet.
3. Die Herausarbeitung und Charakterisierung des eigenen Anteils des Josephus am Bellum führt notwendig zur Frage nach der Eigenart des Judentums bei Josephus [3]).

Zu ergänzen ist noch, was zwischen Schlatter und Weber kontrovers blieb:

1. Die Abgrenzung der römischen Grundlage. Weber hatte angenommen, daß das flavische Werk entsprechend der Orientierung

---

[1]) Schlatter BEJ S. 39 „Nachdem die erste Auslegung, die mit der Zahl Daniels das Erscheinen der Gottesherrschaft datierte, durch den Gang der Geschichte beseitigt war, bleibt die Weissagung dennoch die unerschütterte Offenbarung der göttlichen Vorbestimmung, nur daß sie jetzt durch die Geschichte einen anderen Inhalt bekam, als die frühere Auslegung erwartet hatte."

[2]) Schlatter BEJ S. 42.

[3]) Die kritische Frage, die bei Niese dem Historiker Josephus zugewandt war, betrifft ihn jetzt – seit Schlatter – in seinem Judesein.

an den beiden Feldherrn in 3,1-7,162, also von der Beauftragung Vespasians bis zum Triumph der Flavier in Rom, zugrundeliege. Diese Herauslösung eines „Kerns" aus der übrigen Stoffmasse hat heftigen Widerspruch hervorgerufen, zunächst den von R. Laqueur [1]) hinsichtlich des terminus ad quem, dann den Schlatters [2]) hinsichtlich beider Begrenzungspunkte: Die Unternehmung des Cestius [3]) und ähnlich die Eroberung Masadas tragen dieselben Merkmale wie die Darstellung der Feldzüge Vespasians und des Titus.

2. Geht das flavische Werk nach Weber auf die commentarii der beiden Cäsaren zurück, so stößt sich dies mit b 1, 2, wo Josephus scharfe Kritik an seinen Vorgängern übt [4]).

3. Schlatters eigene Vorstellung von dem bei Josephus benutzten römischen Werk ging in der Diskussion mit Weber nicht mehr auf eine Universalgeschichte, sondern auf ein Werk, das die „Reihe der Herrscher über Jerusalem" von der Makkabäerzeit bis auf Titus beschrieb [5]). Dieses Werk habe für die Zeit bis Herodes die Darstellung des Nikolaos von Damaskus zugrundelegen können [6]).

4. Gegen Weber hält Schlatter die Sprache der Quelle für griechisch, nicht für lateinisch [7]).

---

[1]) R. Laqueur, Rezension zu W. Weber, Josephus und Vespasian, Philologische Wochenschrift 41 (1921) Sp. 1109 f.

[2]) Schlatter BEJ S. 52 f.

[3]) Schlatter: „genaue Angaben über die römischen Truppen, durchgeführte Tageszählung, sachkundige Verdeutlichung der militärischen Maßnahmen, während alles Jüdische im Schatten bleibt, Parallelismus mit Sueton." BEJ S. 52.

[4]) Laqueur Pauly-W. RE XVII (1936) Sp. 1107; Schlatter BEJ S. 9. Schlatter (S. 9-14) wiederholt bis ins Detail hinein die Argumentation Laqueurs, allerdings ohne ihn zu zitieren. Danach hätte Josephus die commentarii der Flavier selbst gar nicht benutzt, vielmehr seien diese die Waffe des Justus von Tiberias gegen ihn gewesen. Die Diskussion geht um die Interpretation von vita 342. 358 und Ap. 1, 56. Vgl. später Thackeray, Josephus S. 38, der auf die Einwände Laqueurs und Schlatters allerdings nicht eingeht.

[5]) Schlatter BEJ S. 52-59.

[6]) Nach Schlatter BEJ S. 57 hätten wir die „Zusammenfassung des herodeischen Zeitraums mit der hasmonäischen Königsreihe bis hinauf zum Kampf der Makkabäer als seine (sc. des Nikolaos) historische Tat zu schätzen... Durch Nikolaos war dem Blick die Richtung auf die Herrscher gegeben, und der neue Erzähler folgt darin der Bahn, die ihm ein großer Vorgänger gewiesen hatte." Antonius Julianus wäre danach also Fortsetzer des Nikolaos gewesen, ehe sein Werk von Josephus zum Bellum verarbeitet wurde.

[7]) Schlatter BEJ S. 63-67. So auch bereits TGP S. 391, vgl. B. Niese, Hist. Zs. 1896 S. 211 Anm. 3.

4. *Zum Gang dieser Arbeit*

Mit dem Bericht über die Diskussion zwischen Schlatter und Weber ist der Punkt erreicht, an dem unsere eigene Untersuchung einsetzen kann. Es ist nicht als Zufall zu beurteilen, daß wesentliche Fragen zur Charakterisierung der im Bellum vorauszusetzenden Quelle von den beiden Forschern verschieden beantwortet wurden. Nur sehr langsam wird man in diesen Fragen (Umfang, Verfasser, literarisches Genus, Sprache der römischen Quelle) weiterkommen können. Die „römische Quelle" ist sehr viel weniger, als Schlatter und vor allem Weber meinten, eine bewiesene Größe, sondern muß als Arbeitshypothese angesehen werden. Als solche ist sie aber keine willkürliche, sondern eine notwendige Annahme, da die ihr zugrunde- liegenden Beobachtungen am Text in Beziehung gesetzt werden müssen zur Person des Autors Josephus, falls man nicht überhaupt die Aufgabe preisgeben will, ein Buch wie das Bellum Judaicum zu verstehen.

Mit der vorliegenden Arbeit möchte ich versuchen, die Schlatter-/ Webersche Hypothese neu zur Diskussion zu stellen. Dabei scheint mir ein neuer Ansatzpunkt für die Bestimmung des eigentlich josephischen Gedankengutes erforderlich. Schlatter war von sprach- lichen und geographischen Detailfragen ausgegangen und schied grundsätzlich Jüdisches und Heidnisches, wobei dem Josephus alle die Stoffe zugewiesen wurden, die sich von einer Kenntnis des rabbi- nischen Materials her als jüdisch ausmachen ließen. Weber setzte beim Proömium des Bellum ein, ging sehr schnell zu den historischen und literarischen Grundfragen des Werkes über und bestimmte den eigenen Anteil des Josephus als tendenziöse Apologie eines Mannes, der bei seinen charakterlichen und bildungsmäßigen Voraussetzungen das ihm vorliegende beachtliche Geschichtswerk nur zum Schlech- teren hatte umgestalten können. Im Grunde studierte Weber das Bellum nicht um des Josephus willen, sondern „trotz" seiner, weil er ein Werk analog dem Bellum Gallicum des Cäsar eruieren wollte.

Was bei Weber und Schlatter fehlt, ist eine Näherbestimmung des eigentlich josephischen Gedankenguts. Ein allgemeiner Begriff des „Pharisäischen", bei Schlatter freilich mit größerer Sachkenntnis in den jüdischen Dingen verbunden, ließ es nicht zur grundsätzlichen und methodischen Klärung dessen kommen, was wir als Eigentum des Josephus anzusehen haben. Gerade eine solche Klärung muß aber wieder der quellenkritischen Untersuchung zugute kommen.

Bei der Frage nach einem methodischen Einsatzpunkt für die Beschreibung des josephischen Denkens empfehlen sich nun vor allem die größeren Reden des Bellum, insbesondere, da hier die stoffliche Abgrenzung eindeutig ist [1]). Diese Reden sind, wie längst erkannt ist [2]), Elemente der literarisch-kunstmäßigen Komposition, wie sie der Gepflogenheit der hellenistischen Geschichtschreibung [3]) entspricht. Bereits Thukydides will nicht die wirklich gehaltenen Reden wiedergeben, sondern „die Gesamtintention, welche die Rede unter Berücksichtigung der politischen Haltung des Redners und der jeweiligen historischen Situation nach der Auffassung des Thukydides gehabt haben muß" (Avenarius [4])). Auch für die spätere Zeit ist festzustellen, daß die Reden innerhalb eines historischen Werkes ganz von der Funktion bestimmt sind, die dieses Werk als Ganzes nach dem Willen seines Autors ausüben soll [5]). Die literarische Form der Rede gibt dem Historiker (bzw. dem historisierenden Schriftsteller) also Gelegenheit, das auszudrücken — und zwar mit größerer Direktheit als im eigentlichen Erzählungsablauf (διήγησις) — was er mit seinem Werk ausrichten will. So sind etwa die Reden im Geschichtswerk des Dionysios von Halikarnaß „nicht mehr als nach Schablonen gebildete, dürftige Erzeugnisse der Schulrhetorik" (Avenarius [6])), und wesentlich unter rhetorischen Gesichtspunkten

---

[1]) Die längste Rede ist die Doppelrede des Eleazar (b 7, 322-336. 341-388), es folgen die Josephusrede b 5, 362-419, die Agripparede b 2, 345-401, dann mit Abstand die Reden des Ananos und Jesus b 4, 163-192. 238-269 mit der Gegenrede des Idumäers Simon 271-283, des Titus b 6, 328-350 und b 6, 34-53 sowie die des Josephus über den Selbstmord b 2, 362-382, danach eine große Anzahl kleinerer Reden (weniger als 15 Paragraphen bei Niese). Von den angeführten Reden steht allein die Parakeleusis des Titus b 6, 34-53 unter dem Verdacht, daß Josephus hier nicht bloß frei komponiert hat.

[2]) Vgl. etwa Thackeray, Josephus S. 41 im Anschluß an die entsprechende Forschung zur Apostelgeschichte des Lukas; für die deutsche Forschung vgl. M. Dibelius, Die Reden der Apostelgeschichte und die antike Geschichtsschreibung, 1949 (= Aufsätze zur Apostelgeschichte, 5. Aufl. Göttingen 1968 S. 120-162).

[3]) Vgl. aus der neueren Literatur etwa G. Avenarius, Lukians Schrift zur Geschichtsschreibung, Meisenheim/Glan 1956, S. 149-157.

[4]) G. Avenarius a.a.O. S. 156 zu Thukydides 1, 22; ähnlich Dibelius a.a.O. S. 122 f. Das künstlerische Element bei Thukydides wird besonders hervorgehoben bei E. Howald, Vom Geist antiker Geschichtsschreibung, München 1944 (Nachdruck 1964) S. 48-50.

[5]) Dibelius a.a.O. S. 125: Pflicht des Autors ist „die sinnvolle Einfügung der Reden in den Organismus des ganzen Werkes... In jedem Fall lehrt die Tradition antiker Geschichtsschreibung, daß auch der Interpret eines solchen historischen Werkes zuerst nach der Funktion der Reden im Ganzen zu fragen hat."

[6]) Avenarius a.a.O. S. 150 f. Die Reden des Dionysios füllen „annähernd ein Drittel seines Werkes".

ist denn auch sein gesamtes historisches Werk zu verstehen. Auf der anderen Seite entspricht es dem Geschichtswerk des Polybios, daß gerade dessen Reden wesentlich der Aufgabe des αἰτιολογεῖν, der Frage nach den Ursachen, zugeordnet sind [1]). Auch die Reden des Bellum wird man grundsätzlich auf die Gesamtintention des Werkes hin zu befragen haben.

Unter den Reden des Bellum hat bereits Thackeray die drei längsten [2]) besonders hervorgehoben: Die Reden des Agrippa (b 2), des Josephus selber (b 5) und des Eleazar (b 7) bezeichnet er als „the great set speeches inserted at cardinal turning-points in the narrative: these are purely imaginary and serve the purpose of propaganda" [3]). Diese drei Reden sollen auch in dieser Untersuchung die Grundlage für die Frage nach dem Proprium des Josephus bilden [4]).

Erst im Anschluß an die Entfaltung der eigenen Auffassungen des Josephus gehe ich zu solchen Partien des Bellum über, die eine Aufnahme und Weiterführung der quellenkritischen Diskussion nötig machen. Ich beginne mit solchen Stücken, in denen Josephus von seiner eigenen Person berichtet („Selbstbericht"), da hier das literarkritische Problem verhältnismäßig wenig Schwierigkeiten macht. Diese Stücke finden sich vor allem in b 2-4. Eine Diskussion über die galiläische Wirksamkeit des Josephus und eine Analyse der betreffenden Abschnitte [5]) ist dabei ausgeklammert worden, da die komplizierten biographischen Fragen, die sich mit einer Kritik der Parallel-

---

[1]) P. Pédech, La méthode historique de Polybe, Paris 1964 S. 259: „L'originalité de Polybe est d'avoir dégagé le discours de la technique oratoire et de l'avoir rattaché d'une part à sa théorie étiologique, d'autre à sa conception psychologique de l'histoire ..."

[2]) Vgl. oben S. 18 Anm. 1.

[3]) Thackeray, Josephus S. 42, vgl. 43-45. Er nennt 1. eine kleine Zahl von Reden, die sich möglicherweise eng an das tatsächlich Gesagte anschließen, z.B. b 2, 34-36 (Nikolaos zugunsten des Archelaos); 2. Reden aus bestimmten Anlässen, etwa Truppenansprachen des Vespasian und des Titus, die einen Kernpunkt der tatsächlich gehaltenen Rede bewahren und 3. die oben genannten großen „Propagandareden", die ganz und gar auf Josephus selbst zurückgehen. Allenfalls bei der Agripparede sei in 2, 403 f. etwas vom tatsächlich Gesagten beigefügt (S. 44).

[4]) Die Arbeit W. Webers nimmt zum methodischen Ausgangspunkt eine Untersuchung des Proömiums (b 1, 1-30) und stößt dabei auf Diskrepanzen zwischen den Ankündigungen des Vorworts und der Ausführung der Kriegserzählung, die ihn relativ schnell zur Hypothesenbildung nötigen (siehe unten S. 65 Anm. 2). Ich lasse diese Problematik beiseite und gehe nur auf die für die Konzeption des Josephus besonders wichtigen Paragraphen 9-12 des Proömiums ein, siehe unten S. 135.

[5]) b 2, 526-568. 569-646 vgl. vita 28-413.

berichte in b und vita notwendig verbinden, den Rahmen dieser
Arbeit sprengen würden [1]). Nach der Untersuchung des Selbstberichts gehe ich zur Erzählung vom Aufstieg Vespasians über, die
sachlich aufs engste mit dem Jotapata-Geschehen verbunden ist.
Josephus verarbeitet hier ein Stück außerjüdischer Geschichte, und
der Vergleich mit der römischen Überlieferung kann dazu helfen, die
Eigenart dieser Bearbeitung zu ermitteln. Beide Komplexe aber: der
Selbstbericht und der Aufstieg Vespasians, führen — wie bereits im
forschungsgeschichtlichen Referat deutlich wurde [2]) —, notwendig in
die Frage nach den historischen und religionsgeschichtlichen Wurzeln
des josephischen Geschichtsdenkens.

Einen Versuch der fortlaufenden literarkritischen Analyse gebe ich
abschließend für den Teil der Kriegserzählung, der von der Belagerung Jerusalems durch Titus (bis zur Verbrennung des Tempels) berichtet (b 4, 659-6, 322).

Die Probleme der Vor- und Nachgeschichte des Bellum, wie sie
mit den Büchern 1, 2 und 7 gegeben sind, bleiben in dieser Arbeit
außer Betracht [3]).

---

[1]) Auch hier bedeutet das Buch von R. Laqueur den Beginn einer neuen Fragestellung. Aus der seither geführten Diskussion hebe ich hervor: B. Motzo, Saggi
di storia e letteratura giudeo-ellenistica, Firenze 1924, S. 207-240; H. Drexler,
Untersuchungen zu Josephus und zur Geschichte des jüdischen Aufstandes 66-70,
Klio 19 (1925), S. 277-312.

[2]) Vgl. oben S. 12 f.

[3]) Eine wesentliche methodische Hilfe bei der Arbeit an den Josephustexten
ergab sich aus der Möglichkeit, das bereits vollständig vorliegende Material der
in Münster/Westfalen erarbeiteten Josephuskonkordanz (K. H. Rengstorf, A
Complete Concordance to Flavius Josephus, Leiden 1969 ff.) einzusehen. Für die
freundliche Erlaubnis dazu und ebenso für brieflich mitgeteilte Konkordanz-
angaben bin ich Herrn Professor Rengstorf zu Dank verpflichtet.

KAPITEL II

DIE GESCHICHTSAUFFASSUNG DES JOSEPHUS NACH DEN DREI GROSSEN REDEN DES BELLUM

A. Analyse der Reden

1. *Die Agripparede* (b 2, 345-401)

Die erste der drei großen Reden im Bellum hat Josephus dem Agrippa in den Mund gelegt. Dieser Herrscher aus dem Haus des Herodes hat nach b 2, 336-407 noch einen Versuch in letzter Stunde unternommen, um den Krieg mit Rom abzuwenden. Seine große Rede ist innerhalb des genannten Erzählungszusammenhangs deutlich als Einlage zu erkennen [1]).

In ihrer Einleitung (§ 348) gibt die Rede selbst den entscheidenden Hinweis auf ihren Aufbau: Ein erster Hauptteil geht auf die Motive des Kampfes gegen Rom ein, die hier προφάσεις, „Vorwände", genannt werden, ein zweiter stellt die Juden den Römern als Kontrahenten einer kriegerischen Auseinandersetzung gegenüber, betrifft also die Aussichten des Kampfes.

Im einzelnen gliedert sich die Rede wie folgt:

A. Vorbemerkung über die Hör- und Entscheidungsbereitschaft der Anwesenden, § 345-347.
B. Corpus der Rede, § 348-399.
   Logisch differenzierende Hinführung auf den Inhalt, § 348 f.
   1. Hauptteil: Die Motive des Kampfes gegen Rom, § 350-361 a.
      a) Die römischen Statthalter, § 350-354.
      b) Das Verlangen nach Freiheit, § 355-361 a.
   2. Hauptteil: Die Aussichten des Kampfes, § 361 b-399.
      a) Roms Überlegenheit, § 361 b-387.
      b) Die Frage nach Verbündeten, § 388-396.
      c) Die Gefahr für das Judentum in der ganzen Welt, § 397-399.
C. Abschließender Appell, § 400-401.
   Die Teile B 1 b) und B 2 a) sind mit Erweiterungen versehen:

---

[1]) Vgl. Laqueur, Josephus S. 256 Anm.

§ 358-361 a und § 365-387, die die Mahnrede im Sinne der Epideixis ergänzen[1]). Josephus unterstreicht durch Nennung zahlreicher Völker den weltweiten Charakter der Römerherrschaft. Die zweite Erweiterung ist eine Völkerliste, in der eine Übersicht über die Verteilung der römischen Truppen im Imperium verarbeitet ist[2]). Vielleicht hat Josephus hier ein offizielles Dokument zur Verfügung gehabt, das er jetzt im Dienste der Propaganda für das Imperium einsetzen konnte[3]). In der Tat ist die ganze Rede vom Thema der Größe Roms bestimmt: der zweite Hauptteil und in ihm wiederum der Abschnitt § 361 b-387 sind schon vom Umfang her die gewichtigsten Stücke der ganzen Rede. Die Größe des Imperiums ist jedoch nicht einfach als Ergebnis der militärischen Macht hingestellt: Neben der δύναμις der Römer steht deren τύχη, „die ihnen noch mehr einbringt als die Waffen" (§ 373, vgl. § 387). Dies wird den Juden zu bedenken gegeben, und das Argument entspricht den eigenen Gedanken des Josephus, die er nach vita § 17 in Jerusalem am Vorabend des Krieges seinen Landsleuten gegenüber geäußert haben will[4]). Nun läßt sich zeigen, daß dieser τύχη-Begriff für Josephus keine leere Redensart ist. Der erste Hauptteil der Agripparede bringt in seinem zweiten Abschnitt (§ 355-361 a) die These, daß die Juden mit einem Krieg für die Freiheit etwas „Unzeitiges" (ἄωρον) unternehmen. Es gab wohl eine Zeit, in der man auch gerechterweise um seine Freiheit kämpfen konnte, aber diese ist mit der Niederlage gegen Pompejus vorüber. Seither stehen die Juden unter der Verpflichtung des Gehorchens, die sie ἐκ διαδοχῆς, von Generation zu Generation, überkommen haben. Andere Völker stehen auch in der Situation, daß sie einst einen großen Namen hatten, jetzt aber den Römern dienen müssen. In diesem Zusammenhang

---

[1]) Dies Verfahren ist durchaus im Einklang mit den Regeln der Rhetorik, vgl. H. Lausberg, Handbuch der literarischen Rhetorik, München 1960 S. 132.

[2]) So Laqueur, Josephus S. 256; Thackeray, Josephus S. 44.

[3]) Der Historiker hat diese Aufstellung allerdings nicht für das Jahr 66, sondern für das Jahr 75 zu verwerten, vgl. G. Ricciotti zu 2, 345 (Bd. II S. 264) und zu 2, 377 (S. 271); anders noch W. Weber S. 86. — Zu überlegen ist, ob die Völkerliste § 365-387 nicht an den falschen Platz geraten ist: Sie unterbricht den Zusammenhang der Frage § 364 mit der Antwort § 388, außerdem paßt ihr Einsatz (χαλεπὸν τὸ δουλεύειν) besser zum Thema von B 1 b), so daß sie durchaus an Stelle des ersten Einschubs (§ 358-361 a) stehen und als Alternativtext zu jenem gelten kann.

[4]) „Ich stellte ihnen vor Augen, gegen welche Feinde sie antreten wollten: daß sie den Römern nicht bloß hinsichtlich der Erfahrung im Kriegführen, sondern auch hinsichtlich des Glücks (κατ᾽ εὐτυχίαν) unterlegen seien." Siehe auch unten S. 58!

wird nun das τύχη-Verständnis der Rede deutlich: Es heißt von den Mazedoniern, daß sie „noch heute von Philipp träumen und jene (nämlich die in der Fortsetzung des Satzes genannte Tyche) vor Augen haben, die ihnen mit Alexander die Saat der Weltherrschaft ausstreute" [1]), daß sie aber „einen so gewaltigen Wechsel (τοσαύτην μεταβολήν) ertragen und denen huldigen, zu denen sie, die Tyche, übergegangen ist (μεταβέβηκεν)", § 360. Das Verhältnis der Römer zu den übrigen Völkern wird mit dem starken Ausdruck beschrieben, daß ihnen „alles unterworfen" ist (ὑποτέτακται τὰ πάντα, § 361 a) [2]). Es geht also um Weltherrschaft, und die τύχη, die in der gegenwärtigen Periode auf Seiten der Römer steht, ist deren Symbol. Der gleiche Sachverhalt erscheint in der großen Josephusrede im 5. Buch: Den Römern ist die ganze Welt untertan (ὑποχείρια τὰ πάντα), 5, 366. Von allen Seiten ist die Tyche zu ihnen übergegangen (μεταβῆναι γὰρ πρὸς αὐτοὺς πάντοθεν τὴν τύχην), 5, 367.

Wie für die Völker allgemein, so steht auch für die Juden die gegenwärtige Geschichtsperiode unter dem Gesetz der römischen Oberherrschaft, speziell für die Juden gilt aber, daß sie mit dem Jahr 63 v. Chr., als Pompejus die Stadt Jerusalem und den Tempel in Besitz nahm, begann. Unterordnung unter Rom ist deshalb das Gebot der Stunde. Dieser Gedanke wird in der Agripparede nach zwei Seiten durchgeführt: hinsichtlich der Motive der Aufständischen und hinsichtlich der (negativen) Aussichten eines Krieges. Dabei führt die Frage nach den Motiven notwendig zu einer Auseinandersetzung mit der zelotischen Freiheitsparole (§ 355-361 a), während die Aussichten des Kampfes unter der Frage nach möglichen Bundesgenossen, insbesondere nach der συμμαχία Gottes, beurteilt werden (§ 388-396).

Nun sind mit der Alternative ἐλευθερία/δουλεία die Motive des zelotischen Kampfes in einer gewissen Verkürzung wiedergegeben [3]): Es ging den Zeloten nicht um die politische Unabhängigkeit als solche, sondern um die endzeitliche Erlösung Israels durch Gottes Eingreifen, wie M. Hengel [4]) herausgearbeitet hat. Josephus verdeckt

---

[1]) Offenbar eine Vereinfachung des etwas schwierigen Textes bieten die Handschriften M und C.

[2]) Vgl. 1. Kor. 15, 27 und Hebr. 2, 8 im Anschluß an Ps. 8, 7, auch Phil. 3, 21.

[3]) So M. Hengel, Die Zeloten, 1961, Leiden/Köln S. 118-120.

[4]) M. Hengel S. 131: „In der Gehorsamsverweigerung gegenüber dem Kaiser bestand dann die Umkehr zum wahren Gotteswillen, sie bildete die Voraussetzung zu Gottes helfendem Eingreifen ..."

weithin diese religiösen Motive seiner Gegner. Hier, in der Agrippaparede, erscheint die religiöse Thematik in veränderter Form bei der
Frage nach den Aussichten des Kampfes, und zwar in dem bereits
erwähnten Abschnitt über mögliche Verbündete (§ 388-396), also
durchaus getrennt von der Freiheitsthematik! Der Abschnitt über
die σύμμαχοι wirkt ausgesprochen konstruiert, da er eine erst im
Kriegsfall erfolgende Versündigung der Juden einführen muß, um
die Frage nach Gottes Beistand negativ zu beantworten (§ 391-394 a) [1]).

Dagegen könnten die Römer im bevorstehenden Krieg mit dem
Beistand Gottes rechnen (§ 390)! Neben die τύχη tritt also vorsichtig
hier schon der Gottesbegriff: Nicht bloß ein Schicksal, sondern der
Gott der Juden unterstützt die Gegner, derselbe, auf den die Aufständischen — zu Unrecht — ihre Hoffnung gesetzt haben. Das Unternehmen des Krieges gegen Rom ist letztlich ein selbstmörderisches
Unterfangen (§ 394 b-395). Wenn in diesem Zusammenhang auch die
Gefahren für das außerpalästinische Judentum herausgestellt werden
(§ 398 f.), so dürfte damit wohl ein Gesichtspunkt getroffen sein, den
auch Agrippa gut hätte anführen können [2]), auf der anderen Seite liegt
gerade in der Diasporajudenschaft das Feld, auf dem Josephus mit
seinem Bellum politisch wirken möchte, und zwar im Sinne des
Friedens mit Rom [3]).

Ganz vorsichtig wird schließlich auch von der römischen φιλανθρωπία gesprochen, — einem Thema, das später (6, 333-336) breit ausgeführt wird. Hier wird es bereits angedeutet, wenn auch eigenartig
hypothetisch: Denn zuerst kommt eine massive Warnung, daß die
Römer im Falle des Aufstandes keine Milde walten lassen werden
(§ 397): In jeder Stadt der Welt werden Ströme jüdischen Blutes
fließen. Daran aber schließt sich die Reflexion: „Wenn es aber nicht
geschehen sollte, dann bedenkt, wie frevelhaft es wäre, gegen ein so
menschlich gesinntes Volk die Waffen zu erheben" (§ 399 b). Das Lob
der römischen φιλανθρωπία ist nicht gerade zufriedenstellend mit der
kräftigen Warnung des voraufgehenden Satzes verbunden worden.

Die Argumente der Rede sind im einzelnen von recht unterschiedlichem Gewicht. Ihr vorsichtiger, hypothetischer Charakter wird
demjenigen voll verständlich, der das ganze Bellum kennt, ins-

---

[1]) In der Sabbatfrage wird die Verhaltensmöglichkeit, die man seit den Makkabäerkämpfen im Judentum kennt (1. Makk. 2, 41), übergangen. Die Torainterpretation drängt damit in eine grundsätzlich pazifistische Richtung, vgl. später
5, 399.

[2]) Vgl. das Eintreten seines Vaters für die Juden in Alexandria a 19, 279. 288.

[3]) Vgl. W. Weber S. 34.

besondere die beiden anderen großen Reden: Josephus hat eine Gesamtkonzeption, die er hier im zweiten Buche noch nicht voll entfalten kann. Daß die Juden die Gebote übertreten, daß die Römer mit Gottes Beistand kämpfen, daß die Freiheitsparole letztlich in den Selbstmord führt — all dies (und mehr) bedarf noch des „Unterbaues" durch die Ereignisse, wie sie dann tatsächlich abgelaufen sind. Die Agripparede ist letztlich keine Einheit in sich, sondern ein Auftakt, ein Hinweis auf einen Gesamtzusammenhang, der erst Schritt für Schritt, vor allem durch die große Josephusrede im 5. Buch, in seiner Geschlossenheit erkennbar wird.

2. *Die Josephusrede* (b 5, 362-419)

Josephus hat seine eigene große Rede mit dem Anfangsstadium des entscheidenden Kampfes um Jerusalem verbunden. Der Aufmarsch der Römer (5, 39 ff.), die Einigung der Aufstandsgruppen (5, 71, endgültig 5, 279: ἓν σῶμα) liegen zurück, auch bereits die ersten Belagerungsaktionen und Kampfhandlungen: am 20. Tag ist die zweite Mauer fest in römischer Hand (§ 346, vgl. bereits § 331), Titus setzt eine Belagerungspause an und verbindet mit der Besoldung der Truppen eine eindrucksvolle Parade (§ 348 ff.). Gleichzeitig mit dem Beginn neuer Wallarbeiten soll Titus die Juden zur Übergabe aufgefordert haben (§ 360 f., vgl. bereits § 348), und in seinem Auftrag spricht dann auch Josephus selbst zu seinen Landsleuten.

Die Gliederung der Rede in zwei Hauptteile ergibt sich aus 5, 375 [1]): Auf die (in indirekter Rede und im Auftrag des Titus ausgesprochenen) φανεραὶ συμβουλίαι (§ 362-374) geht der Redner zu den ὁμόφυλοι ἱστορίαι (§ 376-419) über, in denen Josephus — jetzt in direkter Rede — seine persönliche, die jüdische Geschichte betreffende Stellungnahme vorträgt.

Im einzelnen läßt sich der folgende Aufbau feststellen:

I. Das Kapitulationsangebot § 362-374.
    1. Aufruf zur Schonung von Volk, Stadt und Tempel (ehrfürchtige Römer — frevelhafte jüdische Führer), § 362 f.
    2. Die aussichtslose Verteidigungslage, § 364-371.
        a) Thematischer Satz (drei Punkte), § 364.
        b) Entfaltung der drei Punkte von § 364 in umgekehrter Reihenfolge, § 365-371:

---

[1]) Hinweis bei Michel-Bauernfeind II, 1 S. 264 Anm. 144.

α) Die Juden sind ans Dienen gewöhnt; wenn sie jetzt für die Freiheit kämpfen, so ist das Selbstmord, § 365.

β) Allmacht der Römer; die τύχη auf Seiten Roms, § 366-368.

γ) Die Schwäche der letzten Mauer und der Hunger als mächtigster Gegner, § 369-371.

3. Das Angebot der Übergabe: Die Römer sind zur Milde bereit, aber Ablehnung macht den Schaden unheilbar, § 372-374.

II. Heilsgeschichtliche Belehrung: Die Juden haben sich den gerechten Gott zum Feind gemacht, § 376-419.

1. Wenn die Juden sich mit Waffen gegen die Römer wehren, so ist dies ein Zeichen dafür, daß sie den gerechten Gott nicht auf ihrer Seite haben, § 376-400:

a) Das positive Verhalten der Väter (Gott als Rächer seines Volkes, insbesondere als Garant seines Kultus), fünf Beispiele, § 376-389.

b) Negative Beispiele: Immer, wenn die Juden zu den Waffen gegriffen haben, sind sie unterlegen (§ 393: Josephus in der Rolle des Propheten Jeremia!), § 390-398.

c) Zusammenfassung der rückblickenden Betrachtung, § 399 f.

2. Anklagerede zum Frevel der Juden in der Gegenwart und Apologie der Römer, § 401-414. These § 412: Gott ist aus dem Heiligtum gewichen und hat sich auf die Seite der Gegner gestellt.

3. Erneute Bußmahnung (Anschluß an den ersten Redeteil, vgl. § 362 f. 372-374), § 415-419.

Die Rede setzt ein mit einer Anklage gegen die Führer der Aufstandsbewegung und einer Apologie der Römer. Sie hat damit die Tendenz, zu zeigen, daß es ein Stadium des Krieges gegeben hat, in dem die Römer für die Erhaltung von Volk, Stadt und Tempel keine Verantwortung mehr tragen konnten und in dem alle Schuld den jüdischen Führern zugeschoben werden mußte. Insbesondere der zweite Teil der Rede (§ 376-419) stellt eine grundsätzliche Auseinandersetzung mit der Aufstandsbewegung dar.

Josephus führt die Niederlage, der die Juden in ihrem Krieg gegen Rom entgegengehen, auf einen Richterspruch Gottes zurück. Der erste Teil der Rede hält diesen Gedanken noch zurück. Hier wird die These, daß „Gott jetzt zu Italien stehe" (§ 367) mit der Erfahrung begründet: Überall haben die Römer die Oberhand behalten, und

die Unterwerfung folgt als vernünftige Konsequenz aus dem „Natur-
gesetz", daß der Stärkere siegt. Daneben wird auf die aktuelle Verteidigungslage Bezug genommen (§ 364, § 369, § 374). Der zweite
Redeteil ersetzt und überbietet diese allgemein-vernünftige Argumentation (φανεραὶ συμβουλίαι) durch eine speziell heilsgeschichtliche
Belehrung, in der das Gerechtigkeitsmotiv bestimmend ist [1]): Israel
hat Gott zum Bundesgenossen, sein Schöpfer ist auch sein ἔκδικος,
der ihm zu seinem Recht verhilft, und Waffengewalt [2]) richtet in
keinem Fall etwas aus. Der Gott Israels ist der Hüter seines Kultus,
insbesondere des Tempeldienstes, und weil die Juden jetzt den
Tempel „befleckt" haben — sie tragen vom Tempel aus ihre Kampfhandlungen vor —, darum haben sie ihren Gott jetzt zum Feind
(§ 376-378). Im Kontrast zur Gegenwart zeigt nach Josephus die alte
Heilsgeschichte, wie Gott seinem Volke durch den rechten Kultus
geholfen hat: Durch Gebet zur heiligen Stätte hin hat Abraham sich
einst den Beistand des „unbesiegbaren Helfers" verschafft (§ 380),
Gott hat die Väter aus Ägypten herausgeführt „zu berufenen Hütern
seines Heiligtums" (§ 383) [3]), die Heiligkeit der Lade hat sich an
ihren Räubern erwiesen (§ 384 f.); auf das Gebet der Juden hin hat
der Engel Gottes 185 000 Mann im Lager der Assyrer in einer
Nacht sterben lassen, so daß Sanherib von sich aus die Flucht ergriff
(§ 387 f.), und zum Zwecke des Tempeldienstes durften die Israeliten
aus dem Exil zurückkehren (§ 389). Nach diesen fünf Beispielen zum
rühmlichen Verhalten der Väter wird die These von § 376 f. („Nicht
Waffengewalt, sondern Gottes Hilfe entscheidet") in § 390 aufgenommen und in ihrer negativen Wendung („Waffeneinsatz bringt
Niederlage") an vier weiteren Beispielen durchgeführt (§ 391-398).
§ 399 f. schließt den Rückblick ab und bringt ein drittes Mal die
These von der Gewaltlosigkeit.

Hatten schon die beiden letzten Beispiele (§ 395-398) die jüdische
Verschuldung in der jüngeren Geschichte als Ursache der Unterwerfung durch Rom hingestellt, so wird dieser Gesichtspunkt der
Versündigung im Blick auf die gegenwärtige Generation in der
folgenden Scheltrede (§ 401-414) breit ausgeführt. Auch dieser Teil
ist zunächst wieder an der Geschichte orientiert:

---

[1]) Der Gesichtspunkt der militärischen Stärke tritt völlig hinter dem der
Gerechtigkeit Gottes zurück. Eine Spannung zwischen beiden Redeteilen ist
unverkennbar.

[2]) ὅπλοι καὶ χεῖρες § 376.

[3]) So treffend G. Stählin zum Begriff νεωκόροι in Apg 19, 35 (NTD 5, 10.
Aufl. 1962)

1. Die Schuld der gegenwärtigen Judenschaft ist größer als die früherer Geschlechter, vgl. § 401, 411 (auch bereits § 391 b-393 sowie § 397).
2. Die jetzigen Führer befinden sich im Gegensatz zu bestimmten Vätern (Hiskia!), die in Gerechtigkeit den Beistand Gottes erfleht haben, § 404, vgl. bereits § 380.

Verflochten mit dieser Argumentation ist dann aber noch eine Apologie der Römer, die von den früheren Eroberern Jerusalems abgehoben werden, § 404 ff. [1]). Höhepunkt dieser Anklagerede ist die These in § 412.

Bereits dieser kurze Überblick über die angeschnittenen Themen dieser Rede macht deutlich, daß wir hier in demselben Gedankenkreis stehen wie in der Agripparede: Die römische Macht ist unüberwindlich, die Juden stehen in einer Periode der δουλεία, aus der sie nicht auszubrechen haben — wenn sie es dennoch versuchen, so handeln sie selbstmörderisch —, sie können nicht mit Gottes συμμαχία rechnen, weil sie im Gefolge der kriegerischen Maßnahmen seine Gebote verletzen. Wieder steht die Rede unter dem Geschichtspunkt des παραινεῖν (§ 375, vgl. § 360 entsprechend von Titus), doch steht inhaltlich die κατηγορία im Vordergrund: Die jüdischen Führer haben den Widerstand gegen Rom auch dann nicht aufgegeben, als die Katastrophe sich bereits abzeichnete, und haben so das Volk, die Stadt und den Tempel in den Untergang getrieben. Die Agripparede wird also nicht bloß thematisch aufgenommen, sondern auch weitergeführt und im Sinn der Anklagerede zugespitzt.

Bei der Einzelauslegung wird man einmal auf die grundsätzlichthetischen Sätze und den durch sie markierten Gedankenfortschritt zu achten haben: § 367 („Gott steht jetzt zu Italien") wird über § 399 f. („Das Volk Gottes hat sich nicht aufs Kriegsführen einzulassen") zu § 412 weitergeführt: „Gott hat das Heiligtum verlassen und kämpft auf der Seite der Gegner". Die These der allgemeinvernünftigen Situationsanalyse wird durch eine heilsgeschichtliche Motivation ergänzt und schließlich in der konkreten Gerichtsaussage verschärft und neu gestellt. Auf der anderen Seite verdienen die von

---

[1]) Die Achtung und Ehrfurcht der Römer vor dem Tempel wird besonders hervorgehoben: § 402, 406, vgl. bereits § 363. Josephus dürfte zelotische Thesen voraussetzen, in denen die Aufständischen nicht nur sich selbst in Kontinuität zu den Gerechten der Heilsgeschichte, sondern auch die Römer unter die biblische Typologie der gottfeindlichen Gegenmacht (Edom, Babel) gestellt hatten.

Josephus herangezogenen geschichtlichen Stoffe besondere Beachtung. Die Abschnitte § 379-389 und § 391-398 bringen nicht bloß Beispielmaterial zu einem Obersatz, sondern stellen bestimmte Daten der Heilsgeschichte heraus, die zwischen Josephus und seinen Gegnern umkämpft sind. Zunächst zu den Thesen:

Der Gedanke an die die Epoche bestimmende römische Oberherrschaft wird, wie bereits zur Agripparede vermerkt [1]), auch hier mit dem Übergang der Tyche zu den Römern verbunden: „Von allen Seiten sei die Tyche zu ihnen übergegangen" (§ 367), aber ein zweites Bild tritt interpretierend hinzu, das in der Agripparede noch fehlte: „und Gott, der den Völkern in der Runde abwechselnd die Herrschaft zuerteilt, stehe jetzt auf Seiten Italiens" (καὶ κατὰ ἔθνος τὸν θεὸν ἐμπεριάγοντα τὴν ἀρχὴν νῦν ἐπὶ τῆς ᾿Ιταλίας εἶναι). Wenn Josephus in dieser Weise interpretiert, so ist der Übergang der Macht von einem Volk zum anderen für ihn letztlich kein schicksalhafter Prozeß, sondern ein Geschehen, das aus dem Willen Gottes kommt. Die Tyche-Aussage ist für ihn also nicht vom alttestamentlich-jüdischen Geschichtsdenken abzulösen. Dem entspricht dann die bewußt heilsgeschichtliche Argumentation des zweiten Teils der Rede. Hier erst bekommt die Antithese zum Zelotismus ihre volle Schärfe, und hier liegt auch das entscheidend Neue gegenüber der Agripparede: Josephus spricht von Gottes besonderem Verhältnis zu seinem Volk: Er ist sowohl κτίσας als auch ἔκδικος. Gott ist Richter (§ 400), er wird zum Feind seines Volkes, wenn dieses seine Gebote übertritt und seine Heiligkeit verletzt. Diese Heiligkeit manifestiert sich vor allem im Tempel. Der Tempel (bzw. vorher die Lade) ist nach Josephus denn auch der entscheidende Rückhalt, von dem aus Gott die Feinde niederwirft, ohne daß die Juden selbst Gewalt einzusetzen hätten. Nun, da das Heiligtum entweiht ist, haben sie kein Recht mehr, auf Gott als ihren Bundesgenossen zu hoffen (§ 402 f.). In § 412 zieht Josephus die Folgerung in einer These, die als Spitze des Gedankenganges gelten kann: Gott ist aus dem Heiligtum geflohen und hat sich auf die Seite der Gegner gestellt. Damit erfährt der vorher (§ 367) noch allgemeine Satz vom Übergang der Tyche zu den Römern eine ungeheure heilsgeschichtliche und kultische Zuspitzung.

Nicht nur als der Souverän, der einem einzelnen Volk zu einer bestimmten Zeit die Weltherrschaft zuteilt, hat Gott sich auf die

---

[1]) Vgl. oben S. 22f.

Seite der Römer gestellt, sondern als Richter gegenüber seinem eigenen Volk, um dieses die Konsequenzen seiner Versündigung auskosten zu lassen. Man erinnert sich an Jes. 10, wo die Assyrer als Stecken des Zornes Gottes bezeichnet werden. Josephus kennzeichnet die Römer auch sonst (vgl. 5, 19. 566) als Werkzeug des Gerichtes Gottes an seinem Volk. Gegenüber dem alttestamentlichen Bild ist bei Josephus aber zu beachten, daß er die Römer nicht als Frevler schildert, sondern als gerechte Heiden (§ 402. 404), deren Verhalten gegenüber dem Tempel die Juden beschämen müßte.

Kommen wir nun zu den von Josephus beigebrachten heilsgeschichtlichen Stoffen, so sei zunächst auf die Auslegung W. R. Farmers [1]) hingewiesen. Sie geht von der Voraussetzung aus, daß Josephus in der Schilderung der Zeloten aus apologetischen Gründen ständig deren eigentliche jüdische Motive verdeckt hat [2]), daß seine Argumentation in der großen Rede an die Belagerten aber ständig auf die Überzeugungen seiner zelotischen Gegner, insbesondere deren Sicht der Heilsgeschichte, Bezug nimmt. Ein Ereignis, das in der Josephusrede besondere Würdigung erfährt, ist die wunderbare Befreiung Jerusalems von der assyrischen Belagerung (Sanherib, 701 v. Chr.) [3]): Sie erscheint nicht nur unter den positiven Beispielen der Väterzeit (§ 387 f.), sondern auch innerhalb der Argumentation der Anklagerede (§ 404 f.). Farmer kann wahrscheinlich machen, daß gerade diese Sanherib-Tradition innerhalb der zelotischen Geschichtsauffassung eine hervorragende Rolle gespielt hat [4]). Zunächst deuten die Makkabäerbücher (1. Makk. 7, 41 f.; 2. Makk. 8, 19; 15, 22) den Sieg des Judas über den Syrer Nikanor unter Berufung auf diese Tradition. Außerdem wissen wir aus der Fastenrolle [5]), daß der auch sonst [6]) als Gedenktag gefeierte „Nikanortag" (13. Adar) für die Aufstandsbewegung der Jahre 66-70 eine wesentliche Rolle gespielt hat. Deuten also die Zeloten ebenso wie die Makkabäertradition das Ereignis als einen Beweis für Gottes Hilfe im Kampf der Frommen gegen die heidnische Eroberermacht, so bekämpft Josephus diese makkabäisch-zelotische Auslegung mit dem Hinweis darauf, daß

---

[1]) W. R. Farmer, Maccabees, Zealots, and Josephus, New York 1956, S. 97-111.
[2]) Farmer a.a.O. S. 18.
[3]) 2. Kön. 18 und 19, Jes. 36 und 37 sowie 2. Chron. 32. Vgl. auch Josephus a 10, 1-23.
[4]) Farmer a.a.O. S. 97-104.
[5]) Vgl. Farmer a.a.O. S. 154.
[6]) Vgl. Josephus a 12, 412; Taan. 18 b (Farmer a.a.O. S. 149).

die Israeliten damals ja gar nicht gegen die Assyrer gekämpft haben [1]), sondern daß Gott auf das Gebet seiner Getreuen hin eine ganz andere Hilfe gegeben hat.

Bei der Behandlung der Makkabäerzeit selbst kann Josephus kein so scharfsinniges Argument ins Feld führen. So spielt er nur recht undeutlich auf eine Niederlage der Juden gegen Antiochus Epiphanes an (§ 394) [2]) und übergeht im übrigen einfach die siegreichen Schlachten der Makkabäer, die für die Zeloten einen mindestens ebenso wichtigen heilsgeschichtlichen Bezugspunkt ihres Kampfes gegen die Römer gebildet haben müssen wie die Sanheribtradition [3]).

Farmer hat bei seiner Auslegung das Interesse, die religiöse Haltung der Zeloten näher kennenzulernen. Der Josephustext wird dabei grundsätzlich als antizelotische Polemik interpretiert. In § 405 etwa hat Josephus als Absicht des Sanherib bei seinem Zug gegen Jerusalem angegeben, er habe „den Tempel verbrennen” wollen. Diese Angabe ist als haggadischer Zusatz zu betrachten [4]), der mehr über die Gegenwart des Schreibers als über die historische Situation von 701 v. Chr. aussagt. Farmer wertet diesen Zug als Zeugnis für das Interesse, das man — ganz allgemein im Judentum der Römerzeit, speziell aber in den zelotischen Kreisen — gerade um des Tempels willen an der Sanheriberzählung gehabt hat [5]). „... it inspired belief that God would miraculously intervene when and if the heathen threatened to burn his holy house”. Nun wird man aber gerade an dieser Stelle die eigene Konzeption des Josephus nicht verkennen dürfen, die auch unabhängig von der Zelotenpolemik eine kultisch-priesterliche Ausrichtung zeigt. So bereits unabhängig von den heilsgeschichtlichen Beispielen in § 377: Gott erweist sich als Verbündeter seines Volkes gerade vom Tempel aus. Die diesem σύμμαχος angemessene menschliche Mitwirkung (die ἔργα δαιμόνια der Väter!) ist nicht das Eingreifen mit Waffen, sondern die rechte Anbetung,

---

[1]) Vgl. auch a 10, 13: Jesaja prophezeit, die Feinde würden ohne Kampf geschlagen werden und den Rückzug antreten.

[2]) Vgl. Thackeray z. St. (Loeb-Edition III S. 324 Anm. a); Farmer a.a.O. S. 103 f.; Michel-Bauernfeind II, 1 S. 265 f. Anm. 158.

[3]) Farmer a.a.O. S. 104 f. Eine grundsätzlich antimakkabäische oder antihasmonäische Haltung liegt dem Josephus fern, vgl. Farmer S. 21, Hengel a.a.O. S. 118 Anm. 1.

[4]) Vielleicht durch 2. Kön. 18, 25 „gegen diesen Ort” (= מקום) veranlaßt, Michel-Bauernfeind II, 1 S. 266 Anm. 165.

[5]) Farmer a.a.O. S. 106 Anm. 51. Bei der Interpretation von b 5, 458 f (S. 110) läßt Farmer den wichtigen Satz § 458 b πατρίδος δὲ οὐ μέλλειν ... καὶ ναοῦ ἀπολομένου ἀμείνω τούτου τῷ εῷ τὸν κόσμον εἶναι unberücksichtigt.

der rechte Kult. Darin liegt die Wurzel des gegenwärtigen Unheils, das sich immer mehr steigert: Der Kultus ist verkehrt. Befleckung, nicht Gebet beherrscht die Szene. Diese Gegenüberstellung, wie sie sich durch den ganzen Zusammenhang hindurchzieht (bis § 389) und dann in § 404 wieder aufgenommen wird, erinnert an das Jesuswort Mk 11, 17, „Steht nicht geschrieben: ‚Mein Haus soll heißen ein Bethaus allen Völkern'? Ihr aber habt ‚eine Räuberhöhle' daraus gemacht", und vielleicht denkt Josephus an eine ganz ähnliche Tradition[1]), in der das Wort aus Jesaja 56 über die Bestimmung des Tempels mit dem Scheltwort Jeremias (7, 11) verbunden gewesen ist[2]). Bereits Abraham hat reine Hände zur Stätte hin erhoben, die die Zeloten jetzt beflecken (§ 380). Die Wegführung aus Ägypten und ebenso die Heimkehr aus dem Exil veranlaßt Gott um des Dienstes am Tempel willen (§ 383 und 389). Die Besonderheit des jüdischen Volkes kann gerade durch diesen Begriff νεωκόροι ausgedrückt werden. Josephus denkt dabei gewiß an Ex. 19, 6[3]). In all diesen Gedanken ist nicht bloß die antizelotische Polemik, sondern der eigene Aussagewille des Priesters Josephus gegeben. Er bringt über die von Farmer behandelten Stoffe hinaus auch solche heilsgeschichtlichen Vorgänge in die Diskussion, die durchaus nicht als Anknüpfungspunkt einer speziellen zelotischen Theologie gelten können.

Die eigene Anknüpfung des Josephus an die Heilsgeschichte zeigt sich besonders deutlich in seiner Parallelisierung der Zerstörung Jerusalems durch Nebukadnezar mit der gegenwärtigen Katastrophe (§ 391-393). Jene Geschichte erweist nach Josephus nicht bloß die Verwerflichkeit des gewaltsamen Widerstandes gegen den Feind, sondern dort tritt auch ein prophetischer Warner auf, mit dem Josephus sich selbst vergleichen kann: Jeremia. Ein Einzelzug wird herausgestellt (§ 392 f.): Die damaligen Jerusalemer haben die Gerichtsankündigung ertragen (vgl. Jer. 26 und Josephus a 10, 88-93), die jetzigen verfolgen den Gesandten Gottes, lästern ihn usw.

Darf man annehmen, daß das Vorbild der Gestalt Jeremias für Josephus noch weiter reicht? In den Antiquitates (10, 79 f. 88-182) wird seine Geschichte ausführlich geschildert. Hervorgehoben wird, daß er (wie Ezechiel) Priester war (10, 80), seine Verkündigung vom

---

[1]) Mk 11, 17 ist formgeschichtlich gegenüber V. 15 f. sekundär, ein „Predigtspruch" zur Deutung der Szene im Tempel (R. Bultmann, Geschichte der synoptischen Tradition, 3. Aufl. Göttingen 1957 S. 36).

[2]) Jeremia 7, 11 σπήλαιον λῃστῶν würde zur josephischen Zelotenauffassung passen (4, 138. 199). Vgl. allerdings b 5, 402: ἐκδοχεῖον πάντων.

[3]) Vgl. Michel-Bauernfeind II, 1 S. 265 Anm. 155.

vergeblichen Warten auf ägyptische Hilfe (10, 89. 112), die Berechtigung seiner Unheilsweissagung gegenüber der falschen Heilsprophetie (10, 111 f.), schließlich die Unausweichlichkeit der von den Propheten (hier: Jeremia und Ezechiel) angekündigten Zukunft (10, 142: ἅ τε δεῖ γενέσθαι προλέγει ...).

Speziell die These von der Gewaltlosigkeit findet sich dort nicht, doch liegt dies an der Gesamtausrichtung der Antiquitates, die bestimmte Zuspitzungen des Bellum nicht aufnehmen. Soll man aber für die extremen Thesen in 5, 390. 399 ein alttestamentliches Vorbild angeben, so wird man in der Verkündigung Jeremias (38, 17; vgl. 17, 5-8) Anhaltspunkte finden können, die Josephus dann weiter ausgebaut haben könnte [1]. Letztlich geht es Josephus ja nicht um Gewaltlosigkeit als ein abstraktes Ideal, sondern — wieder ähnlich wie bei Jeremia — um die konkrete politische Einstellung gegenüber einem feindlichen Eroberer. Beide begründen die derzeitige Schwäche Israels, die ein Nachgeben gegenüber dem äußeren Feind ratsam erscheinen läßt, mit einer Verderbnis des Tempelkultes und damit einhergehender sittlicher Verderbnis [2].

3. *Die Eleazarrede* (b 7, 323-336. 341-388)

Die große Eleazarrede im siebten Buch des Bellum ist wie die Josephusrede in Buch 5 zweiteilig: auf einen ersten, kürzeren Redeteil, der nicht das erreicht, was der Redner beabsichtigt, folgt wie dort ein zweiter, wesentlich längerer, der einen neuen Gesichtspunkt einführt und stärker zu grundsätzlichen Erwägungen vorstößt.

Der erste Teil der Eleazarrede (7, 323-336) gliedert sich in drei Abschnitte [3]:

1. Angesichts der bevorstehenden Eroberung der Festung sollen die Verteidiger freiwillig aus dem Leben scheiden und so die Konsequenz ihres Grundsatzes ziehen, der ihnen gebietet, weder den

---

[1] Die heilsgeschichtlich-kultische Argumentation des Josephus erinnert an die Spätform der Auffassung vom heiligen Krieg, die sich in den Chronikbüchern findet. Die Grundthese (vgl. etwa Ex. 14, 13 f.), daß Gott für sein Volk den Krieg führt, erfährt dort eine extreme Zuspitzung auf den Gott, der vermittels seines Kultus hilft (2. Chr. 13, 14 f.; 20, 17. 20-30). 2. Chr. 20, 17 LXX: οὐχ ὑμῖν ἐστιν πολεμῆσαι ... Dem entspricht die Lehre des Josephus, daß Gott vom Gottesdienst im Tempel her und allein von dort aus der σύμμαχος Israels ist. Wird demnach der Tempel entweiht, die rechte θρησκεία zerstört, so ist alles verloren (5, 377. 390. 412; vgl. 2, 391 ff.).

[2] Vgl. b 5, 402 mit dem Sündenkatalog Jer. 7, 9.

[3] Vgl. auch die Analyse bei Michel-Bauernfeind II, 2 S. 276 f.

Römern noch sonst irgend jemand, sondern allein Gott untertan zu sein, § 323-326.

2. Nachträgliche Anerkenntnis des geschichtlichen Urteils Gottes über das jüdische Volk (im Blick auf die gesamte Periode des Freiheitskampfes von Anfang an) und speziell über die Sikariergruppe. Gott selbst hat die gegenwärtige ausweglose Lage (ἀνάγκη) herbeigeführt, § 327-332.

3. Aufruf zur Selbsttötung, die als Sühne zu verstehen ist: Wir stellen uns nicht den Römern, sondern Gott, § 333-336.

Die Rede setzt mit einer feierlichen Erinnerung an den theologischen Grundsatz der Aufstandsbewegung ein. Josephus stellt hier wie auch sonst im siebten Buch die theologische Tradition einer zelotischen Gruppe stärker heraus als in früheren Zusammenhängen [1]): Es geht ihnen um die Alleinherrschaft Gottes (§ 323) [2]). Er stellt zu diesem Grundsatz der Sikarier nun aber seine schon bekannte These, daß der Freiheitskampf von Anfang an unrecht und dem jüdischen Volke verderblich gewesen sei: hier (§ 327 ff.) in Form einer nachträglichen Einsicht des Sikarierführers [3]). Danach hätten es die Leute um Eleazar versäumt, gleich von Anfang an auf Gottes Entscheidung (γνώμη) zu achten und zu erkennen, „daß das einst von ihm geliebte Volk der Juden verurteilt war" (ὅτι τὸ πάλαι φίλον αὐτῷ φῦλον Ἰουδαίων κατέγνωστο). Zum Ausdruck des Erwählungsglaubens an dieser Stelle vgl. auch 5, 381 (τοὺς θεοφιλεῖς Ἑβραίους). Das erwählte Volk steht unter Gottes Richterspruch. Entscheidend für das Eleazarbild des Josephus ist nun, daß das Schuldbekenntnis des Sikarierführers dessen zelotisches Grundbekenntnis nicht aufhebt, sondern modifiziert: Die Zeloten haben als einzige Möglichkeit, den Gehorsam gegen Gott durchzuführen, das Sterben freier Menschen. Die „Freiheit" der Zeloten ist in ihrer Konsequenz nichts als eine Freiheit zum Tode [4])! Von den sonst geschilderten Zelotengruppen sind die Leute auf Masada (in der Sicht des Josephus!) dadurch unterschieden,

---

[1]) So bereits 7, 252 ff., vgl. Michel-Bauernfeind II, 2 S. 266 ff. (Exkurs über die Sikarier).

[2]) Freilich fehlt auch hier das eschatologische Motiv.

[3]) Treffend bemerkt Thackeray zur Rede (Loeb-Edition vol. III S. 601): „An acknowledgement of the nation's guilt must be put into the mouth of one of the leaders of the insurgents." Zu vergleichen ist allerdings b 2, 469-476, wo ebenfalls mit einer Selbsttötung ein voraufgehendes Schuldbekenntnis verbunden ist.

[4]) Nur als Totenkleid (ἐντάφιον) kann die Freiheit noch bewahrt werden. Zur rhetorischen Verwendung des Wortes vgl. Polyb. 15, 10. 3.

daß sie zur Einsicht in die Vergeblichkeit ihres Weges geführt worden
sind. Diese Einsicht ist aber — kennzeichnend für das Denken des
Josephus! — eine Frucht der geschichtlichen Erfahrung des Scheiterns, speziell: der unentrinnbaren Zwangslage (ἀνάγκη), in die die
Verteidiger durch den bevorstehenden Fall der Festung geführt
worden sind. „So seht denn nun, wie er (Gott) uns überführt (ἐλέγχει),
daß wir Nichtiges erwartet haben, indem er die entsetzliche Zwangslage (ἀνάγκην) heraufführt, die stärker ist als unsere Hoffnungen"
(§ 330). Auch ein widriges Naturereignis, die Wendung des Sturmes
(§ 332, vgl. § 318 καθάπερ ἐκ δαιμονίου προνοίας), bekommt bei Josephus zeichenhafte Bedeutung im Sinne eines Hinweises auf den
Willen Gottes in der Geschichte [1]).

Der zweite Redeteil (§ 341-388) wird unter dem Gesichtspunkt der
Intensivierung der bereits im ersten erfolgten παρακέλευσις eingeführt
(§ 340). Das angegebene Thema „Unsterblichkeit der Seele" betrifft
nicht den ganzen zweiten Redeteil, sondern nur dessen ersten, dazu
noch kürzeren Abschnitt (17 von 48 Paragraphen). Es wird aber wohl
um des thematischen Neueinsatzes gegenüber dem ersten Redeteil vom
Schriftsteller besonders hervorgehoben worden sein [2]); vielleicht weist
Josephus mit der Überschrift περὶ ψυχῆς ἀθανασίας auch auf einen hellenistischen Traktat hin, dem er die folgende Argumentation verdankt [3]). Im einzelnen weist der zweite Teil der Eleazarrede folgende
Gliederung auf:

1. Der Tod als Freiheit der Seele, § 341-357.
    a) Tadel der Todesfurcht und These aus der Tradition: Das
       Leben, nicht der Tod, ist Unglück für die Menschen, § 341-343.
    b) Von der unsterblichen Natur und der Heimat der Seele,
       § 344-348.
    c) Das Beispiel des Schlafs (§ 349 f.) und das Vorbild der Inder
       (§ 351-357).
2. Die Selbsttötung als Forderung der geschichtlichen Stunde,
    § 358-385 [4]).

______

[1]) Vgl. schon 5, 408-412 (innerhalb der Josephusrede).

[2]) Eine nachträgliche Erweiterung der Rede durch Josephus ab § 358 (erwogen
von Michel-Bauernfeind II, 2 S. 278 Anm. 168) kommt kaum in Frage; die Komposition ist durchaus abgerundet: Es geht um das Nebeneinander verschiedener
Argumente zu einem und demselben Ziel (§ 358. 388).

[3]) Vgl. Michel-Bauernfeind z. St. (II, 2 S. 278 Anm. 168): „Die Überschrift
περὶ ψυχῆς ἀθανασίας klingt stark hellenistisch und traktatmäßig."

[4]) Michel-Bauernfeind II, 2 gliedern diesen Abschnitt in Berichterstattung,
Klage und chokmatistische Unterweisung, S. 276.

a) Hinter dem Sieg der Römer und der gegenwärtigen ἀνάγκη steht Gottes Urteil, menschliche Erklärungen gehen fehl (mit Bezugnahmen auf die Judenmorde in den hellenistischen Städten und das Schicksal der Aufstandsbewegung in Palästina), § 358-371.

b) Das Elend der Überlebenden (Klage), § 372-379

    α) Preis der im Kampf für die Freiheit Gefallenen, § 372 f.

    β) Elend der Überlebenden, § 374-377 (§ 375-377 Jerusalem).

    γ) Was hält uns noch am Leben, wo Jerusalem untergegangen ist? § 378 f.

c) Die gegenwärtige ἀνάγκη und die in ihr noch gegebene Möglichkeit eines freien Todes, § 380-383.

3. Zusammenfassender Appell, § 384-388.

Der zweite Redeteil steht durchaus unter dem Gesetz der Wiederholung, und das heißt: der Intensivierung des bereits im ersten Redeteil Gesagten [1]). In § 380-383 ist der Redner wieder bei der Zielaussage des ersten Redeteils: Gott selbst hat die unausweichliche Notlage, die Enttäuschung der falschen Hoffnungen herbeigeführt, so daß die Konsequenz der Selbsttötung jetzt entschlossen als die einzige verbleibende Möglichkeit eines ehrenhaften Verhaltens zu ergreifen ist. Der Einsatz bei der Entfaltung der Seelenlehre (§ 341-357) verdeckt diese Übereinstimmung zunächst (Verfremdungseffekt!), von § 358 ab beherrscht das genannte geschichtstheologische Argument aber wieder den Zusammenhang. Allerdings erfolgt jetzt keine neue Bezugnahme auf die theologische Grundthese der Aufständischen (§ 323), sondern Josephus unterbaut die in § 380-383 erneut ausgesprochene Entscheidung Eleazars jetzt ganz einlinig durch rückblickende geschichtstheologische Argumentation (§ 358-371) und daran anschließende Klage (§ 372-379). Dabei führt die rückblickende Argumentation die These und das Argument von § 327 f. weiter aus: Der Krieg ist nicht als ein Unterliegen des Zelotismus gegenüber der römischen Macht zu begreifen, sondern nur als die Vollstreckung eines Urteils Gottes über das gesamte jüdische Volk. Die Juden sind

---

[1]) Michel-Bauernfeind II, 2 S. 276: „Die zweite Rede verhält sich zur ersten wie eine Mischna (δευτέρωσις); im jüdischen Sinn heißt das, daß sie eine Wiederholung darstellt, im hellenistischen, daß sie mittels der Rhetorik eine Bekräftigung der ersten ist," Ähnlich O. Michel-O. Bauernfeind, Die beiden Eleazarreden in Jos. bell. 7, 323-336; 7, 341-388, ZNW 58 (1967) S. 267 f.

letztlich nicht den Römern unterlegen, sondern „eine höhere Gewalt griff ein und gewährte jenen den Anschein (!) [1]), Sieger zu sein" (§ 360). Die Judenmorde in den hellenistischen Städten, die offenbar ganz außer Zusammenhang mit der palästinischen Aufstandsbewegung standen, sind für Josephus Beweis dafür, daß die Katastrophe des Volkes nicht aus dem Aufweis menschlicher Ursachenverkettungen zu erklären ist [2]), sondern auf ein Gerichtshandeln Gottes zurückgeführt werden muß. Mit dem Übergang in die Klage in § 372 gewinnt die Rede wiederum (vgl. § 358) den Anschluß an die Todesthematik: Dahin ist, wofür es sich zu leben lohnt [3])!

Die Klage dient der Intensivierung der aus der Geschichte gewonnenen Erkenntnis, ist also von Josephus bewußt in den Dienst des theologischen ἐλέγχειν gestellt: § 380 nimmt den Gedanken der enttäuschten Hoffnung (§ 330) wieder auf.

Josephus hat Eleazar im Verhältnis zu seinen Anhängern als eine Art Weisheitslehrer dargestellt. Neben der eigentlichen Geschichtsbelehrung treten in der Rede bestimmte Grundsätze hervor [4]), die den Eleazar ausgesprochen zum „Todesprediger für das jüdische Volk" (Michel-Bauernfeind [5])) werden lassen. So heißt es in § 343 „Nicht der Tod, sondern das Leben ist Unglück für die Menschen" und in § 381 „Auf den Tod hin wurden wir geboren". Für die Interpretation dieser Sätze hängt aber Entscheidendes davon ab, daß der Zusammenhang zwischen den lehrhaften Thesen und Ausführungen und der konkreten ἀνάγκη, in die hinein sie gesprochen sein wollen, festgehalten wird: § 381 ist nicht einfach bloß Beschreibung des allgemeinen Menschenschicksals, sondern das besondere Los der Verteidiger von Masada, die beispielhaft für das jüdische Volk diesen Todesweg gehen, so § 359 [6]). Josephus stellt Aussagen hin, die von grundsätzlicher Bedeutung sind, aber diese Aussagen betreffen konkret

---

[1]) Nicht „den äußeren Glanz", wie Michel-Bauernfeind übersetzen. Richtig Thackeray, Ricciotti, Endrös.

[2]) So auch 2, 457 (ὥσπερ ἐκ δαιμονίου προνοίας). Vgl. dazu Weber S. 19: Josephus habe die Beziehungen der hellenistischen Judenschaft (Cäsarea!) zur Aufstandsbewegung bewußt unterdrückt.

[3]) Zur Verbindung von Klage und Todeswunsch vgl. 1. Makk. 2, 13; syr. Apk Bar 10, 6-17.

[4]) Michel-Bauernfeind II, 2 S. 276 f. sprechen von chokmatistischen Thesen, die die Paränese unterbauen.

[5]) Michel-Bauernfeind II, 2 S. 279 Anm. 179. Ähnlich ZNW 1967 S. 268.

[6]) Zum allgemeinen Todesschicksal vgl. etwa Sir. 41, 4 LXX: τοῦτο τὸ κρίμα παρὰ κυρίου πάσῃ σαρκί. W. Morel, Eine Rede bei Josephus, Rhein. Mus. 75 (1926), S. 113 verweist zu § 381 auf Menander fr. 815 K.

den Weg des jüdischen Volkes: So und nicht anders muß die Konsequenz eines Zelotenführers sein, der das Scheitern der Aufstandsbewegung und das mit diesem Scheitern verbundene Verderben des jüdischen Volkes anerkennt und ernsthaft in sein Denken einbezieht.

Besondere Beachtung hat von jeher der Abschnitt „über die Unsterblichkeit der Seele" (§ 341-357) gefunden, der die Auslegung vor besondere Probleme stellt [1]. Hier soll die Frage erörtert werden, wie er sich in das Eleazarbild des Josephus und damit in die josephische Sicht der Aufstandsbewegung einfügt.

In den wissenschaftlichen Erklärungen wird vor allem das religionsgeschichtliche und historische Problem herausgestellt. So etwa bei Morel [2]: „Die Wahrscheinlichkeit, daß Eleazar so ähnlich gesprochen haben könnte, fehlt bei der Rede des Eleazar gänzlich, wenigstens in ihrem ersten Hauptteil (§ 343-357). Josephus hat hier beigebracht, was er über die Unsterblichkeit der Seele und die Wertlosigkeit des Lebens in der griechischen Literatur fand, nicht was ein jüdischer Bandenführer darüber hätte sagen können." Im einzelnen kann Morel literarische Abhängigkeit von einer platonischen Schultradition (zu § 344-348) aufzeigen, kann die Beziehungen der Traumlehre (§ 349 f.) zu Poseidonios deutlich machen und den Bericht über die Inder (§ 352-356) auf die Ἰνδικά des Megasthenes zurückführen. Das Problem, wie Josephus einen jüdischen Patrioten der extremsten Richtung so reden lassen kann, wird indes durch solche Feststellungen nicht gelöst, sondern nur um so schärfer gestellt [3]. Doch ist auch hier ein Stück weiterzukommen, wenn man die Bedeutung der „chokmatistischen Thesen" für den Gesamtzusammenhang auswertet. Die erste dieser Thesen ist in § 343 b gegeben, ihre Umkehrung in § 358 steht am Beginn des zweiten (geschichtlich ausgerichteten) Abschnitts, und in § 381 gipfelt die Belehrung in einer Überbietung des anfänglichen Satzes: Hieß es vorher, das Leben, nicht der Tod, sei ein Unglück für die Menschen, so lautet die These jetzt: Zum Sterben sind wir geboren [4].

---

[1] Michel-Bauernfeind II, 2 S. 276: „Die Einschiebung dieses Abschnittes ist literarkritisch, exegetisch und religionsgeschichtlich das schwierigste Problem der Eleazarreden."

[2] A.a.O. S. 107.

[3] Thackeray und Ricciotti können zu § 387 (ταῦθ' ἡμᾶς οἱ νόμοι κελεύουσι) nur die Diskrepanz zur mosaischen Tradition feststellen.

[4] Michel-Bauernfeind S. 276. Diese Steigerung der allgemein-menschlich gefaßten These von § 343b (ἀνθρώποις!) erfolgt aufgrund des „geschichtspragmatischen" Rückblicks auf den bisherigen Weg: Das Geschichtsdenken des Josephus bewahrt also alttestamentlich-jüdische Grundstrukturen, wenn er die bindende

Ist einmal die tragende Bedeutung dieser Thesen sowie deren Bezug auf die geschichtliche Einmaligkeit des Masada-Geschehens erkannt, so fällt es nicht schwer, den Abschnitt 344-357 in seinem Verhältnis zur These (§ 343) näher zu bestimmen: Die Seelenlehre steht im Zusammenhang der Eleazarrede nicht auf sich selbst, sondern dient dem Obersatz (§ 343), der zum Sterben rät[1]. Dieser Obersatz aber entspricht ganz dem oben[2] aufgezeigten Eleazarbild des Josephus, und wir werden nicht fehlgehen, wenn wir hier die Torainterpretation finden, wie sie nach der Meinung des Josephus allein einem solchen Zelotenführer angesichts des Scheiterns seiner Erwartungen noch offensteht: Wenn die Erfüllung des ersten Gebotes in der Ablehnung fremder Herrscher besteht, dann bleibt angesichts des Sieges dieser fremden Herren als einzige Möglichkeit der Freiheit das Sterben: Insofern ist die These § 343 b vom Leben als Unglück des Menschen Lehrinhalt der πάτριοι καὶ θεῖοι λόγοι, und der Schluß der Rede bestätigt diesen Zusammenhang: ταῦθ' ἡμᾶς οἱ νόμοι κελεύουσι (§ 387). Zur rhetorischen Explikation dieser „zelotischen" Toradeutung mit ihrer Verbindung von Tod und Freiheit konnte Josephus auf ein Stück griechischer Seelenlehre zurückgreifen, wie es ihm Traktate der philosophischen Schulweisheit boten.

Die eigene Meinung des Josephus zur Frage vom Wert und Unwert des Lebens bzw. des Todes ist mit alledem nicht gegeben. Im Gegenteil: Wir müssen im Auge behalten, daß Josephus hier einen Gegner charakterisiert, einen der Männer, denen Josephus das ganze Unglück seines Volkes zuschiebt. Und wir sollten ebenso im Auge behalten, daß Josephus selber einen anderen Weg als den des Todes für sein Volk angeboten hat[3]. Er zeichnet den „Todesprediger" Eleazar allerdings nicht ohne Bewunderung und durchaus anders als einen Johannes oder einen Simon. Eleazar ist nicht einfach bloß Frevler am Gesetz, sondern bleibt an die Tora gebunden, auch wenn er sie ganz anders versteht als Josephus. Aber an einer entscheidenden

---

Kraft des konkreten Geschichtsereignisses höher veranschlagt als die allgemeinmenschlich faßbare Chokma!

[1] Vgl. Michel-Bauernfeind a.a.O.: „Sowohl chokmatistische These wie paränetische Entfaltung sind nicht theoretisch gemeint, sondern dienen der praktischen Zielsetzung."

[2] Siehe oben S. 34.

[3] Die Rede an die in der Höhle in Jotapata eingeschlossenen Leidensgenossen 3, 362-382 dürfte mit ihrer Abweisung der Selbsttötung grundsätzlich der Auffassung des Josephus entsprechen. Siehe unten S. 51 Anm. 2.

Stelle hat Josephus dem Führer der Sikarier seine eigene Geschichtsauffassung untergeschoben: dort nämlich, wo dieser die Verwerflichkeit des ganzen zelotischen Weges anerkennt (§ 327-333). Und dieser
Pfeiler kann aus dem Eleazarbild des Josephus nicht entfernt werden,
ohne daß der ganze Bau in sich zusammenfällt. Auf den historischen
Eleazar können die uns überlieferten Redestoffe kaum übertragen
werden. Zu den konstruierten Zügen in der Geschichtsauffassung des
Josephus gehört in besonderer Weise das konstruierte Bild des
Gegners [1]).

B. Die Funktion der Reden innerhalb des Bellum

Nach dem Überblick über die Reden können wir zu der oben [2])
gestellten Frage nach ihrer Funktion innerhalb des Bellum zurück-
kommen: In welchem Sinne sagen sie uns etwas über die Gesamtintention des Werkes? Ohne Zweifel ist Josephus bei ihrer Gestaltung
von den Vorbildern einer stark an der Rhetorik orientierten Geschichtschreibung bestimmt gewesen. B. Niese hat sie ganz unter
diesen Gesichtspunkt gestellt: Sie sind „Schaustücke, Proben der
eigenen schriftstellerischen Kunst" [3]). Wir konnten feststellen, daß
die großen Reden alle aus zwei Hauptteilen bestehen, einem kürzeren
ersten und einem längeren zweiten, und jeweils in einen Appell ausmünden. Dabei ist der erste Teil der Josephusrede in der strengen
Form der oratio obliqua gefaßt [4]). Im einzelnen werden bestimmte
Thesen aufgestellt und dialogartig, etwa mit häufigem Gebrauch der
rhetorischen Frage, durchgeführt. Die Mahnrede wird breit unterbaut
durch didaktische Partien, die in bestimmte, die Thesen aufnehmende
Schlußfolgerungen ausmünden. Dem Gesamtaufbau der Reden entspricht es, daß häufig eine These des ersten Redeteils im zweiten
ihre Vertiefung und Steigerung erfährt.

Rhetorik ist in diesen Reden jedoch keineswegs Selbstzweck.
Nieses Beurteilung muß ergänzt werden. Nach Thackeray stehen die

---

[1]) Michel-Bauernfeind Anm. 179 S. 279: „Der Text schildert Eleazar als einen
Todesprediger für das jüdische Volk. Ihm steht Josephus selbst gegenüber als
der, der die jüdische Diaspora durch seinen Weg und die Abfassung des Bellum
retten will."

[2]) S. 19.

[3]) Hist. Zs. 1896 S. 205.

[4]) „with able assistance", wie Thackeray, Josephus S. 45 bemerkt. In der Tat
wird die Durchgestaltung stilistisch besonders herausragender Partien am ehesten
den „Assistenten" des Josephus zuzuschreiben sein. Vgl. bereits Niese, Hist. Zs.
1896 S. 208 f.

Reden im Dienst der „Propaganda" [1]), und dies gilt nach seiner Auffassung auch für das ganze Bellum: Es soll die Juden mit ihrer Rolle als Untertanen der Römer aussöhnen und einem weiteren Aufflackern zelotischer Bewegungen entgegenwirken [2]). Mit dieser praktisch-politischen Zielsetzung will Josephus, wie Thackeray meint, nicht bloß die römischen Interessen vertreten, sondern gerade auch die seines eigenen Volkes [3]). Der Gesichtspunkt der Propaganda muß in der Tat sehr ernstgenommen werden. Die Agripparede ist ausgesprochen propagandistisch gestaltet, auch etwa der Exkurs über das römische Heer in b 3, 70-107 [4]) oder die Titusrede in b 6, 328-350 mit ihren Ausführungen über die Philanthropie der Römer stehen wesentlich unter dieser Tendenz.

Aber auch diese Charakteristik verengt das Anliegen der Reden. Bereits in der Agripparede führen die Thesen des ersten Teils (§ 350 und § 355), insbesondere die zweite, über Erwägungen der politischen Nützlichkeit hinaus. Hier erfolgt Belehrung über die gegenwärtige Geschichtsperiode unter dem Gesichtspunkt des „Gerechten", vgl. § 355 ἀγὼν δίκαιος. Im zweiten Teil zeigt sich, daß es vom gerechten bzw. ungerechten Handeln abhängt, ob die Juden (vgl. τὸν πάτριον νόμον § 393) Gott auf ihrer Seite haben oder nicht. Ausführlich zeigen die beiden anderen Reden Gott als den Richter, der die gegenwärtige Periode als Zeit der δουλεία festgesetzt hat und der insbesondere das Aufbegehren der Freiheitskämpfer gegen dies Urteil als schwere Versündigung ahndet. Spätestens bei der Eleazarrede erweist sich der Begriff „Propaganda" als ungenügend für das Wollen des Josephus, während der Gesichtspunkt der geschichtlichen Belehrung über Gottes Urteil diese Rede erst recht dem Verständnis erschließt. Es geht um das Urteil des erwählenden Gottes über sein Volk, auch wenn dieser Gedanke in der Agripparade noch zurückgehalten ist.

Josephus hat also am Erwählungsglauben Israels festgehalten. Gleichzeitig mit dem Gedanken der Gerichte Gottes an Israel kann er aber auf die besondere Begünstigung der Römer durch Gott zu

---

[1]) Siehe oben S. 19.

[2]) Thackeray, Josephus S. 46 f.

[3]) Josephus befindet sich hier im Einklang mit den Essenern und dem Pharisäismus nach 70, aber auch etwa mit der Lehre des Paulus, Thackeray a.a.O. Überhaupt versucht Thackeray, den Josephus als „Patrioten" ernstzunehmen und zu verstehen, vgl. etwa a.a.O. S. 22.

[4]) Vgl. 3, 108 „zum Trost für die Unterlegenen und zur Abschreckung der Aufrührer."

sprechen kommen. Nicht nur, daß er den Bestand ihres Reiches erhält (2, 390), sondern er fördert und bestätigt auch ihr kriegerisches Vorgehen gegen die Juden (5, 408-412), wobei die Römer nicht bloß als „Zuchtrute" Gottes, sondern als gerechte Heiden (5, 407) geschildert werden, die offenbar im Zusammenhang mit ihrer Gerechtigkeit (§ 404-407) von Gott solche Belohnungen empfangen [1]). An dieser Stelle vermeidet Josephus allerdings eine klare offenbarungstheologische Aussage und wendet wiederholt den Schicksalsbegriff an: Die Tyche steht auf römischer Seite, sie ist von den anderen Völkern zu den Römern „übergegangen" (2, 360; 5, 367).

C. Die josephische Anschauung vom „Übergang" der Tyche

Die Redeweise, daß die Tyche „zu den Römern übergegangen" ist (2, 360; 5, 367) verdient noch unsere besondere Aufmerksamkeit. Offenbar liegt hier eine feste Formel vor, mit der Josephus die Zeitgeschichte deutet. Außer an den genannten Stellen der großen Reden findet sie sich noch in dem Gebet, das er vor seinem Übergang zu den Römern gesprochen haben will (3, 354): „Da du nun einmal entschieden hast, daß das Volk der Juden, das du geschaffen hast, zu Boden sinkt, da die Tyche ganz zu den Römern übergegangen ist ..., ergebe ich mich freiwillig den Römern ..." Wir haben diese Stelle also noch in die Erörterung des Tyche-Gebrauchs in den großen Reden mit einzuschließen. Wie in 5, 377 (Josephusrede) ist Gott auch hier in besonderer Weise Schöpfer (κτίσας) [2]) und Richter seines Volkes. Und ebenso wie in 2, 360 und 5, 367 wird das Gesetz der Machtverteilung in der gegenwärtigen Epoche mit der Wendung ausgesprochen, daß die Tyche zu den Römern übergegangen ist. Auch hier ist die Macht Roms ein Totalaspekt: ἡ τύχη πᾶσα erinnert an die τὰ πάντα-Formulierungen von 2, 361 a und 5, 366, vor allem aber an 5, 367: μεταβῆναι γὰρ πρὸς αὐτοὺς πάντοθεν τὴν τύχην. Diesen letzten Satz hat Josephus, wie wir bereits sahen [3]), so interpretiert, daß hinter einem schicksalsmäßigen Vorgang ein Handeln Gottes im

---

[1]) Es darf freilich nicht übersehen werden, daß die Gerechtigkeit der Römer nicht in beliebigen „guten Taten", sondern speziell in der Behandlung gesehen wird, die sie dem jüdischen Volk in Form von Privilegien angedeihen lassen. Auch ihre Ehrfurcht vor dem Tempel gehört hierher (5, 402: Sie beten ihn „von ferne" an).

[2]) Auch die nationale Heilshoffnung des Josephus beruht in besonderer Weise darauf, daß Gott der „Schöpfer" (ὁ κτίσας) seines Volkes ist, a 4, 314!

[3]) Siehe oben S. 29.

alttestamentlichen Sinne sichtbar wird. Aber in welchem Sinne hat Josephus von Gottes Handeln in der Geschichte gesprochen?

O. Michel hat zum angeführten Gebet des Josephus (3, 354) bemerkt, daß hier eigentlich kein Geschichtsverständnis im Sinne der alttestamentlichen Propheten vorliegt. „Dieser ganze Zusammenhang ist letztlich ganz unprophetisch, weil Josephus den Willen Gottes lediglich als unabwendbares Schicksal empfindet" [1]. Ist diese Kluft zum prophetischen Denken festzuhalten, so ist doch der Schicksalsbegriff näher zu bestimmen. Hier scheinen mir die τὰ πάντα-Formulierungen besonderer Beachtung wert. Die Tyche gibt den Römern die Weltherrschaft, und zwar nicht als einen ewigen Besitz, sondern „der Gott, der den Völkern in der Runde abwechselnd die Herrschaft zuerteilt, stehe jetzt bei Italien" (5, 367) [2]. Diese Anschauung entspricht aber der Geschichtslehre der Apokalyptik: Gott setzt die Weltherrscher ein, gerade auch die heidnischen. Die Abfolge der Reiche ist in seinem Plan festgelegt. Grundlegend wichtig ist Daniel 2, 21 [3]): „Er ist's, der die Zeiten und Verhältnisse wechseln läßt, der Könige absetzt und Könige einsetzt" (Übersetzung nach H. Menge). Jeder Zeitlauf hat nach Gottes Plan seinen besonderen Inhalt, der den Erwählten durch Offenbarung erschlossen wird [4]). Sind aber die Zeiten der jeweiligen Herrschaft im voraus von Gott bestimmt, so wird auch der Gegensatz des josephischen „Schicksals"-Denkens zur Prophetie verständlich.[5])

Hinzukommt, daß Josephus die Weltgeschichte durchaus in der danielischen Abfolge der vier Weltreiche versteht und speziell die Römerherrschaft als die durch das „Eisen" von Daniel 2, 33 und 40

---

[1]) O. Michel, Spätjüdisches Prophetentum, Neutestamentliche Studien für R. Bultmann, Berlin 1954 S. 63.

[2]) Richtig H. Windisch, Die Orakel des Hystaspes, Amsterdam 1929 S. 67 Anm. 3 z. St.: „Die Weltherrschaft Italiens ist sonach nichts Endgültiges; auch das Zeitalter der Römer geht einmal wieder vorbei."

[3]) Vgl. außerdem etwa das Material bei D. Rössler, Gesetz und Geschichte, 2. Aufl. Neukirchen 1962 S. 59 f.

[4]) Vgl. z.B. 4. Esra 14, 5: „Ich (Gott) teilte ihm (Mose) viel Wunderbares mit, zeigte ihm die Geheimnisse der Zeiten und wies ihm das Ende der Stunden."

[5]) R. H. Charles, Eschatology, 2 Aufl. 1913 Nachdruck New York 1963 S. 205 f.: „whereas ancient prophecy had to deal with temporary reverses at the hands of some heathen power, apocalyptic undertook at a time when Israel was subject to the sway of one or other of the great world-powers to justify the ways of God to men. Hence in order to harmonise such difficulties with God's righteousness, it took account of the rôle of such empires in the counsels of God ... Determinism thus became a leading characteristic of Jewish apocalyptic ..." Vgl. neuerdings D. S. Russell, The Method and Message of Jewish Apocalyptic, London 1964 S. 230.

bezeichnete Periode auffaßt, vgl. a 10, 206. 209 [1]). Ich stelle Dan. 2, 40 (nach LXX) und Jos. a 10, 209 nebeneinander:

Daniel: Und die vierte Herrschaft ist stark wie das Eisen, welches alles (πάντα) bezwingt und jeden Baum fällt, und die ganze Erde wird erbeben.

Josephus: ... und dieser Macht (der des dritten Reiches) wird eine weitere das Ende bereiten: eine Macht wie Eisen, und sie wird herrschen über alles (κρατήσει δὲ εἰς ἄπαντα), weil sie die Natur des Eisens hat. Denn sie ist stärker als die goldene und die silberne und die kupferne Macht.

Während in Daniel 2, 41-43 ausführlich vom brüchigen Charakter dieses vierten Reiches die Rede ist (Füße aus Eisen und Ton vermischt), läßt Josephus diese Details (bereits in der Vision selbst, § 206) ganz weg und unterstreicht besonders stark die alle bisherigen Reiche überragende Macht dieser „eisernen" Herrschaft. κρατήσει δὲ εἰς ἄπαντα dürfte sich auf die weltweite Durchsetzung beziehen [2]) und damit in direktem Bezug stehen zu den genannten τὰ πάντα-Formeln des Bellum. Nun ist Josephus nicht Apokalyptiker. Er steht aber dennoch in apokalyptischen Traditionen, die in ganz ähnlicher Weise auch im Rabbinat bewahrt worden sind [3]). In diesen Hintergrund wird man auch den josephischen τύχη-Begriff und speziell die Vorstellung vom Hinübergehen der τύχη zu stellen haben. Es geht um Gottes Plan in dem für Israel so undurchsichtigen Weltgeschehen. Dieser Plan wird besonders erwählten Menschen geoffenbart. Auch Josephus ist keineswegs bloß Exeget im rabbinischen Sinne, sondern erwählter Künder einer besonderen Geschichtsoffenbarung (3, 354). Mit dem τύχη-Begriff wird aber immerhin ein Stück des verborgenen Handelns Gottes angedeutet: Es ist nicht einfach und für alle einsichtig, welchen Weg Gott geht, indem er Könige absetzt und Könige einsetzt. Und auch der Offenbarungsträger erfährt mehr das

---

[1]) Aus § 210 wird deutlich, daß mit § 209 noch nicht die Zukunft beschrieben ist. Mit der Deutung des vierten Weltreiches auf Rom dürfte Josephus eine im Judentum geläufige Exegese übernommen haben, vgl. Billerbeck IV S. 1002. In der Reihenfolge der Bezeugung verdient Josephus möglicherweise sogar den Vorrang vor 4. Esra 12.

[2]) Anders Thackeray-Marcus („will have dominion for ever") und A. Schalit (והוא ישלוט לעולם).

[3]) Vgl. das Material bei Billerbeck IV S. 1001-1011.

Was als das Warum der politischen Umwälzungen. Hier dürfte der Grund liegen, warum Josephus den hellenistischen Schicksalsbegriff aufnimmt. Er enthält ein Wahrheitselement, das Josephus von den jüdisch-apokalyptischen Voraussetzungen seines Geschichtsdenkens bestätigen, gleichzeitig aber auf den Gott Israels beziehen kann.

Josephus kann den Gottesbegriff neben den der τύχη stellen (5, 367; auch 3, 354), aber er kann nicht einfach den Tyche-Begriff durch den Gottesbegriff ersetzen [1]): Gott läßt das jüdische Volk zu Boden sinken — dies ist der Ratschluß dessen, der Israel geschaffen hat, aber die Fortsetzung kann nicht lauten, daß dieser Gott jetzt völlig zu den Römern übergegangen ist. Sondern: die Tyche ist völlig zu den Römern übergegangen, d.h. Gott insofern, als er die Macht auf Erden austeilt. Die Tyche ist also eine „Seite" Gottes, auf der die Realität des römischen Weltreiches beruht, aber nicht etwas, worin er sich ganz gibt und schenkt. Am stärksten ist b 5, 412: „Gott ist aus dem Heiligtum gewichen und hat sich auf die Seite der Gegner gestellt". Aber gerade hier bleibt die besondere Beziehung Gottes zu seinem Volk sub specie contrarii erhalten: Er muß seinem Volke widerstehen bis dahin, daß er ihm den entscheidenden kultischen Rückhalt nimmt. Wenn Gott sich in diesem Zusammenhang auf die Seite der Römer stellt, so nicht in dem Sinne, daß er jetzt einen römischen Kultus zu seinem eigenen macht, sondern in der Frage der Machtdurchsetzung den Feinden und Peinigern Israels ihr Vorhaben gelingen läßt. Die Gerichtspredigt kommt in 5, 412 zu ihrer schärfsten Zuspitzung, bleibt aber als Gerichtspredigt gerade auch an dieser Stelle auf die Erwählung Israels bezogen.

Was speziell die Übernahme des Begriffs Tyche durch Josephus betrifft, so ist dieser im hellenistischen Geschichtsdenken so vorgeprägt gewesen, daß Josephus an ihn anknüpfen konnte. Zunächst sei eine Stelle aus Philo, Quod deus sit immutabilis angeführt, auf die R.v.Scala in seiner Arbeit über Polybios hinweist [2]). In einer dort gegebenen Übersicht der aufblühenden und untergehenden Reiche heißt es χορεύει δὲ ἐν κύκλῳ λόγος ὁ θεῖος ὃν οἱ πολλοὶ τῶν ἀνθρώπων ὀνομάζουσι τύχην (Philo, Quod deus sit immutabilis XXXVI, § 176).

Offenbar ist in diesem Satz der göttliche Logos für eine volkstümliche Verwendung des Tyche-Begriffs eingesetzt worden, so daß wir eine hellenistische Tradition zu erschließen haben, nach der die Abfolge der Weltreiche mit einem „Rundtanz" (ἐν κύκλῳ χορεύειν)

---

[1]) Erst recht nicht umgekehrt den Gottesbegriff durch die τύχη!
[2]) R. v. Scala, Die Studien des Polybios, Bd. I. Stuttgart 1890 S. 177 Anm. 2.

der Tyche in Verbindung gebracht worden ist. Das josephische ἐμπεριάγειν, in 5, 367 allerdings von Gott ausgesagt, steht dieser zyklischen Anschauung recht nahe.

Neben diesen volkstümlichen Gebrauch der Tyche im Hellenismus ist im Blick auf Josephus besonders die Tyche bei den Historikern zu stellen.

P. Pédech nennt in seinem großen Werk über Polybios drei Arten des Tyche-Gebrauches bei den Historikern: [1]

1. Für die einen ist sie ein persönlicher Schutzgeist, insbesondere der hellenistischen Fürsten (Plutarch, Inschriften) [2].
2. Für andere ist sie die Kategorie des Unvorhergesehenen und des Zufälligen, das sich als sekundäres Element bzw. Begleitumstand in den Gang der Ereignisse einreiht [3].
3. Für eine dritte Gruppe ist sie eine höhere Macht, „eine Art blinde Vorsehung, die von oben her die Ereignisse lenkt". Sie vereinigt sämtliche Ursachen in sich und trägt ebenso rationale wie irrationale Züge. So ist nach Demetrios von Phaleron, dem athenischen Staatsmann und peripatetischen Philosophen (gest. etwa 300 v. Chr.), die plötzliche Niederwerfung des Perserreiches durch Alexander ein Werk der Tyche [4].

Im Werk des Josephus lassen sich für alle drei Arten der τύχη-Verwendung [5] Belege finden:

1. Die „Personaltyche" [6] Alexanders des Großen (b 5, 465), des Titus (b 6, 57), des Kaisers Augustus (a 16, 344).
2. Als zusätzlicher Faktor im Geschehensablauf, meist mit „Zufall"

---

[1] P. Pédech, La méthode historique de Polybe, Paris 1964, S. 74. Im übrigen setze ich hier die für den τύχη-Begriff grundlegenden Arbeiten von G. Herzog-Hauser (Art. Tyche in Pauly-W. RE 2. Reihe VII 1948, Sp. 1643-1689) und A. A. Buriks (ΠΕΡΙ ΤΥΧΗΣ, De ontwikkeling van het begrip tyche tot aan de Romeinse tijd, hoofdzakelijk in de philosophie, Leiden 1948) voraus.

[2] Pédech a.a.O.: „Le souverain hellénistique possède sa τύχη, comme chaque cité, depuis longtemps, possédait la sienne, mentionnée dans les inscriptions."

[3] So ist bei Polybios verschiedentlich von bestimmten συνεργήματα die Rede, die auf die τύχη zurückzuführen sind, Pédech a.a.O. Anm. 109.

[4] Vgl. das bei Polybios 29, 21 erhaltene Fragment des Demetrios. Hierzu ausführlich: R. v. Scala a.a.O. S. 159 ff.

[5] Ich verdanke den Zugang zu dem diesbezüglichen Konkordanzmaterial der freundlichen Unterstützung von Herrn Professor D. Dr. K. H. Rengstorf, Münster. Siehe oben S. 20 Anm. 3.

[6] Zum Begriff vgl. Herzog-Hauser a.a.O. Sp. 1661.

zu übersetzen, steht τύχη etwa in b 1, 341; 2, 494; 3, 327; 4, 155.
3. Die τύχη als geschichtslenkende Macht zeigte sich bereits in den
besprochenen Stellen (2, 360; 3, 354; 5, 367), vgl. außerdem etwa
b 1, 68; 4, 40; 6, 63; a 14, 381; 16, 188, 397; 18, 239. 267; 19, 233;
20, 57. 61.

Dieser letzten Tyche-Verwendung haben wir unsere besondere
Aufmerksamkeit zuzuwenden. Bei Demetrios von Phaleron bewirkte
die Gewalt der Tyche bei gleichzeitiger Unerkennbarkeit Resignation
und Pessimismus. Was hat menschliches Handeln überhaupt für
einen Sinn, wenn die Tyche im Nu doch alles wieder zerschlagen
kann? Polybios, der sich eingehend mit den Auffassungen des Demetrios beschäftigt und sie weithin auch in seinem Geschichtswerk
wiederholt hat, hat dennoch der Tyche eine neue und andere Charakteristik gegeben: Das große Werk, das sie nach seiner Meinung voll-
bracht hat und dem er in seinem Geschichtswerk Ausdruck verleihen
will, ist der Aufbau der römischen Weltherrschaft. Das Wirken der
Tyche ist zielgerichtet. „A la puissance destructive et capricieuse
définie par Démétrius de Phalère, il oppose une finalité constructive
et presque raisonnable qui choisit les moyens et combine les effets
pour atteindre un but déterminé, comme la suprématie de Rome"
(Pédech) [1]. Polybios schreibt Weltgeschichte, weil die Tyche durch
weltweites Zusammenfügen verschiedener Entwicklungen ihm die
Einheit der Geschichte vor Augen gestellt hat: τὸ κάλλιστον ἅμα
κὠφελιμώτατον ἐπιτήδευμα τῆς τύχης (1, 4.4). Es ist nun in Untersuchungen über die hellenistische Geschichtschreibung bereits
wahrscheinlich gemacht worden, daß Josephus das Werk des Polybios — neben anderen wie etwa dem des Dionysios von Halikarnaß —
gekannt und als Vorbild verwendet hat. Insbesondere die theoreti-
schen Äußerungen des Josephus, z.B. in den Proömien, schließen
sich eng an Polybios an [2]. So liegt es nahe, daß Josephus den Tyche-
Begriff aufgenommen hat, um seine Werke, vor allem das Bellum,
auch in der Terminologie den bei seinen hellenistischen Vorbildern [3]
entwickelten Gepflogenheiten anzupassen. Die teleologische Aus-

---

[1] P. Pédech a.a.O. S. 341.

[2] P. Collomp, La place de Josèphe dans la technique de l'historiographie
hellénistique, Publications de la Faculté des Lettres de l'Université de Strasbourg,
Fascicule 106 (Études historiques), Paris 1947, S. 81-92; G. Avenarius a.a.O. S. 177.

[3] Auch Nikolaos von Damaskus verwendete die τύχη, vgl. F. Jacoby, Die
Fragmente der griechischen Historiker II A (Leiden 1961) Nr. 90 F 130, § 70. 82 f.
113.

prägung hat der josephische Tyche-Begriff allerdings nicht, während anderseits das μεταβαίνειν der Tyche bei Polybios nicht vorkommt. Wahrscheinlich ist der Bestand des römischen Weltreiches für Polybios viel stärker Ziel mit einem Sinn in sich selbst als er dies für den Juden Josephus sein konnte [1]).

---

[1]) Auch in a erscheint die Redeweise vom μεταβαίνειν der Tyche einmal, allerdings nicht auf verschiedene Reiche, sondern auf zwei aufeinander folgende römische Herrscher bezogen, a 15, 191: Mit der Niederlage bei Aktium geht die Tyche von Antonius über zu Oktavian. Die Parallele in b 1, 388-390 hat das μεταβαίνειν nicht. Es zeigt sich, daß b der Quelle (Nikolaos?, anders Schalit, Herodes S. 127) nähersteht, während a die josephische Bearbeitung bietet, zu der auch das μεταβαίνειν der Tyche gehört.

KAPITEL III

DER SELBSTBERICHT DES JOSEPHUS IN B 2-4

A. Bis zur Übergabe an die Römer

Im Juni 67 zieht Vespasian mit seinem Heer in Galiläa ein. Josephus berichtet [1]) von seinem vergeblichen Versuch, das römerfreundliche Sepphoris unter seine Kontrolle zu bringen, von der Verwüstung des offenen Landes durch die ersten römischen Truppen unter Placidus, von einer erfolgreichen Verteidigung Jotapatas durch seine Leute, dann aber, wie nach dem Aufmarsch der Legionen Vespasians an der Grenze Galiläas ihm die Truppen, die er bei Garis gesammelt hatte, auseinanderlaufen und er selbst zunächst seine Zuflucht nach Tiberias nimmt, von dort aus den Volksführern in Jerusalem schriftlich den Ernst der Lage schildert und ihnen die Entscheidung zwischen einem Frieden mit den Römern und der Sendung einer ausreichenden Streitmacht unterbreitet. „Er durchschaute nämlich, wohin am Ende die Sache der Juden führen würde; auch wußte er, es gäbe nur eine Möglichkeit für ihre Rettung, nämlich daß sie sich von dem bisher eingeschlagenen Wege abkehrten" (§ 136). Unterdessen nimmt Vespasian Gabara, die drittgrößte Stadt Galiläas [2]), ein und beweist zum ersten Mal ausgiebig, in welcher Härte er mit den Juden umzugehen gedenkt: 3, 132-134.

Im Blick auf seine eigene Person gibt Josephus die folgende Motivation seines Verhaltens: „Obgleich er selbst von den Römern Verzeihung erwarten durfte, zog er es doch viele Male vor, zu sterben, als sein Vaterland zu verraten und das ihm anvertraute Feldherrnamt in Schande zu bringen, um bei denen sein Glück zu machen, zu deren Bekämpfung er ausgesandt worden war" (§ 137). Der „Widerstreit zwischen eigener Rettung und Pflicht gegen das Volk" — wie Weber S. 98 Anm. formuliert — ist für diese Partien charakteristisch. Er ist auch das Grundmotiv, das Josephus uns für sein Verhalten während

---

[1]) Vgl. die Partien 3, 59-63. 110-114. 127-131. 135-140, in denen Zusätze des Josephus zur römischen Quelle erkennbar sind, Weber S. 94-98.

[2]) nach Tiberias und Sepphoris, vita 123.

der Belagerung Jotapatas angibt [1]): Sein Eintreffen macht der besorgten Bevölkerung wieder Mut (3, 142), er macht den Römern Schwierigkeiten bei der Belagerung (§ 171 ff. 204 ff. 222 ff. 258 ff. 271 ff.), die sich über 47 Tage ausdehnt, doch auch die persönlichen Motive sind wieder da, § 193-206: Als er sieht, daß die Stadt nicht mehr lange zu halten ist, berät er mit den Führern der Stadt über eine mögliche Flucht, doch die Einwohnerschaft beschwört ihn zu bleiben. „Sie glaubten nämlich, es könne ihnen nichts Schlimmes geschehen, solange Josephus bleibe" (§ 202). Bereits hier wird deutlich — Josephus sagt es recht offen —, daß er zwar die Stadt samt ihrer Einwohnerschaft aufgegeben hat, nicht aber seine eigene Rettung. Aber das verschweigt er gegenüber den Leuten von Jotapata, er läßt sich vielmehr scheinbar von ihren Bitten überzeugen und feuert die Kämpfer zu letztem Einsatz an, da — wie er ihnen sagt — ja nun doch keine Hoffnung auf Rettung mehr vorhanden sei (§ 204). Dementsprechend lautet seine παρακέλευσις § 260 f.: Man habe nicht mehr für die Rettung der Vaterstadt zu kämpfen, sondern nur, um schon im voraus für ihren Untergang Rache zu nehmen.

Ernsthaft befolgt wird eine solche Parole dann offenbar von den Elitesoldaten nach Einnahme der Stadt: „Als die sahen, daß sie keinem Römer etwas anhaben konnten, zogen sie vor, anstatt durch deren Hand zu fallen, sich am unteren Ausgang der Stadt zu sammeln und sich selbst niederzustoßen" (§ 331).

Mit den Ereignissen, die zur Gefangennahme des Josephus und seiner Gegenüberstellung mit dem römischen Feldherrn führen, erreicht der Selbstbericht des Josephus seinen Höhepunkt: 3, 340-408. Der römische Bericht verschwindet hier offenbar ganz [2]), und Josephus selbst kommt ausführlich zu Wort. Zunächst: Er hat sich bei der Einnahme der Stadt „mitten durch die Feinde hindurchgestohlen", ist dann in eine Zisterne gesprungen und von dort in die Höhle gelangt, die ihn mit 40 weiteren angesehenen Leuten aus Jotapata für zwei Tage vor den Feinden verbirgt (340-344). Seine Flucht vor den Feinden gelingt δαιμονίῳ τινὶ συνεργίᾳ χρησάμενος: Gott unterstützt also den Josephus bei seinen Bemühungen, sich zu retten. Dieser Gedanke wird hier zum ersten Mal ausgesprochen, er ist aber vorbereitet durch die Entschlossenheit, mit der Josephus schon während

---

[1]) 3, 141-288. 316-339: Wieder römischer Bericht, jedoch mit ausführlichen Zutaten des Josephus, Weber S. 126 f.

[2]) Zwischen § 339 (1. Panemos) und § 409 (4. Panemos) ist Vespasian wieder nach Ptolemais zurückgekehrt. Zur Quellenfrage siehe unten S. 64 f.

der Belagerung Jotapatas an seine eigene Rettung denkt und auch
durch die erstaunliche Offenheit, mit der er von diesem persönlichen
Motiv berichtet, und zwar gerade auch dort, wo ihm der Untergang
der ihm anvertrauten Mitbürger klar vor Augen steht und wo deren
Lage ihn zum Verschweigen seiner persönlichen Motive nötigt (§ 197).
Daß hier nun ausdrücklich die Rede von Gott eingeführt wird, wo
die Vertrauenskrise im Verhältnis zu seinen Volksgenossen ihre Zuspitzung erfährt, ist sehr auffallend. Gibt es für einen Juden eine
Gottesbeziehung, die von den konkreten Bindungen an die Gemeinschaft des Volkes absehen kann? Deutlich ist, daß dem Josephus das
zelotische Verständnis vom Volke Gottes zerbrochen ist. Denn dies
führt in die gemeinsame Selbsttötung, wie sie die Jotapatener weithin
geübt haben.

Neben § 341 ist die πρόνοια Gottes in § 391 zu stellen [1]). Auch hier
geht es um Josephus' persönliche Rettung, und das Verdecken seiner
Absichten geht noch weiter: Er unterwirft sich zum Schein dem zelotischen Verfahren der geordneten Selbsttötung, nachdem seine
Versuche,

1. allein zu den Römern überzugehen, und
2. die Volksgenossen von der Verwerflichkeit des Selbstmordes zu
   überzeugen,

auf den geschlossenen Widerstand der anderen gestoßen sind (§ 355-
360. 361-386. 387-389). Er ringt auf Leben und Tod mit seinen zum
Sterben entschlossenen Volksgenossen, aber er glaubt, daß Gott ihn
retten will und setzt in diesem Glauben eben diese Rettung aufs Spiel:
πιστεύων τῷ κηδεμόνι θεῷ τὴν σωτηρίαν παραβάλλεται (§ 387), um sie
(§ 391) aus Gottes Hand wieder zu empfangen. In diesem Vorgang
liegt ein Gewißheitsmoment, das Josephus für seine Handlungsweise
gehabt haben will: die Bereitschaft, das Leben zu verlieren in der
Zuversicht, daß es in Gottes Hand liegt und neu gegeben werden
kann. Von den Essenern, die durch die römischen Strafaktionen
zu Märtyrern wurden, rühmt Josephus (2, 153): εὔθυμοι τὰς ψυχὰς
ἠφίεσαν ὡς πάλιν κομιούμενοι. Treibt er hier beim Jotapata-Bericht
jetzt bloße Rhetorik? [2])

---

[1]) Mit § 392 beginnt ein neuer Abschnitt. Zusammenfassend wird gesagt, daß
er „dem Krieg mit den Römern und dem mit den eigenen Leuten" — beide Male
mit Gottes Hilfe! — „entronnen" sei.

[2]) Die lange Rede über die Verwerflichkeit des Selbstmordes § 362-382 paßt
schlecht in die Situation: § 365 ist neben § 336 direkt unwahrhaftig, auch § 381
(οὐ μεταβήσω ...). Aus der Situation gelöst, kann sie jedoch als eine ernsthafte

Josephus spricht über die Gründe seiner Gewißheit an der Stelle, wo er von dem römischen Angebot berichtet, daß er sich ohne Gefahr für Leib und Leben in die Hände der Römer ausliefern könne: § 344-354.

Josephus hat sich zu entscheiden zwischen der freiwilligen Auslieferung an den Unterhändler Nikanor und der Vernichtung durch die mit Feuerbränden heranstürmenden Soldaten. In diesem Augenblick, so schreibt er, sei in ihm die Erinnerung an bestimmte „nächtliche Traumgesichte" aufgestiegen, durch die Gott ihm die über die Juden „hereinbrechenden Schicksalsschläge und das künftige Geschick der römischen Kaiser im voraus anzeigte" (§ 351). Damit ist die erste Stufe eines Offenbarungsempfanges bezeichnet. Die Traumgesichte werden in § 353 näher als φρικώδη φαντάσματα bezeichnet, als „schauererregende Bilder". Leider wird ihr Inhalt nicht näher beschrieben, so daß uns kein deutliches Gegenüber von Trauminhalt und Traumdeutung gegeben ist. Schauererregend können diese Bilder deshalb sein, weil in ihnen die Katastrophe des jüdischen Volkes angedeutet ist, vielleicht aber auch wegen ihrer Beziehung zu Gott [1]).

Letzterer Interpretation ist wohl der Vorzug zu geben: Die Traumbilder gelten ja nicht bloß den schreckenerregenden Ereignissen der jüdischen Geschichte, sondern auch der römischen Kaisergeschichte (§ 351). Liegt diese erste Stufe des Offenbarungsempfanges schon etwas zurück (τῶν προσφάτων ὀνείρων § 353), so ist die zweite an die Stunden in der Höhle gebunden (ἐπὶ τῆς τότε ὥρας § 353), in der Vespasians Gnadenangebot den Josephus erreicht. Diese zweite Stufe besteht in einer charismatischen Vertiefung (ἔνθους γενόμενος § 353)[2]) in biblische Weissagungen, die sich mit der Erinnerung an die genannten Traumbilder (ἀνάμνησις der ersten Stufe! § 351, 353) verbindet. Dies Zusammenkommen von Traumbildern und Schriftworten (ὧν § 353 a im Anschluß an § 352 τῶν ... ἱερῶν βίβλων ... τὰς προφητείας) ist nun aber entscheidend. Die Verbindung beider Elemente gibt dem Josephus offenbar die Legitimation seiner besonderen Handlungsweise.

antizelotische Predigt gewertet werden, die sich, ähnlich wie die Agripparede, mit bestimmten zelotischen Thesen § 363 καλὸν ἐν πολέμῳ θνήσκειν, § 365 καλὸν ὑπὲρ τῆς ἐλευθερίας ἀποθνήσκειν, § 367 γενναῖον ἀνελεῖν ἑαυτόν auseinandersetzt. Ernsthaft ist auch die Darlegung über das Schicksal der Seelen gemeint (§ 372-375), vgl. Ap. 2, 218.

[1]) Vgl. φρίκη, φρικτός, φρικώδης zur Bezeichnung der religiösen Ehrfurcht, besonders beim Gottesnamen b 2, 133. 139; 5, 438. 565 (vgl. 6, 132); vita 275, auch wohl a 19, 344.

[2]) Vgl. ἀνδρῶν ἐνθέων 4, 387 (nach Konjektur).

Aber wie verhalten sich beide zueinander? Offenbar ist der Traum Gegenstand der Deutung, und die Schriftkenntnis gibt die Befähigung dazu. Es geht um „Deutung der Gegenwart und Zukunft im Licht der Heiligen Schrift" [1]). Erst in der Verbindung mit dem Schriftzusammenhang gewinnt das noch mehrdeutige individuelle Traumerlebnis [2]) die Qualität des Eindeutigen und Gültigen. Josephus kennt bestimmte Gesetze des Offenbarungsempfanges, denen er sein eigenes Erleben unterwirft. In diesem Sinn hat O. Betz [3]) auf die essenische Schulung des Josephus (vita § 11) hingewiesen und unseren Zusammenhang mit essenischen Überlieferungen verglichen. Dabei hat sich ergeben, daß die Essener wie Josephus aus der inspirierten Deutung bestimmter „Geheimnisse" das Verständnis ihrer Zeit und ihrer Zukunft gewinnen. In Qumran geht man dabei jedoch streng von der Botschaft der Schriftpropheten aus (1 QpHab 2, 9 f.) [4]), während bei Josephus bestimmte Träume Gegenstand der Deutung sind [5]) und die Schrift die „Linien" gibt, in denen die Deutung erfolgt. Schon die biblischen Traumdeuter Joseph und Daniel hatten die charismatische Voraussetzung zum Deuten: den Geist Gottes (Gen. 41, 38; Dan. 4, 6) [6]). Dieser Geistbesitz ist auch bei Josephus die Voraussetzung für die rechte Erkenntnis: ἔνθους γενόμενος. Aber seine Geistbegabung ist verbunden mit dem vorgegebenen Wort der biblischen Weissagung: ὧν (sc. τῶν προφητειῶν) ... ἔνθους γενόμενος.

Die persönliche Qualifikation der essenischen Charismatiker geht aus b 2, 159 hervor: „Unter ihnen (sc. den Essenern) finden sich aber auch solche, die versichern, die zukünftigen Dinge vorauszuwissen. Von Kind auf haben sie Umgang mit heiligen Büchern, verschiedenartigen Reinigungen und Prophetensprüchen, und es geschieht selten, wenn überhaupt, daß sie mit ihren Voraussagen fehlgehen." Die besonderen Reinheitsvorstellungen der Essener sind nun aber ein Merkmal der priesterlichen Gesamtausrichtung dieser Gruppe [7]). Der Lehrer der Gerechtigkeit hat als Priester (1 Qp Hab 2, 8) die rechte

---

[1]) So Michel-Bauernfeind I S. 439 Anm. 83 zu b 2, 159 (betr. essenische Seher).

[2]) Vgl. τὰ ἀμφιβόλως ὑπὸ τοῦ θείου λεγόμενα § 352. Die Übersetzung von Michel-Bauernfeind: „Gottessprüche, die zweideutig geblieben waren", ist mißverständlich, da sie allzu leicht den Gedanken an Schriftworte nahelegt. Richtig O. Betz, Offenbarung und Schriftforschung in der Qumransekte, Tübingen 1960 S. 106.

[3]) Betz a.a.O. S. 105-109.

[4]) Vgl. Betz S. 72.

[5]) So bei Josephus auch der traumdeutende Essener in b 2, 112 f.

[6]) Betz S. 82.

[7]) Betz S. 135 f.

Eignung zur eschatologisch gültigen Auslegung der Prophetenworte. Es ist unschwer zu erkennen, daß auch Josephus eine spezifisch priesterliche Qualifikation für seine eigene Schriftauslegung in Anspruch nimmt (b 3, 352).

Es sollte beachtet werden, daß Josephus in der Schilderung seines charismatischen Erlebens nicht in einer pharisäischen Tradition steht: nicht das Torastudium ist die Grundlage der Offenbarung, sondern ein Traumerleben, und die Schriftkenntnis, verbunden mit der priesterlichen Heiligkeit (§ 352), tritt in einer zweiten Stufe hinzu [1]). Aber auch im Vergleich zur Qumrangemeinschaft hat das Traumerleben bei Josephus einen deutlichen Vorrang vor dem eigentlichen Schriftbezug. Dem eigenen Erleben des Josephus entspricht also nicht direkt das, was wir aus den Qumrantexten wissen, sondern eher das, was Josephus selber von weissagenden Essenern berichtet.

Die Entscheidung, die Josephus aufgrund des Offenbarungsempfanges fällt, formuliert er in jenem bereits oben (S. 42) erwähnten feierlichen Gebet [2]):

„Da du nun einmal entschieden hast, daß das Volk der Juden, das du geschaffen hast, zu Boden sinkt, da das Glück ganz zu den Römern übergegangen ist und da du meine Seele [3]) dir erwählt hast, die kommenden Dinge anzusagen, ergebe ich mich freiwillig den Römern und bleibe am Leben, bezeuge aber, daß ich nicht als Verräter, sondern als dein Diener hingehe" (§ 354).

Dem Gebetsstil entspricht neben der Anrede in der zweiten Person die Prädikation Gottes als des Schöpfers (ὁ κτίσας) seines Volkes, sonst aber fehlen die eigentlichen Gebetselemente Klage, Bitte, Lobpreis, Dank [4]). Das Hauptverbum des Satzgefüges μαρτύρομαι weist denn auch in eine andere Richtung. So nimmt Agrippa II. am Ende seiner großen Friedensrede die heiligen Stätten, die Engel Gottes und die Vaterstadt „zu Zeugen", daß er nichts, was zur Rettung der Jerusalemer dient, unterlassen habe (2, 401). So heißt es von Titus, als er die Schluchten Jerusalems voll von Leichen sieht: Die Hände

---

[1]) Siehe unten S. 74 f.

[2]) Die Kennzeichnung des Gebetes als „geheim" weist darauf hin, daß die Schicksalsgenossen in der Höhle nichts von dem Vorgang erfahren durften.

[3]) Der Ausdruck „meine Seele" für „mich" wirkt hebräisch. Da Seele für Josephus sonst durchaus nicht mehr Totalaspekt ist (Schlatter, Theologie S. 17 f.), dürfte die altertümliche Sprechweise bewußt gewählt sein.

[4]) O. Michel, Neutestamentliche Studien für Rudolf Bultmann S. 63: „Nach besonderen Offenbarungen ist ein Dankgebet üblich; in diesem Fall hat aber das Gebet des Josephus apologetische Tendenz."

zum Himmel gehoben κατεμαρτύρατο τὸν θεόν, ὡς οὐκ εἴη τὸ ἔργον αὐτοῦ (5, 519): Er gibt eine Unschuldserklärung ab, so ebenfalls 6, 127 und 215, auch wenn an der letztgenannten Stelle nicht μαρτύρεσθαι, sondern ἀπολογεῖσθαι gebraucht ist, ferner 7, 122 f. Diese wiederholten Apologien für Titus versteht man erst recht, wenn man sich das jüdisch-rabbinische Titusbild vor Augen hält, in dem der Römer bis in die Konsequenzen hinein als „Frevler" schlechthin gezeichnet wird [1]). In unserem Zusammenhang genügt es, zu sehen, daß μαρτύρεσθαι in ein für Josephus charakteristisches Genus der apologetischen Erklärung gehört. b 3, 354 ist nicht einfach bloß an Gott gerichtet, sondern eine programmatisch-grundsätzliche Apologie für den persönlichen Weg des Josephus und seine Stellung zur Aufstandsbewegung, mit der er vor allem um seine Stellung und Geltung in der jüdischen Gemeinde ringt. Die dem Hauptsatz vorangestellten Begründungssätze — auch sie passen schlecht in ein echtes Gebet! — lassen sich denn auch ohne besondere Schwierigkeit und ohne wesentlichen Aussageverlust in die dritte Person überführen: „Weil Gott entschieden hat, daß das jüdische Volk zu Boden sinkt", ja, der zweite steht bereits in der dritten Person: „Weil die Tyche (in einer Anrede an Gott!!) gänzlich zu den Römern übergegangen ist". Schließlich nennt der apologetische Satz sogar den Vorwurf, gegen den Josephus sich zu verteidigen hat: προδότης,, und stellt ihm — überbietend! — sein eigenes Selbstverständnis als διάκονος θεοῦ gegenüber: οὐ προδότης, ἀλλὰ σὸς εἶμι διάκονος [2]). Daß Josephus diese Erklärung subjektiv ehrlich „vor Gott" abgibt, sollte nicht bezweifelt werden, aber es zeigt sich ebenfalls deutlich, daß die ganze Linie des Berichts mit ihrem Widerstreit zwischen eigener Rettung und Pflicht gegen das Volk auf ihren Höhepunkt kommt. Im folgenden überwindet er mit seinem neuen Selbstverständnis als Beauftragter Gottes denn auch den Vorwurf der προδοσία, des Verrats, der in § 359 von seinen Schicksalsgenossen ausdrücklich noch einmal formuliert wird. Jetzt argumentiert Josephus: „Da er ihren Angriff fürchtete" — das ist das Motiv der eigenen Rettung, es genügt nicht, entscheidend ist das Folgende: „und es als einen Verrat an den Aufträgen Gottes ansah, wenn er vor ihrer Verkündigung sterbe" —, da beginnt er seine Rede über den Selbstmord (§ 361). Vor Vespasian tritt Josephus dann aus-

---

[1]) Vgl. besonders Gittin 56 b, dazu A. Schlatter BEJ S. 22 f.
[2]) Daß Josephus sich sehr bewußt mit den beiden Vorwürfen der Feigheit und des Verrats auseinandergesetzt hat, zeigt die Nebeneinanderstellung folgender Texte: 3, 193-196. 355-360. 438-442. Vgl. noch 3, 137 (oben S. 49), auch 5, 533.

drücklich auf als ὑπὸ θεοῦ προπεμπόμενος, und nach Eintreffen seiner Weissagung wird ihm sein Selbstverständnis als διάκονος Gottes (4, 626 vgl. 3, 354) von Seiten des neuen Prinzeps ausdrücklich bestätigt.

Das in b 3, 354 ausgesprochene Selbstverständnis des Josephus muß in einen größeren Zusammenhang gestellt werden, sowohl literarisch innerhalb des Bellum als auch biographisch im Leben und Werk des Josephus. Der Übergang zu den Römern hat für sein Leben ohne Zweifel einen entscheidenden Einschnitt gebracht. Als Feldherr auf die gegnerische Seite überzugehen und dort die Sicherung seiner Existenz zu erwarten, bedeutet Verrat. Das weiß Josephus (b 3, 137. 400). Die feierliche Anrufung Gottes in 3, 354 muß deshalb so verstanden werden, daß Josephus eine Beauftragung von Gott empfängt und bejaht, die seinen bisherigen Auftrag überbietet und verdrängt. Das spätere Wirken des Josephus basiert dann also auf dem Ja zu dieser Beauftragung, die den Bruch mit seiner früheren Existenz einschließt.

Ein Interpretationsversuch, der in diesem Sinne den Offenbarungsvorgang von b 3, 351-354 zur Basis nimmt, um die Rolle des Josephus innerhalb des Bellum zu verstehen, findet sich in dem bereits genannten Buch [1]) von O. Betz [2]). Entsprechend dem doppelten Inhalt der Traumoffenbarung von 3, 351 — „die den Juden bevorstehenden Schicksalsschläge und die Zukunft der römischen Kaiser" [3]) — habe Josephus zwei Botschaften auszurichten: „Die erste der beiden Botschaften richtet er sofort aus, indem er Vespasian den Kaiserthron verheißt (bell. 3, 401 f.), die zweite übermittelt er in einer langen Rede an die in Jerusalem belagerten Landsleute (bell. 5, 362 ff.)" [4]). Nach Betz hat Josephus, unabhängig davon, ob dies auch dem historischen Sachverhalt gerecht wird, seinen Schritt mit den Zügen einer Prophetenberufung nach alttestamentlichem Vorbild [5]) dargestellt, und zwar so, wie man in essenischer Tradition eine alttestamentliche Prophetenberufung verstand [6]).

Diese Deutung bewährt sich darin, daß sie einzelne Züge des von Josephus geschilderten Offenbarungserlebnisses vom charismatischen

---

[1]) Siehe oben S. 53 Anm. 2.
[2]) Betz a.a.O. S. 105-109.
[3]) Betz a.a.O. S. 105.
[4]) Betz a.a.O. S. 107 f.
[5]) Betz denkt dabei an Elia. „1. Kön. 19 bildet den Schlüssel zum Verständnis der Berufung des Josephus" (S. 107).
[6]) Betz a.a.O. S. 108.

Schriftverständnis der Essener her verständlich machen kann. Josephus kennt bestimmte Formen und Ordnungen, in denen sich ein Offenbarungsvorgang abspielt und die er selber auch ernstnimmt. Bereits H. Windisch [1]) hat betont, daß Josephus, wenn er einen solchen Vorgang in dieser Weise beschreibt, Erfahrung in ekstatischen Erlebnissen hat. „Josephus war nicht nur Politiker, Priester und Schriftgelehrter, sondern wie Johannes Hyrkanos und wie mancher essenischer Heiliger auch Pneumatiker."

Auf der anderen Seite kommt der Versuch, von 3, 351-354 her das ganze Bellum oder gar den weiteren Lebensweg des Josephus zu verstehen, recht bald an Grenzen. Eindeutig ist eigentlich nur die Weissagung an Vespasian als Konsequenz dieser besonderen Beauftragung herausgestellt. Die große Rede im fünften Buch kann kaum als „Übermittlung einer Botschaft" [2]) im Sinn einer besonderen Offenbarung verstanden werden. Sie ist Mahn- und Anklagerede, durchaus lehrhaft und keineswegs das Wort eines charismatischen Künders. Josephus hat bezeichnenderweise auch keinen Versuch unternommen, die Lehren der großen Rede vor Jerusalem auf sein Offenbarungserlebnis von Jotapata zurückzuführen!

Ähnlich liegen die Dinge für die Zeit vor der Szene in der Höhle von Jotapata. Wer von der Offenbarungsszene aus das frühere Verhalten des Josephus einem Lebensabschnitt zuordnen will, in dem Josephus noch nichts vom kommenden Sieg der Römer und von Gottes Unwillen über den Aufstand der Juden gewußt haben könne, in dem er ferner mit ganzer Entschlossenheit und letzter Bereitschaft gegen die Römer gekämpft hätte [3]), wird ebenfalls enttäuscht: Josephus weiß längst, wohin am Ende die Sache der Juden führen wird (3, 136), er ist längst mehr auf die eigene Rettung als auf das gemeinsame Schicksal der Kämpfer bedacht (3, 193. 197) [4]) und längst ist ihm klar, daß er im römischen Lager Möglichkeiten hat, einer Aburteilung zu entgehen (3, 137, vgl. 346). Auch in diesen Stücken hat Josephus keinen Gegensatz zu den Erkenntnissen aus der Jotapata-Offenbarung herausgearbeitet, durch den diese als innere Wende und der Beginn eines neuen Denkens hervortreten würde. Ja, man darf behaupten: Das einzig Neue an dieser Offenbarung ist die Erkenntnis τὰ περὶ τοὺς

---

[1]) H. Windisch, Die Orakel des Hystaspes, Amsterdam 1929 S. 67.

[2]) Gegen Betz a.a.O. S. 107 f.

[3]) So H. Windisch a.a.O. S. 67: „Auch seine Hoffnung ist am Anfang des Krieges die des Volkes gewesen."

[4]) In § 193 ist zu lesen: τὴν ἑαυτοῦ σωτηρίαν, nicht ἑαυτῶν. § 197 nimmt hierauf Bezug!

Ῥωμαίων βασιλεῖς ἐσόμενα (3, 351), die dann zur Weissagung an Vespasian führt. Alles andere gehört zu einem Grundbestand der josephischen Überzeugungen, die wir keineswegs erst von Jotapata ab zu datieren haben.

Bestätigend tritt der Bericht der Lebensbeschreibung hinzu (vita 17-19), wo Josephus von seinen Friedensbemühungen am Vorabend des Krieges — also ein Jahr vor den Ereignissen von Jotapata — berichtet: Er „habe versucht, die aufrührerisch Gesonnenen zu beruhigen, und ihnen wiederholt zur Sinnesänderung geraten. Sie sollten sich vor Augen führen, gegen was für Feinde sie Krieg beginnen wollten, daß sie den Römern nicht allein in militärischer Erfahrung, sondern auch in der Gunst des Schicksals (κατ' εὐτυχίαν) unterlegen seien ..." Josephus schließt ausdrücklich die Bemerkung an, er habe vorausgesehen, daß der Krieg die Juden am Ende in das äußerste Unglück stürzen werde (δυστυχέστατον ἡμῖν τοῦ πολέμου τὸ τέλος γενήσεσθαι προορώμενος, § 19) [1]).

Mit diesen Formulierungen stehen wir, wie bereits oben angedeutet, ganz in der Nähe der Agripparede [2]), ja überhaupt der Geschichtsauffassung der Reden sowie der programmatischen Erklärung von b 3, 354. Damit ist aber ein wichtiges Ergebnis erreicht: b 3, 354 ist nicht der auf Grund einer neuen Erkenntnis formulierte Ertrag, gehört also sachlich gar nicht so eng mit dem charismatischen Erleben zusammen, in dessen Zusammenhang es sich findet, sondern ist eine zusammenfassende Formel für die auch sonst, etwa in den großen Reden, ausgesprochene Geschichtsschau. Eine Ausnahme bildet nur die Rolle des Josephus selbst: Er ist „erwählt, die künftigen Dinge anzusagen." Man wird diese auch wieder ins Allgemeine gehende Formulierung in ihrem sachlichen Gehalt auf die Kunde zu beschränken haben, die er dem Vespasian überbringt, da alle anderen Inhalte für Josephus längst vor der Jotapata-Offenbarung gegeben sind.

Auch der Übergang der τύχη zu den Römern in 3, 354 fügt sich jetzt ganz in den Zusammenhang seiner Parallelen (2, 360; 5, 367):

---

[1]) Wer das Jotapata-Erleben als eine totale Kehrtwendung des Josephus versteht, wird diesen Aussagen der Vita mit noch größerer Kritik gegenüberstehen als den entsprechenden Stücken im Bellum. Damit ist die Frage nach der Tendenz der Vita im Verhältnis zur Bellum-Darstellung aufgeworfen. Vielleicht hat sich Josephus in der Vita pazifistischer gegeben, als er es in Wirklichkeit gewesen ist. Vielleicht hat er andererseits im Bellum seine galiläische Mission soldatischer geschildert, als sie es tatsächlich gewesen ist. Seit Laqueur neigt man in der Forschung stärker zu der letzteren Auffassung. Zur Literatur siehe oben S. 20 Anm. 1, insbesondere B. Motzo a.a.O. S. 226-240.

[2]) Siehe oben S. 22.

Dieser „Übergang" liegt längst zurück, und wir haben bereits gesehen [1]), daß er mit der römischen Eroberung durch Pompejus zu verbinden ist.

Überblicken wir von hier aus den Selbstbericht des Josephus, so stellt sich das Offenbarungserlebnis von Jotapata nicht als ein Einbruch eines Novum dar, das Existenz und Denken des Josephus fortan bestimmt, sondern als eine charismatisch und exegetisch motivierte Entscheidung, die er durchaus in Kontinuität zu seiner bisherigen (recht zwiespältigen) Haltung vollzieht. Josephus ist in Jotapata kein anderer geworden. Er hat dies auch nicht von sich behauptet, obwohl er den Bericht über die ihm zuteil gewordene Offenbarung sehr ins Grundsätzliche hin ausgestaltet hat. Vespasian und Titus werden in einer zugespitzten Situation zu Exponenten der Tyche, die die römische Sache gegen die Juden bestätigt und durchsetzt, aber die Tyche geht nicht erst mit Vespasian auf die Seite Roms über [2]).

Exkurs: Josephus als διάκονος θεοῦ.

Der διάκονος-Begriff verdient innerhalb des Selbstberichts des Josephus besondere Beachtung. In 4, 626 ist Josephus διάκονος τῆς τοῦ θεοῦ φωνῆς. Erscheint die letztgenannte Wendung auch als eine Aussage Vespasians, so ist doch anzunehmen [3]), daß Josephus damit dem Römer seine eigene Ausdrucksweise in den Mund gelegt hat, die — bewußt verhüllend — die direkte Aussage über Josephus als Stimme Gottes vermeidet. In 4, 626 ist διάκονος Werkzeug, Organ: Josephus ist zu seinem Ausspruch von Gott bewegt worden. In 3, 354 steht er als διάκονος ebenfalls in der Konsequenz bestimmter Entscheidungen Gottes (δοκεῖ σοι ..., μετέβη δὲ ... ἡ τύχη πᾶσα, καὶ τὴν ἐμὴν ψυχὴν ἐπελέξω), im Dienst an προστάγματα (§ 361), vgl. § 400 ὑπὸ θεοῦ προπεμπόμενος. Feierlich heißt es: „du hast mich dir erwählt". Das Medium ἐπελέξω weist auf die enge Beziehung des Er-

---

[1]) Siehe oben S. 23.

[2]) Neben der Aussage vom Übergang der Tyche zu den Römern steht in der großen Josephusrede der Satz, daß Gott das Heiligtum verlassen habe (5, 412). Daß Gott den Tempel verläßt, bevor er zerstört wird, findet sich außerdem in 6, 127 und 299. Diese Aussage betrifft die unmittelbare Zeitgeschichte des Josephus, vgl. die Datierung in 6, 299. Sie ist also nicht mit der vom Übergang der Tyche zu parallelisieren. Daß Gott den Tempel preisgibt, kann freilich eine äußerste Konsequenz dessen sein, was in dem Satz von der Tyche gemeint ist: Die Periode kommt auf ihren tiefsten Punkt, wenn den Juden nun auch die Heiligkeit des Tempels genommen wird.

[3]) So G. Delling, Josephus und das Wunderbare, Novum Testamentum 2 (1958) S. 304.

wählenden zu seinem Diener hin. In der LXX wird ἐπιλέγω (Auswahl von Soldaten für die Schlacht usw.) im Medium gern von der Erwählung zu priesterlichen Diensten gebraucht: 1. Kön. 2, 28; 1. Esra 9, 16; 1. Makk. 4, 42, ja auch bei Josephus selbst: a 4, 28 (Bestimmung Aarons). Vielleicht ist auch die Verwendung von ἐπιλέγομαι in b 3, 354 in diese Linie zu stellen. Denn gerade in diesem Zusammenhang hebt Josephus seine priesterliche Herkunft und Eignung besonders hervor: Ihm sind die Weissagungen der Propheten wohl vertraut, weil er ἱερεὺς καὶ ἱερέων ἔγγονος ist (§ 352) [1]). Wir werden diesen Zusammenhang so zu verstehen haben, daß die Zugehörigkeit des Josephus zum besonderen Stande der Priester eine Qualifikation für das Wissen um Gottes Plan bedeutet. So schreibt O. Betz [2]): „Josephus ist nach seinem eigenen Zeugnis zur Vorhersage der Zukunft befähigt, weil er als Priester und Priestersohn mit den Weissagungen der heiligen Schriften wohl vertraut ist (b 3, 352), und als solcher kann er die in einem Traum gezeigte Absicht Gottes verstehen." Werfen wir von hier aus einen Blick auf den Sprachgebrauch des Begriffs διάκονος (διακονεῖν, διακονία) bei Josephus, so ergibt sich als Grundlage das Verständnis der konkreten Dienstleistung, wobei die Unterordnung des Dienenden unter seinen Auftraggeber meist deutlich ins Auge fällt.

Für die jeweilige Bedeutung des Begriffs ist der Zusammenhang entscheidend, in den der διάκονος als Helfer, Werkzeug, Mittelsmann, „Funktionär" eingesetzt wird [3]).

Ist Gott der Auftraggeber, so tritt das priesterlichkultische Verständnis besonders hervor [4]): Es geht um die Ausführung des gebotenen und geordneten Gottesdienstes. Bei der Berufung Samuels ist mit dem priesterlichen Verständnis der διακονία allerdings auch einmal das prophetische verbunden (a 5, 344. 347. 349). a 5, 344 spricht die zur διακονία τοῦ θεοῦ gehörige Absonderung in der Lebensweise aus: καθιερώσειν ἐπὶ διακονίᾳ τοῦ θεοῦ, δίαιταν οὐχ᾽ ὁμοίαν τοῖς ἰδιώταις ποιησόμενον. Für b 3, 354 gilt dementsprechend: Wenn Josephus

---

[1]) Zum priesterlichen Selbstbewußtsein des Josephus vgl. b 1, 3; a 16, 187; vita 1 f. 80. 198.

[2]) Betz a.a.O. S. 137. Vgl. vita 10-12, insbesondere die Waschungen des Bannus πρὸς ἁγνείαν.

[3]) Tischdienst und Ähnliches: a 2, 65. 129; 8, 169; 11, 163. 166 u.ö. Ausführung eines Wunsches, Befehls, Planes: b 4, 388; a 9, 25; 18, 262. 269; 19, 129 u.ö., des Gottesdienstes a 3, 155; 5, 344. 349; 7, 365; 8, 101; 10, 57. 72, Vermittelnde Dienste: b 4, 252; a 1, 298; 7, 224; 8, 5 f.; 10, 177 u.ö.

[4]) So auch bereits A. Schlatter, Wie sprach Josephus von Gott?, BzFchrTh 28 (1923) Heft 1, S. 13.

selbst eine bestimmte, die Zukunft betreffende Botschaft auszurichten hat und sich in diesem Zusammenhang διάκονος τοῦ θεοῦ nennt, so verbindet er auch für seine eigene Person ein prophetisches Element mit dem zunächst funktionalen und priesterlichen διάκονος-Begriff.

B. Die Weissagung an Vespasian

Josephus schildert in b 3, 392-398 die Reaktionen im römischen Lager, die sein Erscheinen hervorruft. Das Bild ist bewußt gestaltet: Man schart sich um den bedeutenden Gefangenen, und zwar gleichsam in konzentrischen Kreisen, und je näher man ihm steht, umso größer ist die Anteilnahme, die sein persönliches Geschick hervorruft. Am nächsten bei Josephus ist Titus, der — stärker als die anderen vom Mitleid bewegt — über die Macht der Tyche reflektiert: „... was die Tyche vermag, wie schnell im Kriege die Wendung eintreten kann und daß Menschengeschick nichts Beständiges ist" (§ 396). Mit rhetorischen Mitteln wird hier die Anteilnahme des Lesers an dem persönlichen Ergehen des Josephus hervorgerufen [1]), gleichzeitig aber die entscheidende Rolle des Titus für seine Rettung hervorgekehrt. Vespasian ist in dieser ersten Szene gar nicht anwesend! Nur seine Befehle werden zu Gehör gebracht: besondere Bewachung des Gefangenen, damit die Überführung zu Nero nicht gefährdet wird (§ 358). Die Szene vor Vespasian kommt auf die Initiative des Josephus zustande (§ 399). Die persönlichen Motive des Josephus sind also in keiner Phase dieser Sendung nebensächlich. Die Apologie, daß Josephus „nicht als Verräter, sondern als Werkzeug Gottes" handelt, wird hier vor dem römischen Feldherrn mit der Gegenüberstellung „nicht (bloß) [2]) als Kriegsgefangener, sondern als Bote Gottes" aufgenommen, und ausdrücklich wird das Stichwort αἰχμά-λωτος mit dem Gedanken der Untreue gegenüber der Feldherrnpflicht (vgl. § 355-360) verbunden [3]). Ist mit dieser Gegenüberstellung das

---

[1]) Die τύχη in § 396 ist hellenistisch-rhetorisch und wird von Josephus auch an anderen Stellen, besonderes in a, gern verwandt, um die Sympathie des Lesers für ein Einzelschicksal zu erregen. Vgl. etwa a 14, 354. 381 (zur Bestimmung des Proprium des Josephus Laqueur, Josephus S. 192. 194), auch a 20, 57-61.

[2]) Zur Textkritik in § 400: Das schwierige αὐτὸ μόνον (Destinon nach einer Randlesart von L sowie der lateinischen Überzetzung) kann nicht einfach als Glosse vom ursprünglichen Text abgehoben werden, wie Schlatter BEJ S. 21 möchte. Denn Josephus hat nicht bestritten, daß er αἰχμάλωτος gewesen ist: Ap. 1, 48. Aber er ist mehr als ein Kriegsgefangener! PAL αὐτομολον ist als Erleichterung der lectio difficilior zu beurteilen.

[3]) In § 400 ist wie in § 356 der Gedanke an eine Übertretung der Tora ausge-

Motiv des gottgesandten Boten [1]) eingeführt, so bringt ein zweiter Gedankengang (§ 401 f.) den Inhalt seiner Botschaft, diesmal mit dem Einsatz bei Vespasians Absicht, den gefangenen Feldherrn an den Kaiser in Rom auszuliefern. Josephus bestätigt durchaus die Zuständigkeit des Kaisers in seiner richterlichen Funktion. Aber er setzt an die Stelle des Nero den Vespasian selbst. Als Grund gibt er an, daß weder Nero [2]) noch dessen Nachfolger, deren Regierungszeit „bis zu" Vespasian reicht, „bleiben werden" (μενοῦσιν). Josephus will denjenigen als Herrscher und Richter über sich anerkennen, dessen Macht über die Thronwirren hinaus Bestand haben wird. Hier folgt nun die Akklamation: „Du, Vespasian, (wirst) Cäsar und Imperator!"[3]) Die Fortsetzung der Rede enthält ebenfalls akklamatorische Elemente, ist aber wieder stark auf die eigene Rolle des Josephus bezogen: „Binde mich nun aber noch fester und bewahre mich für dich. Denn nicht über mich, Cäsar, wirst du Herrscher sein, sondern auch über Erde und Meer und das ganze Menschengeschlecht. Ich aber bitte um stärkere Bewachung, damit ich bestraft werden kann, wenn ich sogar über Gott leichtfertig daherrede."

Josephus berichtet im Folgenden über die Aufnahme seiner Weissagung durch Vespasian: erst Zweifel, allmählich Zutrauen, „da Gott ihn bereits zur Thronbesteigung erweckte und durch anderweitige Zeichen auf die Herrscherwürde vorauswies" (403 f.). Von diesen „anderen Zeichen" spricht Josephus auch 4, 623, im Zusammenhang mit der öffentlichen Akklamation durch die Legionen, und an dieser letzteren Stelle erwähnt auch die römische Tradition (Tacitus, Sueton, Cassius Dio) die omina imperii. Sueton und Dio bringen Ähnliches wie Josephus, sind beide von einer gemeinsamen Quelle abhängig, nicht aber von Josephus [4]). Bei beiden entfallen die Motivation des Josephus (nicht bloß Gefangener, sondern Bote Gottes), das Thema der Auslieferung an Nero und die geheime Unterredung im kleinen Kreise. Bei beiden ist der Spruch des Josephus auf dem Gegenüber

---

sprochen, d.h. aber, daß in § 400 die Interpretation der Tora im Sinne des „Lieber den Tod als die Knechtschaft" (§ 356 ff.) nicht einfach aufgegeben ist. Allein die neue Berufung ist es also, die den Josephus an diesem entscheidenden Punkt der Toraverpflichtung entbindet (§ 400).

[1]) ἄγγελος wie im Hellenismus, etwa Epiktet diss. 3, 22. 23.

[2]) Hinter τί γάρ; (§ 401) ist nach Destinon und den neueren Ausgaben eine Erwähnung des nahen Todes des Nero ausgefallen.

[3]) Die nachklappende Hereinnahme des Titus in die Akklamation ist zwar nicht textlich, wohl aber formgeschichtlich und historisch sekundär, vgl. Weber S. 51 f. Vgl. auch 4, 623.

[4]) W. Weber S. 45 f.

von Binden [1]) und Lösen aufgebaut: Sueton Vespasian 5, 6: et unus ex nobilibus captivis Josephus, cum coiceretur in vincula, constantissime asseveravit fore ut ab eodem brevi solveretur, verum iam imperatore.

Dio Cassius 66, 1. 4: ... Ἰώσηπος δὲ ἀνὴρ Ἰουδαῖος ἀχθείς τε ὑπ' αὐτοῦ πρότερον καὶ δεθεὶς ἐγέλασε καὶ ἔφη „νῦν μέν με δήσεις, μετ' ἐνιαυτὸν δὲ λύσεις αὐτοκράτωρ γενόμενος".

Tacitus hat die Szene mit Josephus nicht. Stattdessen [2]) schiebt er eine andere Tradition in den Vordergrund, die auch Sueton [3]) noch vor der josephischen nennt. Hist. 2, 78: Vespasian bringt auf dem Berg Karmel dem gleichnamigen Gotte ein Opfer dar — „dabei bewegte er geheime Hoffnungen in seinem Sinn". Der Priester Basilides nimmt die Eingeweideschau vor und verkündet: „Was es auch ist, Vespasian, was du dir vornimmst: ein Haus zu bauen, deinen Landbesitz zu vermehren oder deinen Sklavenbestand zu erweitern —, es wird dir eine große Wohnstatt, ein gewaltiges Gebiet und eine Vielzahl von Menschen (magna sedes, ingentes termini, multum hominum) gegeben werden." Mit diesem Orakel muß vor der Akklamation Vespasians besonders Stimmung gemacht worden sein: nec quicquam magis in ore vulgi, bemerkt Tacitus. Josephus wird nicht ohne Mühe sein eigenes Omen einer solchen Tradition gegenüber behauptet haben. Webers Annahme, „daß alle möglichen Kreise für sich den Anspruch erhoben, den neuen Herrscher entdeckt zu haben" [4]), dürfte das Richtige treffen. Josephus war seit dem Geschehen von Jotapata mit dem Weg Vespasians verbunden. Vespasian selbst hatte seinen Spruch nicht abgewiesen, und nach dem Gelingen der flavischen Erhebung mußte man auch die Weissagung des Josephus neu ernstnehmen. Der jüdische Priester tritt dabei in eine Reihe mit anderen Sehern und Orakelgebern und in der Geschichtschreibung notwendig in Konkurrenz zu ihnen.

Hat Tacitus den Anteil des Juden in seiner Darstellung einfach unter den Tisch fallen lassen, so ist aus den beiden anderen Historikern zu ersehen, daß Josephus' Weissagung durchaus in die offizielle rö-

---

[1]) Vgl. bei Josephus b 3, 402: δέσμει δέ με νῦν ἀσφαλέστερον.

[2]) Weber S. 47 f.

[3]) Sueton Vespasian 5, 6: Apud Iudaeam Carmeli dei oraculum consulentem ita confirmavere sortes, ut quidquid cogitaret volveretque animo quamlibet magnum, id esse proventurum pollicerentur. et unus ex nobilibus captivis Josephus ... (siehe oben).

[4]) Weber S. 47. Auch Apollonios von Tyana gehört zu den Männern, die hierbei eine Rolle gespielt haben sollen.

mische Omina-Liste Eingang gefunden hat [1]). Diese Omina-Liste hat
Josephus gekannt, wahrscheinlich aus der flavischen Quelle, die die
Liste, ebenso wie die anderen uns erhaltenen Historiker, im Bericht
über Vespasians Akklamation gehabt haben wird. Die entsprechende
Stelle ist bei Josephus b 4, 622 f. Josephus gedenkt der anderen
Omina nur mit einer summarischen Bemerkung und nimmt jetzt
noch einmal auf seine eigene Weissagung Bezug: Vespasian denkt
an die verschiedenen σημεῖα usw. „und auch an die Worte des
Josephus, der noch zu Lebzeiten Neros (ἔτι ζῶντος Νέρωνος) ihn als
Imperator anzureden gewagt hatte." Dies ist das Argument, mit dem
Josephus seine Tat vor die der anderen stellt. Ihm gebührt die Priorität vor jenen, und darum kämpft er. Was in 4, 622 f. nur noch einmal
kurz in Erinnerung gebracht werden muß, weiß der Leser längst aus
der ausführlichen Jotapataschilderung im dritten Buch.

Nun sollte aber gesehen werden — Weber klärt diesen Punkt
nicht! — daß die Formulierung ἔτι ζῶντος Νέρωνος nicht im Sinne
des flavischen Geschichtswerkes ist. Die flavische Tradition gibt die
Weissagung des Josephus unter anderen bei Gelegenheit der Akklamation, aber sie datiert sie nicht, bzw. sie datiert sie falsch, wie Sueton
(fore ut ab eodem brevi solveretur) und Cassius Dio (μετ' ἐνιαυτόν) [2])
voraussetzen. Gewiß geht es den Römern darum, die Priorität des
Josephus vor anderen Omina-Gebern zu unterdrücken. Speziell für
die flavische Geschichtschreibung kommt jedoch hinzu, daß die
Weissagung an Vespasian ἔτι ζῶντος Νέρωνος nicht ins flavische
Propagandakonzept paßte. Diese Propaganda brauchte die Führungs-
krise in Rom, um die Notwendigkeit des rettenden Eingreifens
Vespasians zu motivieren [3]). Daß Vespasian zu einem sehr frühen
Zeitpunkt Hoffnungen auf den Prinzipat gehegt hat, paßt nicht gut
ins Bild vom Retter, vgl. 4, 602 [4]). H. Drexler hat zu den Vorgängen
nach dem Fall von Jotapata gelegentlich [5]) die Bemerkung gemacht:
„… wenn er (sc. Vespasian) Josephus begnadigt, später freiläßt und
auszeichnet, so war das Hochverrat." Wir können also die josephische
Tendenz durchaus von einer eigentlich flavischen Ausrichtung ab-
heben.

Nun wird man von hier aus auch Konsequenzen für den Jotapata-

---

[1]) Vgl. W. Weber S. 48 f.
[2]) Richtig Weber S. 48. Er zieht aber nicht die Konsequenzen.
[3]) Siehe unten S. 82 f.
[4]) Siehe unten S. 82.
[5]) H. Drexler, Rezension zu Ad. Brießmann, Tacitus und das flavische Geschichtsbild, Gnomon 28 (1956) S. 523.

bericht des Josephus ziehen dürfen. W. Weber [1]) hat gemeint, daß Josephus auch für die Gefangennahme und seine Begegnung mit Vespasian die römische Quelle als Grundlage benutzt habe. Diese hätte also auch von der Weissagung des Josephus gesprochen. Ich halte diese Annahme für falsch. Ein so großes Interesse an der Person des Josephus wird man dem flavischen Opus nicht zuschreiben dürfen, daß es die Datierung einer Weissagung festhält, die der gesamten Konstruktion vom Retter des Reiches gefährlich werden mußte.

Was Josephus in b 3 über seine Offenbarung und seine Weissagung an den römischen Feldherrn schildert, wird ganz auf sein eigenes Konto zu setzen sein. Er kämpft um seinen persönlichen Beitrag zur Weltgeschichte und muß diesen Kampf selbst gegen das flavische Geschichtsbild durchführen [2]).

Mit b 3, 405-408 setzt sich der zusammenhängende Selbstbericht des Josephus fort: Josephus beweist den Römern seine mantischen Gaben, indem er glaubhaft machen kann, daß er den Fall Jotapatas und die eigene Gefangennahme durch die Römer schon bei Beginn der Belagerung den Einwohnern prophezeit hat (§ 405-407). Seine Gefangenhaltung sowie Vergünstigungen, die auf Titus zurückgeführt werden, sind kurz notiert (§ 408).

§ 410 b und 411: Vespasian schützt den Josephus vor antijüdischen Bestrebungen in Cäsarea.

3, 432-442: Reaktionen in Jerusalem auf Nachrichten über Josephus.

4, 622-629: Rehabilitierung des Josephus nach der Erhebung Vespasians zum Kaiser. Der Abschnitt schließt mit der Angabe, daß Josephus zum Lohn für seine richtige Voraussage die Rechtsstellung eines freien Mannes bekommt. Dabei wird vermerkt, daß Josephus jetzt auch hinsichtlich seines Wissens um die Zukunft als vertrauenswürdig (ἀξιόπιστος) gilt (4, 629), — womit das „anfängliche Glau-

---

[1]) Weber S. 50, auch S. 127.

[2]) W. Weber S. 49 f. sieht in der Omina-Frage eine Diskrepanz zwischen dem Proömium und der tatsächlichen Ausführung des Berichtes: Josephus erweckt im Proömium (1, 23) den Anschein, „als wolle er in der Darstellung alle omina imperii aufzählen und die Folgerungen aus ihnen ziehen." Das geschieht aber nicht. Josephus ist in der Erzählung der Omina allein an seinem eigenen Beitrag interessiert. Weber erklärt die Unterschiede zwischen Proömium und Werk mit Hilfe der Hypothese, daß das Proömium eine „Zweckepistula" speziell für Titus gewesen sei und daß dieser vom ganzen Werk sonst überhaupt nichts zu lesen bekommen habe (Weber S. 56). Diese Überlegungen aber passen gut zu unserer Annahme, daß Josephus sich in der eigentlichen Geschichtserzählung über die Omina von der flavischen Quelle freigemacht hat.

ben" des Vespasian von 3, 407 aufgenommen und zum Ziel geführt ist [1]).

Mit dieser Erzählung scheint der zusammenhängende Selbstbericht des Josephus, den wir von b 2, 562 bzw. 569 an verfolgen konnten, seinen Abschluß zu finden. Denn, was weiter an Notizen und Berichten des Josephus über sich selber folgt, betrifft nur ganz gelegentlich seinen persönlichen Lebensweg als solchen, vor allem seine Funktion als παρακαλῶν gegenüber den Belagerten in Jerusalem. Im Grunde passiert hier nichts Wesentliches, auch wenn Josephus einmal (5, 261) in der Begleitung des Nikanor erscheint, einmal den Titus vor einem unvorsichtigen Verhalten zurückhält (5, 326) und einmal sogar (5, 541) von einem Geschoß getroffen wird und in Lebensgefahr gerät. Er ist hier Statist an der Seite des Titus, dessen menschenfreundliche Friedensangebote er unterstützt. Historisch Konkretes wie die Eigenart des Verhältnisses zu Titus, Begegnungen mit anderen jüdischen Gefangenen, und überhaupt: ein politisches Handeln wird in diesen Stücken nicht sichtbar [2]).

Dafür stehen Klage und Anklage gegen die Aufstandsgruppen im Vordergrund, breit als Tendenz herausgestrichen, und man hat weithin den Eindruck, daß die immer wiederholten Aufforderungen zur μετάνοια ihren historischen Ort nicht so sehr im zurückliegenden Kampf um Jerusalem haben, sondern im apologetisch-propagandistischen Willen, der ihn bei Abfassung des Bellum in Rom bestimmt hat. Das Material sei kurz zusammengestellt:

5, 114. 261. 325. 360-420. 541-547;

6, 93-129. 365.

Besonders wichtig sind die Redezusammenhänge 5, 360-420 und 6, 93-129, da in ihnen die Tendenz des Bellum breit dargeboten ist. In b 5 hat Josephus der Rede noch weitere Schilderungen über das Elend in der Stadt angehängt (420-445), der Anschluß des römischen Berichtes 446 ff. an 359 ist aber deutlich, ähnlich in b 6 der Zusammenhang von § 93 mit 131 [3]). Wo Josephus in b 5 und 6 auf seine

---

[1]) In Ap. 1, 4 ist ἀξιόπιστος Ehrentitel des Historikers.

[2]) In vita 413 sieht Josephus Anlaß, Einzelheiten seiner persönlichen Geschichte zu ergänzen, die er im Bellum nicht berichtet hat. Diese betreffen, wie die nachfolgenden Paragraphen (414 ff.) zeigen, die Zeit von der Gefangennahme in Jotapata bis zur Regierung Domitians.

[3]) b 7, 437-453 hat gegenüber den genannten Stücken aus b 5 und 6 wieder ein stärker biographisch-persönliches Interesse an Josephus, steht aber auch nicht unter der gleichen Zielsetzung wie der Selbstbericht aus b 2-4. Das Stück gehört mit vita 424 f. in den Zusammenhang seiner persönlichen Geschicke nach dem Krieg. Wieder aber ist Josephus besonderer Günstling der göttlichen πρόνοια (425).

eigene Person zu sprechen kommt, geschieht dies also in Form einer
Einlage und mit deutlich tendenziösem Inhalt. Die zusammenhängende Erzählung, die in den Büchern 2-4 sichtbar wird, hat ebenfalls
ihre starke Tendenz, aber dort steht Josephus selber im Mittelpunkt:
sein Leben, seine Verantwortung, seine Beauftragung, seine Rettung
und Rechtfertigung, während die Stücke aus Buch 5 und 6 ganz auf
das Judentum, auf Weg und Schicksal des Volkes ausgerichtet sind.
Hier erfolgt nun auch kein Rückbezug mehr auf die besondere Offenbarung des Josephus (3, 351 ff.), auch die Selbstbezeichnungen
διάκονος θεοῦ, ἄγγελος, ὑπὸ θεοῦ προπεμπόμενος treten jetzt nicht
mehr auf. Seine Tätigkeit ist vielmehr προκαλεῖν ἐπὶ συμβάσεις (5,
114), παρακαλεῖν πρὸς σωτηρίαν (5, 393) u.ä.[1]. An die Stelle des
priesterlich-charismatischen Verkünders der Zukunft ist hier der
ermahnende Lehrer getreten. Wird seine Botschaft an Vespasian in
einer geheimen Unterredung[2] überbracht, so ist seine Rede an die
Juden öffentliche Verkündigung. Ja, sie richtet sich an die Einsicht
einer in ihrer Tradition verwurzelten Judenschaft, wie die schriftgelehrte Argumentation besonders in der großen Rede in b 5, aber
auch etwa die kleine Formel τίς οὐκ οἶδεν in 6, 109 zeigen kann.
Den Auftrag, den Josephus in Jotapata von Gott empfangen hat,
muß er dort vor seinen Landsleuten streng geheim halten, hier bemüht er sich nach Kräften, mit seiner Botschaft allgemeines Gehör
zu finden. Dort wird als Motiv der Sendung der Auftrag Gottes genannt, hier ist es die persönliche Anteilnahme, die ihn zu den ständig
wiederholten Friedensbemühungen treibt, ja sogar „gegen Gottes
Plan" (ἄντικρυς εἱμαρμένης 6, 108, vgl. 5, 378), der die Jerusalemer
zum Untergang bestimmt.

Josephus hat nach alledem seine eigene Rolle im Geschehensablauf
in b 2-4 anders behandelt als in b 5 und b 6. W. Weber spricht im
Blick auf den zusammenhängenden Selbstbericht des Josephus in
b 2-4 von einer „galiläischen Relation", die auch in der Vita (bis zum
Eintreffen des Vespasian) zugrundegelegt ist[3]. Es handelt sich „um ein
geschlossenes Ganzes ..., eine Rechtfertigungsschrift mit einer Selbst-
verherrlichung dank der richtigen Auslegung der Prophetie, die den
Leser von der Richtigkeit seiner Auffassungen und seiner Beurteilung
der politischen Situationen überzeugt"[4]. Deutlich ist nach Weber

---

[1]) Vgl. im einzelnen die synonymen Formulierungen in 5, 261. 360 f. 362. 375.
393. 541; 6, 97. 108. 365.
[2]) τὰ ἀπόρρητα 3, 405.
[3]) Weber S. 92 f. 97-99.
[4]) Weber S. 99.

auch der Unterschied zu den späteren Auftritten des Josephus. „Man kann sich diesem Eindruck um so weniger entziehen, als tatsächlich das weitere Auftreten des Josephus keineswegs mit diesem Bericht innerlich verbunden ist; alle Fäden sind zerschnitten, alle Voraussetzungen anders … Er mag diesen Bericht geschrieben haben, als er frei und die Bestätigung seiner Prophezeiung aller Welt, vor allem der jüdischen Gefolgschaft des Titus sichtbar war, die er im Hauptquartier des Römers sah und mit der er sich vertragen mußte, wenn er sich in der Gunst des Titus behaupten wollte" [1]). Webers Urteil, daß „alle Fäden zerschnitten" sind, ist allerdings zu pauschal. Denn gerade in der Friedenspredigt an seine Landsleute wird eine Konsequenz seiner Entscheidung von Jotapata sichtbar, insofern er seinen persönlichen Schritt der Unterwerfung dem ganzen Volke als Weg des Überlebens empfiehlt.

------

[1]) Weber S. 99.

KAPITEL IV

JOSEPHUS UND DER AUFSTIEG VESPASIANS

A. Die Deutung der messianischen Prophetie

Die Anrufung Gottes, mit der Josephus in 3, 354 eine Erklärung
über die Motive seiner Selbstauslieferung an die Römer verbindet,
spricht von der Tyche, die zu den Römern übergegangen ist, nicht
von der künftigen Thronerhebung Vespasians. Und doch werden
wir, dem Ergebnis des vorigen Kapitels entsprechend, dies letztere
Ereignis, das ganz in die römische Reichsgeschichte gehört und — im
Unterschied zum Tyche-Komplex — die jüdischen Interessen kaum
berührt, als den eigentlichen Inhalt der Zukunftsoffenbarung anzusehen haben, die dem Josephus durch Verbindung von Traumbild
und Schriftwort zuteil geworden ist. Nun wird jeder, der sich um die
Auslegung des Zusammenhanges bemüht, zugeben müssen, daß
Josephus uns sehr wesentliche Dinge vorenthält. Anders als im
Danielbuch wird der Traum gar nicht geschildert, sondern bloß angegeben, was Gott ihm durch den Traum im voraus angezeigt hat,
nämlich 1. die bevorstehenden Schicksale der Juden und 2. τὰ περὶ
τοὺς ῾Ρωμαίων βασιλεῖς ἐσόμενα (§ 351). Die Deutung ist also gleich
mitgegeben, und wir erfahren dann nur, daß sie nicht ohne Hinzu-
ziehung biblischer Prophetenworte, bzw. eines solchen Wortes, zustande gekommen ist (§ 352 f.). Wieder wird nicht gesagt, um was
für einen biblischen Bezug es sich gehandelt hat.

Josephus hat sich in dieser Schilderung nun wohl ganz bewußt
mit dem Mantel des Geheimnisses umgeben, vielleicht um seiner
römischen Leser willen, vielleicht aber auch, weil er seine Gründe
hat, die Wurzeln seiner Entscheidung von Jotapata auch der inner-
jüdischen Diskussion gegenüber nicht einfach aufzudecken. Er lüftet
dieses Geheimnis jedoch selbst an einer ganz anderen Stelle seines
Werkes. In b 6, 312 f. heißt es: „Was sie (sc. die Juden) aber am
meisten zum Krieg anspornte, war ein mehrdeutiger Gottesspruch
(χρησμὸς ἀμφίβολος), der sich gleichfalls [1]) in den heiligen Schriften
fand, daß in jener Zeit einer aus ihrem Lande über die bewohnte
Erde herrschen werde. Diese Ankündigung faßten sie als ihnen selbst
geltend auf, und viele Gelehrte gingen bei der Auslegung irre. Indes

---

[1]) Ebenso wie der Spruch über den Tempel § 311.

zeigte der Gottesspruch die Herrscherwürde Vespasians an, der in Judäa zum Kaiser ausgerufen wurde.''

Können wir nun nachträglich nicht mehr angeben, was Josephus geträumt hat, so ist uns hier in Bellum 6 — nach der Tempelzerstörung und im Zusammenhang mit den die Tempelzerstörung ankündigenden Prodigien — ein Hinweis auf ein biblisches Prophetenwort gegeben, das auf Vespasians Erhebung gedeutet worden ist und in dieser Deutung ausdrücklich von Josephus bei Abfassung des Bellum bestätigt wird.

Josephus hat zwischen seiner Weissagung an Vespasian und dieser Stelle in b 6 keinen Zusammenhang hergestellt. b 6, 312 f. ist wie der gesamte Prodigienzusammenhang als Bericht über das jüdische Schicksal recht distanziert und objektivierend abgefaßt, wenn man ihn mit den breiten Klagen etwa des fünften Buches vergleicht. Der sachliche Zusammenhang, daß hier wie in b 3 die Exegese eines biblischen Prophetenwortes auf Vespasians Kaisertum führt, kann aber nicht übersehen werden. Seit langem hat man deshalb in der Forschung den ganz normalen Schluß gezogen, daß Josephus in b 6, 312 auf eben jenes Bibelwort anspielt, dem er auch die Entscheidung in der Traumdeutung b 3, 351 (τὰ περὶ τοὺς ʻΡωμαίων βασιλεῖς ἐσόμενα) verdankt, die ihn dann auch zur Weissagung an Vespasian geführt hat. Dieser Schluß hat aber weitreichende Konsequenzen für unser Josephusbild, und dies wird auch dort zugestanden, wo man sich gegen die Verbindung der beiden Texte wehrt. So findet sich in einer älteren Arbeit[1]) die Bemerkung: „Die Zusammenfassung beider Stellen hat die Flut von Vorwürfen und Schmähungen auf Josephus gehäuft, welche namentlich in den älteren Schriften über diesen Gegenstand sich finden.'' Daß hier in der Tat eine Grundentscheidung in der Josephusbeurteilung fällt, hat sich uns auch für die neuere Forschung bereits bestätigt[2]): So wie in Schlatters früher Arbeit b 6, 312 f. vom Proprium des Josephus getrennt wurde, so war diese Stelle für W. Weber der Anlaß, Josephus zum Apostaten zu erklären[3]).

---

[1]) E. Gerlach, Die Weissagungen des Alten Testaments in den Schriften des Flavius Josephus und das angebliche Zeugnis von Christo, Berlin 1863, S. 79 Anm.

[2]) Siehe oben S. 13.

[3]) Vgl. etwa auch Ad. v. Harnack, Der jüdische Geschichtsschreiber Josephus und Jesus Christus, Internationale Monatsschrift für Wissenschaft, Kunst und Technik 7 (1913) Sp. 1051 f.: „Mit dem Glauben an die Zukunft seines Volks hatte er auch den alten Gott Israels verloren, vor allem aber die messianischen Erwartungen vollständig eingebüßt.'' Entsprechende „Schmähungen'' gegen Josephus finden sich in der neueren Literatur etwa bei E. Stauffer, Christus und die Caesaren, 4. Aufl. Hamburg, 1952 S. 155-159.

Grundsätzlich wird man an der „Zusammenfassung beider Stellen"
festhalten [1]), dabei aber im Blick behalten müssen, daß eine voreilige
Wertung von Josephus' Gesamthaltung das Verstehen nur erschweren
kann.

Was die Einzelexegese von b 6, 312 f. anbetrifft, so ist zunächst
unbestritten, daß Josephus eine messianische Weissagung umschreibt
(ἀπὸ τῆς χώρας αὐτῶν τις ἄρξει τῆς οἰκουμένης), die von den Juden
auch als eine solche (οἰκεῖον = ihnen zugehörig) aufgefaßt worden ist.
Der „Herrscher aus ihrem Lande" läßt an den Bileamspruch Nu. 24,
17 b denken [2]): „Es geht ein Stern aus Jakob auf, und ein Herrscher-
stab ersteht aus Israel", vgl. LXX: ἀνατελεῖ ἄστρον ἐξ Ιακωβ, καὶ
ἀναστήσεται ἄνθρωπος ἐξ Ισραηλ.

Auch die römischen Historiker Tacitus und Sueton erwähnen
den Spruch als Motiv der Erhebung mitsamt der („richtigen") Deutung auf Vespasian (Tacitus hist. 5, 13; Sueton Vesp. 4) [3]), aber in
deutlich „sekundärer" Form, die 1. den jüdischen Messianismus durch
den allgemeinen Gedanken einer bevorstehenden Oberherrschaft des
Ostens über den Westen (Rom) ersetzt (Tacitus: fore ut valesceret
Oriens) [4]) und 2. anstelle des der normaljüdischen Messiaserwartung
entsprechenden Singulars ἀπὸ τῆς χώρας αὐτῶν τις den Plural profecti Judaea bringt: profectique Judaea rerum potirentur (Tacitus)
bzw. Judea profecti rerum potirentur (Sueton). Dieser Plural kann
durch die Deutung des Spruches auf Vespasian und Titus veranlaßt
sein [5]), er kann aber auch — und das ist wahrscheinlicher — auf eine
von b 6, 312 unabhängige hellenisierte Form der jüdischen Weissagung zurückgehen, die in der Tacitus und Sueton gemeinsamen

---

[1]) E. Gerlach muß seinerseits (a.a.O. S. 79-81) die Härte von b 6, 313 ab-
schwächen, um die Entlastung des Josephus durchzuführen.

[2]) So P. Corssen, Die Zeugnisse des Tacitus und Pseudo-Josephus über Christus,
ZNW 15 (1914) S. 114-140, hier: S. 122; I. Hahn, Josephus und die Eschatologie
von Qumran, in: Qumran-Probleme, Berlin 1963 S. 167-191, hier S. 169 und 186
Anm. 10.

[3]) Den Wortlaut der Lateiner gebe ich unten S. 129 f.

[4]) Michel-Bauernfeind II, 2 S. 190 (Exkurs XV): „Die Lateiner rücken den
Gegensatz Orient-Okzident in den Mittelpunkt ihres Interesses. Damit ergibt
sich ein Thema, das wir vor allem durch die sibyllinische Tradition kennen."
Zur Diskussion vgl. Ed. Norden, Josephus und Tacitus über Jesus Christus und
eine messianische Prophetie, Neue Jahrbücher 16 (1913), S. 637-666, hier S. 656-
661; P. Corssen a.a.O. S. 118 f.; H. Windisch a.a.O. S. 68 f.; I. Hahn a.a.O. S. 168.

[5]) So H. Windisch a.a.O. S. 68; vielleicht auch schon W. Weber a.a.O. S. 51.
Die Anwartschaft auf die Kaiserwürde ist für Vespasian wohl nie bloß auf seine
eigene Person bezogen gewesen, sondern immer schon mit dynastischen Hoffnungen verbunden gewesen. Vgl. b 4, 596 sowie Weber S. 164 Anm. 2 und Michel-
Bauernfeind II, 1 S. 234 Anm. 200.

Quelle gestanden hätte [1]). Die Form der sibyllinischen Orakel findet
sich nach Ed. Norden in profecti ebenso wieder wie in der Aussage
vom Erstarken des Orients [2]). Hinter Tacitus und Sueton steht also
eine hellenistische Fassung des Spruchs, die Josephus gegenüber religionsgeschichtlich selbständig ist. Der „sekundäre" Charakter der
römischen Fassung des Spruches muß also näher präzisiert werden:
Es handelt sich nicht um literarische Abhängigkeit von Josephus [3]),
sondern um den religionsgeschichtlichen Umsetzungsprozeß des
Jüdisch-Messianischen in die Orient-Okzident-Thematik [4]).

Neben dem messianischen Inhalt hat der Weissagungsspruch von
b 6, 312 eine bestimmte zeitliche Fixierung gegeben: „Es werde zu
jener Zeit geschehen ...", also im Jahr 66, als der Krieg begann, und
auch die römischen Historiker haben eo ipso tempore (Tacitus) bzw.
eo tempore (Sueton) mit dem gleichen zeitlichen Bezug.

Nun ist die klassische Grundlage der messianischen Terminberechnung die Weissagung von den 70 Jahrwochen aus Daniel 9,
24-27. Die Rabbinen zählen diese 70 Jahrwochen (= 490 Jahre) von
der Zerstörung des ersten Tempels bis zur Zerstörung des zweiten
(70 n. Chr.), sie bewahren z.T. aber noch die Tradition, nach der das
Ende der 490 Jahre die Messiaszeit, nicht die Tempelzerstörung hätte
bringen sollen [5]). Neuerdings hat I. Hahn wahrscheinlich gemacht,
daß auch innerhalb der Qumrangemeinschaft der Abschluß der 70
Jahrwochen Daniels für die Zeit 66-70 n. Chr. berechnet worden ist [6]).
Auf jeden Fall ist das messianische Schriftwort, das Josephus meint,
innerhalb einer breiten jüdischen Tradition mit einer apokalyptischen
Terminberechnung verbunden gewesen, die den Beginn der Erlösung

------

[1]) Sueton hat gegen den Plural profecti in der Deutung den Singular: Id de
imperatore Romano ... praedictum ...

[2]) Ed. Norden a.a.O. S. 659 vermerkt, „daß gerade der im proficisci liegende
Begriff für solche Orakelsprüche typisch gewesen ist."

[3]) Zur quellenkritischen Frage vgl. unten S. 129 ff. Hier ist zu bemerken, daß
die Übereinstimmung von Tacitus und Sueton gegen Josephus allgemein zu der
Annahme einer lateinischen Grundlage der beiden römischen Historiker geführt
hat, so Schlatter TGP S. 391, Norden a.a.O. S. 662, Corssen a.a.O. S. 121. Das
Verhältnis dieser lateinischen Quelle zu Josephus ist allerdings umstritten. Meist
wird angenommen, sie sei die unmittelbare Vorlage des Josephus gewesen.

[4]) Ed. Norden a.a.O. S. 660: Die messianische Prophetie sei „für Nichtjuden
kaum verständlich" gewesen; „sie konnten gar nicht anders als das sich umdenken
in einen sibyllinischen Weissagungsspruch ..."

[5]) So Billerbeck IV S. 1002-1009; I. Hahn a.a.O. S. 169 f.

[6]) CD XX, 13-15 (40 Jahre nach dem Ende des Lehrers) in Verbindung mit
CD I, 5-12. Hahn a.a.O. S. 173 ff.: Die Aktualisierung des Spruches b 6, 312 sei
in den bedrängnisreichen Jahren 27-30 n. Chr. durch essenische Kreise erfolgt,
die später auch den Kampf gegen Rom mitgetragen hätten.

in den Jahren zwischen 66 und 70 datiert hatte. Josephus gibt selber zu, daß in diesem messianisch-apokalyptischen χρησμός das Hauptmotiv der jüdischen Erhebung gelegen hat: τὸ δ' ἐπᾶραν αὐτοὺς μάλιστα πρὸς τὸν πόλεμον ... (6, 312).

Freilich wird damit die Entscheidung des Josephus für Vespasian in ihrer vollen Schwere sichtbar. Josephus verwirft weder die Weissagung, noch lehnt er deren zeitliche Fixierung ab, aber er bezieht eben den Komplex, der seinem Volk den entscheidenden religiösen Rückhalt zum Kampf gegen die Unterdrückermacht gegeben hat, auf den Befehlshaber jenes heidnischen Heeres. Er gibt etwas preis an den Römer, was seinem Volke als etwas Unveräußerliches anvertraut war.

Dies muß gesehen werden, wenn man Josephus verstehen oder gar ihn vor ungerechtfertigten Anschuldigungen in Schutz nehmen will. H. Windisch [1]) hat gemeint, Josephus mit seiner Deutung von b 6, 312 mit Jeremia oder Deuterojesaja vergleichen zu können, die ebenfalls heidnischen Herrschern bestimmte Funktionen im Plan Gottes zugesprochen haben: „In jedem Falle handelt es sich ja um einen bestimmten Einzelspruch, den Josephus in Vespasian erfüllt glaubt. Vespasian ist gar nicht der „Messias", sondern nur der in einem Einzelspruch für diese Zeit ausersehene römische Kaiser, dessen Besonderheit war, daß er von Judaea ausgehen sollte. Mit der Messiasfrage hat der Spruch für Josephus nichts zu tun; den Namen Apostat verdient Josephus ebensowenig wie Jeremia." Man braucht nicht im einzelnen die Existenz des Josephus neben die eines alttestamentlichen Propheten zu stellen, um festzustellen, wie wenig Gewicht solche Sätze für ein wirkliches Verstehen des Josephus und seiner Situation beanspruchen können [2]). Wichtig ist jedoch, daß gesehen wird, wie Josephus keineswegs bloß irgendeinen „Einzelspruch" anders auslegt als seine Landsleute, sondern daß es bei dem betreffenden Schriftwort um eine Verdichtung dessen ging, was das jüdische Volk als Wissen um seinen besonderen Auftrag von Gott in jenen schweren Zeiten durchzutragen hatte und gerade auch in der Erhebung gegen Rom durchzusetzen hoffte [3]).

---

[1]) A.a.O. S. 67.

[2]) Wenn das Selbstverständnis des Josephus eine Parallelisierung seiner Sendung mit der des Propheten Jeremia einschließt (b5, 391-393), so ist das für uns noch kein Grund, unsere Beurteilung des jüdischen Historikers von dieser Parallele her bestimmen zu lassen. Für Jeremia hat es nie ein „Jotapata" gegeben (vgl. Jer. 37, 11-15), noch ist er je zum Propagandisten des feindlichen Eroberers geworden.

[3]) Ob dieser Spruch etwas mit der Messiasfrage zu tun hatte oder nicht, hängt ja keineswegs von einer persönlichen Stellungnahme des Josephus ab. Vielmehr

Auch ein anderer, sehr viel gewichtigerer Versuch, den Josephus vom Vorwurf der Apostasie freizusprechen, muß in diesem Zusammenhang kritisch beurteilt werden: A. Schlatter hat in seiner an W. Weber gerichteten Schrift von 1923 [1]) den Josephus als Pharisäer zu verstehen gesucht und ihn mit seiner Weissagung an Vespasian neben Jochanan ben Zakkai gestellt [2]). Nach der rabbinischen Überlieferung ist Jochanan aus dem von den Zeloten beherrschten Jerusalem zu Vespasian entwichen und hat diesen als Kaiser angeredet, und zwar mit der exegetischen Begründung aus Jes. 10, 34 הלבנון באדיר יפול ("Der Libanon wird fallen durch einen Mächtigen"), was man so verstand, daß der Tempel [3]) nur durch einen „König" (hier = Kaiser) [4]) zerstört werde [5]). Wenn die Rabbinen diese Geschichte weitergaben — so argumentiert Schlatter —, hat niemand daran gedacht, den Jochanan damit als Apostaten hinzustellen, im Gegenteil: man wollte seine Größe zeigen! [6]) Wenn Josephus nun ebenfalls ein Schriftwort auf Vespasian deutet, dann „blieb er Pharisäer und war von Jochanan, dem verehrtesten Führer des Pharisäismus, nicht getrennt" [7]). Gegenüber dieser Parallelelisierung sind nun aber schwere Bedenken anzumelden: Jochanan ist nicht aus führender militärischer Position ins feindliche Lager übergegangen, und — was entscheidend ist — er hat ein Bibelwort herangezogen, das gänzlich außerhalb der messianischen und eschatologischen Diskussion stand. τὸ δ' ἐπᾶραν αὐτοὺς μάλιστα πρὸς τὸν πόλεμον heißt es bei Josephus. Er hat dem Römer etwas von der innersten Kraft seines Volkes preisgegeben, während Jochanan dem Heiden eine gelehrte Auskunft gibt, diesem aber nie in der Weise wie Josephus seine spätere Existenz zu verdanken hat.

Bereits bei der Besprechung der Jotapata-Szene wurde deutlich, daß Josephus in seinem Verhältnis zum Schriftwort andere Wege

---

muß die umgekehrte Fragestellung durchgehalten werden: Wie geht Josephus mit einem solchen messianischen Spruch um?

[1]) Der Bericht über das Ende Jerusalems, siehe oben S. 10 Anm. 8.

[2]) Schlatter BEJ S. 35-43.

[3]) Zur Deutung „Libanon" = Tempel siehe J. Neusner, A Life of Rabban Yohanan ben Zakkai, Leiden 1962 S. 39 f. Anm. 5 (S. 40). Bereits die frühen Midraschim verstehen Jer. 22, 6 in diesem Sinne.

[4]) מלך wie βασιλεύς in b 3, 351 in der Bedeutung „Kaiser".

[5]) Die verschiedenen Traditionen gibt J. Neusner a.a.O. S. 114-121. Historisch gibt er Aboth de Rabbi Nathan 4 den Vorzug vor Echa Rabbati 1. 5. 31 und b Gittin 56 b.

[6]) Schlatter BEJ S. 37.

[7]) Schlatter BEJ S. 38.

geht als die pharisäische Tradition [1]). Man wird nun auch sagen
müssen, daß Josephus' Weissagung an Vespasian nicht wie Jochanans
Wort als ein exegetischer Schluß gebildet ist, sondern unabdingbar
mit einem ausgeprägten persönlich-charismatischen Element verbunden ist. Grundlage der Jotapata-Offenbarung ist ein Traumerleben. Die Pharisäer hätten wahrscheinlich bereits diesen Ausgangspunkt scharf abgelehnt [2]). Bei J. Neusner [3]) finde ich die Sätze:
„... Pharisaic prophecy often depended on Scriptural exegesis, as in
Yohanan's prophecy of the destruction ... and of Vespasian's coming
rise. Josephus, by contrast, reports that his prediction was based on
dreams as well as prophecy." Wenn Josephus dann von seiner Befähigung zur Schriftauslegung spricht, so begründet er sie mit seinem
Priestertum. Das ist wiederum ganz unpharisäisch.

Den Pharisäern geht es um die Weitergabe des Empfangenen
(Aboth 1, 1), und dieser Prozeß begründet die rechte Tradition. In
der Zeit nach 70 wird die Kontinuität zur alten Heilsgeschichte für
die verschiedenen Gruppen des Judentums zu einer Lebensfrage. Die
Pharisäer verstehen das Judentum nach dem Verlust des Tempels mit
äußerster Konsequenz von der Kontinuität der Tora-Tradition her.
Der Zusammenhang mit der Sinai-Offenbarung liegt für sie in der
Übermittlung der Lehre. Josephus ist nicht weniger an der Kontinuität zur alten Überlieferung interessiert, aber er begründet sie
anders. Rechte Lehrtradition ist für ihn Sache des Priesters [4]). Er
weist neben der priesterlichen Abstammung (vita 1) insbesondere auf
seine Schulung (vita 10-12) hin und orientiert die Legitimität der
Toraüberlieferung an der Reinheit der priesterlichen Genealogie
(Ap. 1, 30 ff.), in die er sich mit seiner Geschichtschreibung schließlich selbst einreiht: Ap. 1, 54. Die exegetische Entscheidung, die
Josephus bei seiner Weissagung an Vespasian voraussetzt, hat in die
rabbinische Tradition keinen Eingang gefunden, und ein Vergleich

---

[1]) Siehe oben S. 54.

[2]) Entsprechend dem verbreiteten tannaitischen Grundsatz: „Trauminhalte
erheben nicht und erniedrigen nicht" (דברי חלומות לא מעלין ולא יורדין), z.B. bei
R. Meir b Gittin 52 a. M. Jastrow (Dictionary of Talmud Babli etc. I 1950
S. 594) interpretiert den Satz einfach mit den Worten: „dreams must not be
regarded". Weitere Belege zur Geringschätzung des Traumes im Rabbinat gibt
E. L. Ehrlich, Der Traum im Talmud, ZNW 46 (1956) S. 133-145, hier S. 142 f.

[3]) A.a.O. S. 110 f. Anm. 5.

[4]) Damit vertritt er gegenüber den Pharisäern das ältere Recht, vgl. R. T.
Herford, Die Pharisäer (Übersetzung W. Fischel), Köln 1961, S. 67 f. 112 f.
Vgl. neuerdings auch O. Michel, Ein Beitrag zur Eexegese des Traktates Abot,
in: Verborum Veritas (Stählin-Festschrift), Wuppertal 1970, S. 349-359, hier
S. 351.

mit Jochanan kann deutlich machen, warum der Pharisäismus Josephus nicht als einen Mann aus seinen Reihen würdigen konnte. Aber auch Josephus hat den Jochanan nicht erwähnt, obwohl er sehr wohl von ihm wissen mußte und ihm vielleicht im römischen Lager sogar begegnet ist. Er schweigt über das Lehrhaus in Jabne und den dort begonnenen Wiederaufbau des Judentums. Auch in seinen brieflichen Kontakten tritt nichts von der pharisäischen Richtung, die sich anschickte, normativ für das Judentum zu werden, in Erscheinung. Josephus hat gewiß auch seinerseits bewußt keine Beziehungen in dieser Richtung gepflegt. Er wird den Aufbau des Judentums in anderen Bahnen als Jochanan erwartet haben [1]).

Nun hat auch A. Schlatter versucht, von seinem Josephusverständnis her die Entscheidung von Jotapata kritisch zu beleuchten. Zusammenfassend kann er von Josephus sagen: „Ihn hat kein religiöses Pathos, kein die Welt bezwingender Glaube an die die Verheißung erfüllende göttliche Wundermacht zum Kämpfer gemacht. Darin ist seine vita sicher ehrlich, denn seine stark entwickelte Eitelkeit schließt völlig aus, daß der Gottesgedanke mit beherrschender Macht sein geistiges Leben bestimmt habe. Darum galt ihm seit seiner eigenen Niederlage der Krieg als verloren, und er wartete nicht auf Unmögliches, nachdem es mit seiner Feldherrnschaft zu Ende war. Nun trat er auf den pharisäischen Standpunkt zurück, der von jeher für die Anerkennung des römischen Regiments ... gesprochen hatte ...”[2]).

Bedenkt man diese Sätze, so ist man überrascht, in welcher Weise neben die Verteidigung des Josephus nun doch auch die Kritik tritt: Josephus ist kein Abgefallener, aber seine Jotapataschilderung schrumpft hier auf die nüchterne Bemerkung zusammen, daß ihm mit der eigenen Niederlage auch der ganze Krieg als verloren gilt. „Eitelkeit” hat ihn zu Größerem nicht kommen lassen. Bei aller Verhaltenheit der Aussage ist dies eine Kritik, die der Weberschen an Schärfe kaum nachsteht. Erstreckt sie sich bloß auf Josephus? Oder auch auf den Pharisäismus, der ihm — nach Schlatter — eine solche Haltung ermöglicht?

---

[1]) Während die Forschung weithin wie A. Schlatter vom Pharisäismus des Josephus ausgeht, hat O. Michel neuerdings einen anderen Ausgangspunkt des Josephusverständnisses gefordert, vgl. Michel-Bauernfeind III S. XXVI, ferner O. Michel, Miszelle „Ich komme” (Jos. Bell. III, 400), Th Z 24 (1968) S. 123 f. Michel betont Spannung und Abstand zwischen priesterlichem und pharisäischem Denken. „Erst nach 70 n. Chr. nimmt der Pharisäismus ausdrücklich priesterliche Züge auf.”

[2]) Schlatter BEJ S. 41 f.

Auf jeden Fall wird man auch hier den Josephus herausheben müssen aus dem allzu undifferenzierten Begriff des „Pharisäismus". Schlatter hat später den Pharisäismus der Diaspora insgesamt als „rationalisierte(s) und verflachte(s) Judentum" hingestellt, welches sich bereitwillig an seine hellenistische Umwelt anpaßt [1]). Damit wird man aber dem Diasporajudentum ebensowenig gerecht [2]) wie dem persönlichen Weg des Josephus. Josephus ist von eigenen Voraussetzungen her zu verstehen, die ihn durchaus auch von den Formen des Diasporajudentums unterscheiden. Er hat eigenes Profil, gerade auch dort, wo man seine Entscheidungen nicht anerkennen kann. Sein Anspruch verbietet es, ihn als einen unter vielen zu werten.

B. Der Bericht über den Aufstieg Vespasians

1. *Die Bearbeitung der römischen Vorlage*

An zwei wichtigen Punkten der dispositio im Proömium hat Josephus die Handlungsweise der römischen Feldherren unter das Stichwort ἄκων („wider jemandes Willen") gestellt: Von Vespasian heißt es: ὑπὸ τῶν στρατιωτῶν ἄκων αὐτοκράτωρ ἀποδείκνυται (§ 24), und mit Bezug auf Titus: ὁ ναὸς ἄκοντος ἐνεπρήσθη Καίσαρος (§ 28). Beide Flavier bedurften der Apologie. Josephus bemüht sich, diesem Bedürfnis zu entsprechen. Die Apologie des Titus konnte in den Zusammenhang der antizelotischen Tendenz gestellt werden. Titus wird zum Gegenbild der Zeloten. Er hat den Tempel bewahren wollen, und zwar nicht nur gegen die Juden, sondern gegen sein eigenes Offizierskorps und die römischen Soldaten. Was trotzdem geschehen ist, kommt letztlich nicht von Menschen, sondern von Gott. Deshalb folgen in Buch 6 auf den Bericht vom Tempelbrand die τέρατα, § 288-315.

Die Apologie Vespasians war nicht in dieser Weise mit der jüdischen Sache zu verbinden. Auch war der Vorwurf, der sich gegen ihn erheben konnte, kein jüdischer, sondern betraf einzig den Kreis der römischen Interessen. War Vespasian nicht Usurpator, Verschwörer, der seine militärische Stellung im Orient gegen seine Auf-

---

[1]) A. Schlatter, Theologie S. VI.
[2]) Michel-Bauernfeind III S. XXVI: „Wo sich Pharisäismus in der Diaspora durchsetzt, wird er kaum rational so erweicht sein, wie es in der Konzeption A. Schlatters erscheint."

traggeber ausgenutzt hatte? Josephus sagt, Vespasian sei gegen seinen Willen von den Soldaten zum Imperator gemacht worden (§ 24).

Damit sind die Ereignisse vom Juli 69 angedeutet. Bellum 4 gibt das folgende Bild, bei dem wir im einzelnen wieder mit der römischen Quelle und der bearbeitenden Hand des Josephus zu rechnen haben. Als Vespasian nach der Besetzung von Gadora in der Peräa [1]) am 21.3.68 (b 4, 413) wieder nach Cäsarea zurückgekehrt war (§ 419) — den Angriff auf Jerusalem schob er hinaus (4, 366 ff.) —, erfuhr er vom Aufstand des Vindex (§ 440), der die Unruhen bis zum Ende Neros einleitete. Vespasian reagiert mit einer Intensivierung der Kriegführung, um die Lage des Imperiums von Osten her zu entlasten (§ 441). Seine weitläufigen Züge zur Unterwerfung des Umkreises der Hauptstadt bringen ihn allerdings erst am 21. Juni nach Jericho (§ 449). Zur Abschnürung Jerusalems legt er Truppen nach Jericho und Adida und läßt Gerasa im Ostjordanland verheeren, während er selbst nach Cäsarea zurückkehrt (§ 486-491). W. Weber bemerkt, daß er zu diesem Zeitpunkt noch nichts von Neros Tod (9. 6.) wissen kann [2]), obwohl gerade dies aus der Aufeinanderfolge von § 490 und 491 zu entnehmen ist. Wenn ferner Vespasian auf die Nachricht aus Rom den jüdischen Krieg zunächst aufgeschoben haben soll (§ 497-502), so stößt sich hiermit der Bericht über weitere Kriegszüge des Flaviers „gegen die noch nicht unterworfenen Gebiete Judäas", zu denen Vespasian am 23. Juni von Cäsarea aus aufgebrochen sein soll (§ 550-555).

Sieht man, daß in § 491 bereits überhaupt nicht mehr das judäische Land aktuell ist, sondern nur noch die Hauptstadt selbst (μετὰ πάσης τῆς δυνάμεως ἐπ' αὐτῶν τῶν Ἱεροσολύμων ἐξελαύνειν), so wird man den Abschnitt § 550-555 nicht länger an seinem jetzigen Platz stehen lassen können, sondern ihn unmittelbar vor § 491 stellen. Damit verschwinden auch sofort die genannten Unstimmigkeiten: Nach Beendigung des Zuges gegen Gophna, Akrabeta usw., der vielleicht 14 Tage gedauert hat, kann Vespasian bei seiner Rückkehr in Cäsarea sehr wohl schon die Nachricht vom Tode Neros in Händen haben, andererseits wird die wiederholte Angabe, daß Vespasian sich nicht weiter um die Niederwerfung der Juden bemüht habe (§ 497. 502), jetzt nicht mehr durch einen weiteren Feldzugsbericht gestört. § 555 bezeichnete also den Schluß des letzten Zuges, den Vespasian

---

[1]) Zur Namensform siehe A. Schlatter, Die hebräischen Namen bei Josephus, Gütersloh 1913, S. 34 f.; Michel-Bauernfeind Bd. II, 1 S. 223 Anm. 113.
[2]) W. Weber, S. 157 Anm. 3.

in der Umgebung Jerusalems noch vor der Nachricht von Neros Tod unternommen hatte. § 491 schließt sich ausgezeichnet an: Jetzt, wo er sich ganz auf den Marsch gegen Jerusalem einstellen will, kommt die schicksalsschwere Kunde aus Rom, die ihn in eine ganz andere Richtung blicken läßt [1]). Das Datum, das wir mit § 491 zu verbinden hätten, liegt also schätzungsweise um den 10. Juli, vielleicht auch noch etwas später.

Die Nachricht vom Herrschaftsantritt des Vitellius ist dann die nächste Gelegenheit, bei der wir etwas von Vespasian erfahren: § 588. Diese aber kann kaum vor Mitte Mai 69 in Cäsarea gewesen sein [2]). Dann aber hat Vespasian ganze 10 Monate in Cäsarea gewartet! Man hat zu Recht darauf aufmerksam gemacht, daß eine schnelle Beendigung des Krieges, ein entschlossener Griff nach Jerusalem, den Juden viel Leid erspart hätte. A. Schlatter spricht von einer „jämmerlichen Kriegsführung" [3]): Ließ der römische Angriff auf sich warten, so mußten die Hoffnungen der Aufständischen nur um so stärker werden: hielt doch offenbar Gott selbst den Feind von der heiligen Stadt fern. „Nach dieser offenkundigen Erfahrung des Jerusalem deckenden göttlichen Schutzes waren die Kämpfer nicht mehr zur Ergebung bereit, sondern gehorchten mit unüberwindlicher Entschlossenheit dem einen Gedanken, durchzuhalten auch in der höchsten Not, bis das Heil erschien. Diesen Erfolg seines Zauderns sah freilich der beschränkte Blick des Römers nicht voraus; seine Strategie war nur durch die eigensüchtige Erwägung bestimmt, daß er, nachdem er der gefährlichen Nähe Neros entronnen und an die Spitze einer starken Armee gestellt war, den Oberbefehl nicht durch die rasche Beendigung des Krieges wieder verlieren wollte" [4]). Die zehn Monate Untätigkeit werden durch das heutige Bild des Textes allerdings verschleiert. Der falsch eingesetzte Abschnitt § 550-555 hat an seinem Anfang einen sachlich äußerst schlecht passenden Synchronismus (ἐν δὲ τούτῳ) [5]), und auch die Anknüpfung zum Folgen-

---

[1]) W. Weber S. 156 versucht eine Lösung der im Text gegebenen sachlichen Schwierigkeiten, indem er den Zug § 550 ff. in das Jahr 69 verlegt. Er hat dafür einen Anhalt in § 588, muß aber das Datum gegen den Text (§ 550) als Abschlußtermin der Unternehmung deuten.

[2]) Weber S. 156. Der entscheidende Sieg über Otho bei Bedriacum gelang am 14. April, vgl. L. Homo, Vespasien, Paris 1949 S. 56.

[3]) Schlatter BEJ S. 51.

[4]) Schlatter a.a.O.

[5]) So auch bei Webers Besserungsversuch, vgl. W. Weber S. 156. Seine Bemerkung, der Synchronismus sei „nicht ganz glücklich gewählt", verharmlost freilich den Schaden.

den (§ 588) spiegelt falsche Tatsachen vor und sieht sehr nach einer redaktionell gebildeten Dublette zu § 491 aus. Wir dürfen annehmen, daß die beobachtete Umstellung von einem Schreiber verursacht worden ist, der den Vespasian nicht mit einer so langen Untätigkeit belasten wollte [1]). Dieser Eingriff fügt sich gut in die apologetischen Absichten des Josephus. Was aber hat Vespasian in den 10 Monaten seit der Unterwerfung Judäas getan? Nach § 497 f. hat er auf neue Weisung für den Judenkrieg gewartet und seinen Sohn zur Huldigung Galbas nach Rom gesandt. In § 499 lesen wir allerdings, daß Titus auf seiner Reise schon den Tod Galbas (15.1.69) erfährt und daß dieser sieben Monate an der Herrschaft gewesen ist. Ist die Reise des Titus eine Loyalitätsbezeugung gewesen [2]), so ist die Verzögerung nicht zu verstehen. Titus hätte bequem noch im Sommer reisen können. Die wirklichen Motive der Reise sind kaum zu ermitteln. Aus Tacitus hist. 2, 1 und Sueton Titus 5 erfahren wir, daß man von einer geplanten Adoption des Titus durch Galba geredet hat, die dem kinderlosen Kaiser die Herrschaft festigen sollte [3]).

Josephus verdeckt auch sonst die Motive der Titusreisen.

Bereits im Herbst 67 hat Titus den anderen großen Feldherrn des Ostens, Mucianus, in Syrien aufgesucht, also noch zu Lebzeiten Neros. Diese Tatsache ist im Bellum (4, 32; Rückkehr Anfang November 4, 70) notiert, aber ohne Erklärung. Ob die flavische Quelle mehr ausgesagt hat, wissen wir nicht. Immerhin ist Titus „abgesandt" (ἀπεσταλμένος), verhandelt also wohl in Vespasians Auftrag, von dem wir aus Tac. hist. 2, 5 wissen, daß er sich mit Mucian bis zu Titus' Vermittlung nicht gut gestanden hatte. Dann, eineinviertel Jahr später, sehen wir Titus auf der Reise nach Rom, und man munkelt von Adoption. Galbas Verhältnis zu Vespasian ist indes auch wohl nicht unproblematisch gewesen. Der flavische Kaiser soll später einen Senatsbeschluß rückgängig gemacht haben, der die Errichtung eines Denkmals zu Ehren Galbas vorsah: „Vespasian glaubte, Galba habe von Spanien aus Mörder zu ihm nach Judäa geschickt" [4]). Welche Rolle hat Titus zwischen beiden gespielt? Vielleicht ist er der Unter-

---

[1]) A. Schlatter BEJ S. 47-52 sieht in der römischen Quelle einen Verfasser am Werk, der Vespasians Strategie sehr kritisch geschildert hat. Er sei wohl Flavier gewesen, aber habe den Titus vor seinem Vater bevorzugt. Damit ergibt sich ein wichtiges Argument gegen die Annahme Webers, daß die commentarii Vespasians und Titus' die Basis des flavischen Werkes gebildet hätten.

[2]) So außer Josephus auch Tac. hist. 1, 10 und Sueton Titus 5.

[3]) Vgl. Sueton Galba 17.

[4]) Sueton Galba 23.

händler seines Vaters, vielleicht ist er auch noch mehr. Jedenfalls ist Titus nach Bekanntwerden der Ermordung Galbas nicht weiter nach Rom gefahren, sondern κατὰ δαιμόνιον ὁρμήν, „auf höheren Antrieb hin", von Griechenland aus wieder nach Syrien und Cäsarea zu seinem Vater (§ 501). Die Schilderung der Reise bei Tacitus ist freimütiger in der Darlegung der Gedanken, die den Titus damals beschäftigten (hist. 2, 1-2), und Tacitus und Sueton lassen keinen Zweifel darüber, daß Titus bei seiner Rückreise im Venustempel auf der Insel Paphos ein omen imperii empfangen hat (Tac. hist. 2, 4; Sueton Titus 5, 1: dum de navigatione consulit, etiam de imperii spe confirmatus est.). Die ὁρμή δαιμόνιος ist also, wie Weber S. 152 richtig bemerkt: „eine Verschleierung des Orakels, das Titus in Paphos erhielt." Hat Vespasian mehr als ein dreiviertel Jahr in Cäsarea die Hände in den Schoß gelegt? [1]) Die diplomatische Aktivität des Titus, von der wir erfahren, läßt allenfalls Rückschlüsse zu auf die Ziele, die Vespasian vom festen Stand in Cäsarea aus mit nicht minderer Intensität als sein Sohn verfolgt haben dürfte. Für Josephus tritt jedenfalls neben das Stichwort ἄκων die ὁρμὴ δαιμόνιος, die den Flaviern zum Handeln hilft.

Die sechs Wochen unmittelbar bis zur Akklamation sehen bei Josephus folgendermaßen aus: Vespasian ist empört über die Erhebung des unfähigen Vitellius, hält sich aber zurück, da die Tyche in Rom bereits gegen ihn gearbeitet habe (4, 591) [2]). Die Initiative geht von den Soldaten aus: Sie halten gruppenweise Zusammenkünfte ab, in denen sie sich über ihr eigenes Recht aussprechen, einen Kaiser zu erheben und über Vespasian als den geeigneten Kandidaten (§ 592-600). Danach folgt in einer großen Versammlung die Akklamation, ausdrücklich mit dem Auftrag, σώζειν τὴν κινδυνεύουσαν ἡγεμονίαν — „das Reich aus der Gefahr zu retten" (§ 601).

Vespasian zögert immer noch, ja: er lehnt ab und wird schließlich mit gezückten Schwertern zur Annahme der Würde genötigt (§ 602-604).

---

[1]) So L. Homo, a.a.O. S. 52: „L'attitude de Vespasien se résume en une formule simpliste: du fond de l'Orient où l'immobilise son commendement, il attend. Aux autres les initiatives; les événements décideront." Homo versäumt es, die Tendenzen seiner Quellen kritisch zu werten. In dieser Hinsicht ist auch Weynands Artikel über Vespasian (Pauly–W.RE VI 1909 Sp. 2623-2695) unbefriedigend.

[2]) Der a.c.i. wird indikativisch zu übersetzen sein. Schwierig ist, daß der Satz von einer Seereise zur Winterzeit spricht. Weber S. 163 löst dieses Problem nicht, wenn er darauf hinweist, daß der Marsch der Legionen über den Landweg den Angriff auf Rom erst im Winter möglich macht.

Seine Pläne richten sich nun zunächst auf die Sicherung Ägyptens. Es wird für ihn ein Bollwerk gegen die Wechselfälle der Tyche (§ 605-607). Ein Brief Vespasians an Tiberius Alexander veranlaßt diesen zur sofortigen Vereidigung der Legionen und des Volkes auf den Flavier (§ 616-617). Bevor Vespasian selbst in Ägypten eintrifft, sind die Legionen in Moesien und Pannonien ebenfalls auf ihn vereidigt. In Berytus kommt er mit Mucianus zusammen und berät über das weitere Vorgehen (§ 618-621. 630-631).

Die Ausrichtung dieses Berichtes kommt vielleicht am deutlichsten in dem Satz zum Ausdruck, der vom Erzähler unmittelbar an die Akklamation durch die Soldaten angeschlossen ist: „Dieser (sc. Vespasian) war schon lange in Sorge um das Wohl des Staates, doch hatte er wirklich niemals mit dem Gedanken gespielt, selbst die Regierung zu übernehmen. Zwar glaubte er, auf Grund seiner Taten dessen würdig zu sein, zog aber die im Privatleben liegende Sicherheit den Gefahren einer glänzenden öffentlichen Stellung vor" (4, 602). Das Bild des besorgten, aber doch zögernden und auf ein ruhiges Privatleben bedachten Vespasian entspricht nun aber flavischer Tendenz, wie W. Weber [1]) wohl richtig gesehen hat. Wüste Soldatenhorden hat Vitellius aus Germanien mitgebracht (b 4, 585 ff.). Rom ist in Gefahr, und auf die Not des Reiches baut sich die Legitimation seines Retters [2]). „Wider Willen" hat Vespasian das hohe Amt übernommen. Bei Tacitus ist dieser Aspekt ebenfalls vorhanden (hist. 2, 74, 2): Vespasian wägt das Risiko der mit der Erhebung notwendig verbundenen kriegerischen Auseinandersetzung. Im Unterschied zu privaten Unternehmungen, bei denen auch ein kleinerer Einsatz zum Erfolg führen könne, gehe es beim Streben nach dem Imperium immer gleich um höchste Höhen und tiefste Abgründe. Aber dies ist ein Nebenmotiv. Tacitus hat seine Gesamtsicht nicht der flavischen Anschauung unterworfen [3]). Im einzelnen bietet er das Folgende:

[1]) Weber S. 155, 165 f., 170.

[2]) W. Weber S. 158: „Die Rechtfertigung des Pronunciamento des Vespasian ist im Sinne des höheren Rechts, das verfassungsmäßige Zustände auch mit Gewalt herzustellen erlaubt …"

[3]) Neben Webers Arbeit vgl. neuerdings A. Brießmann, Tacitus und das flavische Geschichtsbild, Wiesbaden 1955. Nach Brießmann ist mit dem Kaisertum Vespasians zunächst die flavische Geschichtsauffassung herrschend geworden, die neben Josephus auch von Sueton und Dio Cassius vertreten wird. Tacitus verarbeite die flavische Tradition meist kritisch, wobei er sich auf ein „nachflavisches Werk" (S. 104), das scharf mit Domitian abrechne, stützen könne. Immer bleibe ihm „die Vorstellung gegenwärtig, daß die Erhebung der Flavier ein geplantes und von langer Hand vorbereitetes Unternehmen gewesen ist" (S. 10).

Tac. hist. 2, 4: Titus reist nach dem verheißungsvollen Spruch des Aphroditepriesters auf Paphos — also Ende Januar 69 — „gehobenen Mutes" (aucto animo) zu seinem Vater zurück und bedeutet für diesen „angesichts der unentschiedenen Haltung der Provinzen und der Heere" ein „gewaltiges Unterpfand des Erfolges" [1]. Wenn Tacitus sagt, daß eine Einigung zwischen Vespasian und Mucianus bereits nach Neros Tod zustande gekommen sei [2], so sind das erste Andeutungen, mit denen wir auch die bei Josephus genannte frühe Begegnung zwischen Titus und Mucian [3] verbinden können. Eindeutig sind aber die Angaben über die Zeit nach dem Tode Galbas. Jetzt beginnt sich der so lange friedliche Osten zu regen. Die beiden Feldherrn fangen an, „ihre Kräfte zu berechnen" (Tac. hist. 2, 6; vgl. Sueton Vesp. 5: in spem imperii venit). Trotzdem lassen beide ihre Heere auf Otho vereidigen (hist. 2, 6) und dann auch auf Vitellius (hist. 2, 73 f.). Die Zeremonie für Vitellius ertragen die Soldaten mit Schweigen. Danach drängt Mucianus zum Handeln (hist. 2, 76-78) [4]. Am 1. Juli werden die Legionen Ägyptens von Tiberius Alexander auf Vespasian vereidigt, am 3. Juli empfängt Vespasian persönlich die Akklamation des Heeres in Judäa. Mucian in Syrien schließt sich an (hist. 2, 79 f.). Dann folgt der Kriegsrat in Berytus (2, 81 f.). Auch Sueton hat die Vereidigung Ägyptens am 1. und die des Heeres in Judäa am 3. Juli (Vesp. 6) [5]. Die Chronologie der römischen Historiker hat besonderes Gewicht, weil der 1. Juli in der Folgezeit als Beginn von Vespasians Prinzipat gefeiert worden ist (Tac. hist. 2, 79; Sueton Vesp. 6, 3). In einem flavisch orientierten Geschichtsbericht konnte dieser Termin, der sich mit dem Gedanken an Ägypten und an dessen Statthalter, Tiberius Alexander verband, aber unmöglich übergangen sein. Dennoch fehlt er bei Josephus. Hier ist sogar die

---

[1] W. Weber S. 153 f. spricht von „klug gesponnenen Fäden einer Verschwörung, an der schon früh gearbeitet wird. Jener (sc. Jos.) schildert das Wunder, dieser (Tac.) zeigt, wie man einen göttlichen Wink für sich nützt."

[2] Hist. 2, 5: in medium consuluere, ... Titus prava certamina communi utilitate aboleverat ...

[3] Siehe oben S. 80. Die Kontaktaufnahme datiert bei Josephus also aus noch früherer Zeit als bei Tacitus.

[4] Nach 2, 78, 4 hat die entscheidende Besprechung zwischen Vespasian und Mucian weder in Cäsarea noch in Antiochien stattgefunden. Die zur Szene von 2, 78, 3 gegebene Ortsangabe („Karmelgebirge") kann jedenfalls nicht für den Gesamtzusammenhang — von 2, 76, 1 bis 2, 78, 4 — in Anspruch genommen werden (gegen Weynand a.a.O. Sp. 2634).

[5] Allerdings bringt er die Initiative des Tiberius Alexander mit einem sehr frühen Versuch von 2000 Legionären in Mösien, zu Vespasian überzugehen, in Verbindung, der um Mitte Mai zu datieren ist. Dazu vgl. Weber S. 167.

Reihenfolge der Ereignisse umgekehrt: Zuerst akklamieren die judäischen Legionen, dann — auf einen Brief Vespasians hin — die
ägyptischen. Hat Josephus den flavischen Bericht benutzt?

In einem anderen Zusammenhang, 5, 46, besteht kein Zweifel:
Tiberius Alexander wird als der erste gepriesen, der das gerade sich
erhebende Imperium [1]) willkommen geheißen hat. Auch die Tendenz, Vespasian als Retter des Reiches erscheinen zu lassen, ist durchgängig da [2]). Wenn Josephus in der Darstellung von Ereignissen,
deren Ablauf in der flavischen Tradition entscheidende Bedeutung
hat, von dem abweicht, was ihm die flavische Quelle geboten hat,
so ist damit aber ein Einsatzpunkt gegeben, der uns ermöglicht,
Flavisches im Sinne der römischen Tradition von Flavischem im
jüdischen Sinne des Josephus zu trennen. Josephus ist flavischer
Historiker, gewiß, aber nicht im gleichen Sinn wie der Verfasser
seiner Vorlage: Ihm liegt als Juden an der Priorität der Akklamation
in Judäa. Hat bereits W. Weber [3]) an diese Erklärungsmöglichkeit
gedacht, so wird dieser Gesichtspunkt bei Michel-Bauernfeind [4]) besonders betont: Josephus beabsichtigt „sicherlich nicht nur, die enge
Verbundenheit des Generals mit seiner Truppe zum Ausdruck zu
bringen, sondern vor allem die Übereinstimmung mit der in den
heiligen Schriften gegebenen Weissagung, aus Judäa werde zu dieser
Zeit der Herrscher der Welt hervorgehen (vgl. 6, 312: ἀπὸ τῆς χώρας
αὐτῶν; Sueton Vespasian 4, Tacitus hist. 5, 13: profecti Judaea).'' Diese
Motivation ist aber entscheidend. Vespasian und seine Retterrolle
werden — was der römisch-flavischen Anschauung völlig fern lag —
jüdisch legitimiert.

Josephus hat also nicht bloß kommentiert, seine Eingriffe in die
ihm vorliegende Erzählung sind auch nicht bloß Kürzungen, sondern
er hat den Ablauf der Ereignisse umgekehrt, wo es ihm nötig erschien. Ist im Fall der Akklamation Vespasians aber erwiesen, daß
Josephus den Bericht nach dem Wortlaut der Weissagung von
b 6, 312 umgestaltet, so tritt die grundlegende Bedeutung dieser
Stelle innerhalb der Geschichtskonzeption des Bellum hervor und
ebenso der einheitliche Gestaltungswille des Josephus.

---

[1]) Die Übersetzung „die eben an die Macht gelangte Herrschaft" (Michel-
Bauernfeind) faßt das Partizip Präsens nicht scharf genug. Richtig Thackeray:
„the dynasty just arising".
[2]) Vgl. im einzelnen Weber S. 162-170.
[3]) S. 168 Anm. 1.
[4]) Michel-Bauernfeind II, 1 S. 235 Anm. 205.

2. *Die Tyche im römischen Bericht*

In den großen Reden des Josephus sowie in der programmatischen Erklärung über seinen persönlichen Weg b 3, 354 sind wir auf einen spezifisch josephischen τύχη-Begriff gestoßen und konnten diesen in den Zusammenhang seiner Geschichtsauffassung stellen [1]).

Nun erscheint auch im besprochenen Bericht über den Aufstieg Vespasians die τύχη. Haben wir für diesen Bericht die römische Quelle vorauszusetzen, so kann eine Untersuchung des τύχη-Vorkommens dazu helfen, dessen Verhältnis zur josephischen Bearbeitung und damit auch seinen eigenen Charakter näher zu bestimmen. Auf diese Weise kann in die Schlatter-Webersche Diskussion um die Eigenart der flavischen Quelle ein neues Kriterium eingeführt werden.

In § 588-621 ist zweimal von der τύχη die Rede:

In § 591 reflektiert Vespasian über den Herrschaftsantritt des Vitellius und die damit gegebenen Schwierigkeiten, die Dinge in Rom zu seinen eigenen Gunsten zu entscheiden: „Die Tyche habe mit ihrem böswilligen Eingriff einen weiten Vorsprung erlangt, bevor er nach Italien gelange ...” [2]). τύχη meint hier den den eigenen Planungen feindlich gegenüberstehenden Geschehensverlauf [3]). In § 607, nach Vespasians Erhebung [4]), gilt seine erste Sorge der Sicherung Ägyptens, das ihm zum „Bollwerk gegenüber den Ungewißheiten des Schicksals” (πρόβλημα τῶν ἀπὸ τῆς τύχης ἀδήλων) dienen soll. Die τύχη ist hier ebenfalls Quelle möglicher Gefährdungen für den Handelnden.

Damit wird aber ein τύχη-Gebrauch sichtbar, der von der geschichtstheologischen Verwendung des Begriffs bei Josephus zu unterscheiden ist.

Die τύχη des Josephus ist offenbarungsmäßig gebunden. In diesem Sinne erscheint in 4, 622 [5]) neben der τύχη die εἱμαρμένη, und zwar schon durch die Verbindung mit dem letzteren Terminus deutlich abgesetzt von der τύχη in § 591 und 607 [6]). Sie ist gerade nicht das

---

[1]) Siehe oben S. 42-48.

[2]) Vgl. oben S. 81.

[3]) In ganz ähnlichem Sinn kennt Polybios (38, 18. 8) die τύχη als πανοῦργος. Vgl. P. Pédech a.a.O. S. 340 f.

[4]) So der jetzige Zusammenhang (Josephus). Zur historischen Rekonstruktion vgl. oben S. 83 f.

[5]) Selbstbericht des Josephus, vgl. oben S. 64.

[6]) Auf den ganz neutral verwendeten τύχη-Begriff in 4, 626 (= Lage, Los) braucht hier nicht eingegangen zu werden. Aus seinem Vorkommen ergeben

dem Menschen entzogene und immer wieder feindlich entgegen-
tretende Geschick, sondern δίκαια τις εἱμαρμένη, Gottes gerechte
Fügung, die durch die voraufgehende Offenbarung in den Omina
dem Vespasian auch zugänglich ist: „Da die Tyche überall nach
Wunsch Fortschritte machte und die Dinge sich größtenteils günstig
entwickelten, legte sich dem Vespasian jetzt der Gedanke nahe, daß
er nicht ohne göttliche Fürsorge (οὐ δίχα δαιμονίου προνοίας) die
Hand nach der Herrschaft ausstrecke, sondern daß eine gerechte
Fügung die Herrschaft der Welt ihm zuwende ...“ Josephus knüpft
also an den τύχη-Gedanken des römischen Berichts an und führt
diesen unter Hinzunahme seines hellenistisch-jüdischen πρόνοια-Be-
griffs weiter zur εἱμαρμένη, die grundsätzlich aber nicht zu trennen
ist von seinem bereits in der Agripparede sowie in 3, 354 entwickelten
τύχη-Begriff.

Im Sinne des flavischen Berichts über den Aufstieg ist dagegen
wieder 5, 46 zu verstehen: Der Mut des Tiberius Alexander wird besonders gepriesen, weil er sich ἐτ' ἀδήλῳ τῇ τύχη — „bei noch un-
gewissem Schicksal“ [1]) — auf Vespasians Seite gestellt hat. Es scheint
nun möglich, das τύχη-Verständnis des römischen Berichts noch
näher zu bestimmen.

In b 3, 70-109 wird eine Beschreibung des römischen Heeres gegeben [2]). Am gesamten Aufbau des Heeres könne man erkennen, daß
die Römer ihr gewaltiges Reich als einen „Erwerb der Tüchtigkeit“
(ἀρετῆς κτῆμα), nicht als ein „Geschenk der τύχη“ (οὐ δῶρον τύχης)
innehätten (§ 71). Besonders wird die allen Aktionen voraufgehende
Überlegung hervorgehoben (§ 70 τὸ προμηθές, § 98 γνώμη μὲν ἀεὶ
παντὸς ἔργου προάγει, τοῖς δοχθεῖσι δὲ ἔπεται τὰ ἔργα). Aus ihr erklärt sich die Beständigkeit der römischen Erfolge. „Und wenn sie
trotz vorheriger Planung einmal einen Fehler machen, so schätzen
sie dies doch immer noch höher ein als einen Erfolg, den sie bloß der
τύχη zu verdanken haben, weil ein sich von selbst einstellender Vorteil zur Unvorsichtigkeit verführe, während die Überlegung, auch

----

sich keine Konsequenzen für die Tendenz. Er findet sich noch 1, 28. 353. 606;
3, 438; 5, 88. 474. 486. 548; 6, 280. 352. 416; 7, 115, also in sehr verschiedenen
Schichten des Werkes.

[1]) Ich folge Nieses Konjektur, die sich auf den Lateiner (incertae fortunae
sociatus est) stützen kann.

[2]) Ricciotti z. St. a.a.O. S. 346 hat für den Zusammenhang auf Polybios 6,
19-42 verwiesen und vermutet, daß Josephus durch den dort gegebenen Bericht
über das römische Heer inspiriert worden sei. Der τύχη-Begriff kommt dort
allerdings nicht vor.

wenn sie einmal fehlgehen sollte, doch eine gute Umsicht zur Vermeidung des Wiederholungsfalles mit sich bringe" (§ 100).

Zucht und Gehorsam der Soldaten machen die römischen Truppen zu einer unüberwindlichen Macht. „Wo sie einmal gestanden haben, da sind sie weder der zahlenmäßigen Übermacht, noch Kriegslisten, noch einer Geländeschwierigkeit erlegen, ja nicht einmal der τύχη; denn stärker selbst als diese ist ihnen die Gewißheit zu siegen" (§ 106).

Die Gegenüberstellung von τύχη und ἀρετή begegnet im gleichen Sinne noch in b 7, 7. Titus lobt nach Beendigung des Kampfes um Jerusalem die Disziplin seiner Soldaten. Vor aller Welt hätten sie den Beweis geliefert, „daß weder die Zahl der Feinde noch die Stärke der Befestigungen noch die Größe der Städte noch auch unsinnige Tollkühnheit der Gegner je der römischen ἀρετή entgehen könnten, wenn auch [1]) einige zu vielen Unternehmungen die τύχη als Mitstreiterin gewännen [2]). Mit diesen Sätzen ist der schroffe Widerspruch zu 2, 372 (Agripparede) gegeben, wo die τύχη den Römern mehr Siege erringt als die Waffen [3]). Ist letzterer Satz deutlich Bestandteil der josephischen τύχη-Konzeption, so legt es sich nahe, in 3, 70 ff. die römische Auffassung zu suchen (ἀρετή = virtus!), der Josephus aus Gründen der Anpassung an seine Auftraggeber in seinem Werk ebenfalls Raum geben muß. Dies entspräche der Auffassung von A. von Domaszewski [4]): „... die Betonung der Tyche im Heere ist dem römischen Geiste zuwider, der da meinte, das Walten des Zufalls meistern und nach seinem Willen lenken zu können." Aber als Belegstelle führt er einzig Polybios (1, 37. 3 und 7) [5]) an, und gerade dieser kann kaum als Repräsentant des im römischen Heer waltenden Geistes angesehen werden. Tatsächlich empfindet der Römer es nicht als Minderung seiner Tüchtigkeit oder gar als unehrenhaft, wenn er

---

[1]) Der Konzessivsatz darf nicht im Tempus der Vergangenheit wiedergegeben werden, gegen Thackeray, Ricciotti, Michel-Bauernfeind.

[2]) Die Aufzählung erinnert stark an 3, 106: In der Reihe der den Sieg erschwerenden Faktoren wird als letztes Glied (Steigerung!) jeweils die τύχη genannt. Josephus kann in diesen Zusammenhängen offenbar auf rhetorisch durchgeformtes Material zurückgreifen.

[3]) Siehe oben S. 22.

[4]) Die Religion des römischen Heeres, Trier 1895, S. 40.

[5]) Polyb. hist. 1, 37. 3: Das Scheitern eines bestimmten Flottenunternehmens sollte nicht so sehr mit der Tyche als vielmehr mit falschen Entscheidungen der ἡγεμόνες in Verbindung gebracht werden. Dem „Pragmatiker" genügt die Erklärung aus der Tyche nicht: αἰτίαν δὲ μᾶλλον ζητεῖν (2, 38. 5). In hist. 1, 37, 7 ist wohl vom Vertrauen der Römer auf ihre militärische Stärke die Rede, aber ohne einen Bezug auf die Tyche.

die Fortuna auf seiner Seite hat, im Gegenteil: Fortes fortuna adiu-
vat! [1]) Vielmehr sind es die Griechen, die hier kritisch differenzieren,
und griechische Historiker sind es gewesen, die das Entstehen der
römischen Weltmacht auf das Wirken der τύχη und des αὐτόματον
zurückgeführt haben, um die Verdienste der Römer zu verkleinern [2]).
Auch der Zusammenhang b 3, 70 ff. könnte gut auf einen Mann
zurückzuführen sein, der von den griechischen Denkkategorien her
die römische Macht preisen will. Die Tyche dieses Berichtes steht
neben dem αὐτόματον, dem Zufall. Bei Josephus ist die τύχη der
εἱμαρμήνη und der πρόνοια synonym.

Der Unterschied zwischen josephischer und griechischer τύχη sollte
im Blick bleiben: Jene ist „gebunden", diese „frei", unberechenbar
und immer bedrohlich. So wie Schiller sagt: „Doch mit des Ge-
schickes Mächten ist kein ewger Bund zu flechten ..." Die römische
Fortuna steht nun grundsätzlich näher bei der „gebundenen" Tyche
des Josephus. Ich zitiere K. Latte [3]): „... in den Römern ist dieses
Gefühl für die Unsicherheit und Wandelbarkeit der irdischen Dinge
nicht wirklich lebendig. Die Unberechenbarkeit des Geschehens, die
in der griechischen Tyche einen unpersönlichen Ausdruck gefunden
hat, ist hier eigentlich aufgehoben in jenen optimistischen Anspruch,
der auch sonst römische Religiosität bezeichnet; Salus et Fortuna ist
eine häufige Verbindung." Konstatiert der Grieche rational die Dis-
kontinuität der Geschichte, so sieht der Römer gern die Kontinuität
der Ereignisse in einer ihm, seiner Gruppe, seinem Volk zugewandten
Fortuna [4]). Hier aber kann Josephus anknüpfen. Neben dem literarischen Vorbild des Polybios wird die volkstümliche Fortuna der Römer
sein Tyche-Denken beeinflußt haben, und nicht ohne guten Grund hat
W. Weber den persönlichen Glauben Vespasians an die Fortuna
kräftig herausgestellt [5]).

Wenden wir uns nach diesen Überlegungen wieder der τύχη des
„römischen" Berichts zu, so ergibt sich, daß diese mehr vom grie-

---

[1]) Die Belegstelle ist mir leider nicht bekannt. Zur Sache vgl. P. Pédech a.a.O.
S. 347: „Les Romains ne songeaient pas à déprécier un homme lorsqu'ils rap-
portaient ses succés à la fortune."

[2]) Polybios 1, 63, 9; Dionysios von Halikarnaß 1, 4.

[3]) K. Latte, Römische Religionsgeschichte, 1960 S. 179.

[4]) Vgl. F. Altheim, Römische Religionsgeschichte I (1956) S. 75 (siehe auch
S. 57).

[5]) Weber S. 107. Wenn in b 4, 622 die εἱμαρμένη, noch dazu als „gerechte",
auftritt, so scheint mir dieser Gedanke allerdings besser zum jüdischen Geschichtsdenken des Josephus zu passen als zu den Auffassungen der Römer.

chischen Denken her konzipiert ist und nicht von der Religiosität
her, die wir für die Flavier vorauszusetzen haben. Damit wird aber
Schlatters Annahme wieder wichtig, nach der die Sprache der von
Josephus benutzten „römischen" Quelle das Griechische gewesen
sei [1]). Speziell die Schicksalsbegrifflichkeit (τύχη, εἱμαρμένη, χρεών)
hatte Schlatter als Hinweis auf einen griechischen Historiker gewertet [2]). Nun hat auch ein Lateiner wie Tacitus einen starken Einschlag des spezifisch „griechischen" Geschichtsdenkens, und dies gilt
auch für dessen Schicksals-Verständnis [3]): Ein zwingender Schluß,
daß die Quelle griechisch und nicht lateinisch verfaßt sei, ergibt sich
aus der Schlatterschen Argumentation also nicht. Immerhin aber
macht es der gerade von Weber belegte Fortuna-Glaube Vespasians
recht unwahrscheinlich, daß die flavisch orientierte Quellenschrift des
Josephus diesen Mann zum Autor gehabt haben soll. Ihr spezifisch
hellenistischer τύχη-Gebrauch wird vom Fortuna-Glauben des Vespasian zu trennen sein.

Exkurs: Zur Diskussion um den τύχη-Begriff bei Josephus

A. Schlatter hat sich wiederholt zum τύχη-Begriff bei Josephus
geäußert. Bereits in der Untersuchung von 1893 bemerkt er, daß
τύχη neben εἱμαρμένη und χρεών wie bei den griechischen Historikern
vorkommt. Die Schicksalsbegriffe sind für ihn Indiz der im Bellum
zugrundegelegten Quelle. Zu b 4, 591 [4]) schreibt er treffend, daß „der
Gedanke und Sprachgebrauch nichts Jüdisches an sich (hat)" [5]). Aber
mit diesem Urteil ist nur ein Teil des Stoffes zu erfassen. Denn Josephus verwendet auch für seine eigenen Anschauungen den Tyche-
Begriff [6]). In der Schrift von 1910 („Wie sprach Josephus von Gott?")

---

[1]) Siehe oben S. 16.
[2]) Schlatter TGP S. 381.
[3]) J. Kroymann, Fatum, Fors, Fortuna und Verwandtes im Geschichtsdenken
des Tacitus (Festgabe O. Weinreich, Offenburg/Baden 1952, S. 71-102, hier benutzt nach dem von V. Pöschl herausgegebenen Sammelband Tacitus, Darmstadt 1969 S. 130-160) S. 139 f.
[4]) Siehe oben S. 85.
[5]) Schlatter TGP S. 381.
[6]) Für eine angemessene Beurteilung des τύχη-Vorkommens im Werk des
Josephus ist die konkordante Erfassung des gesamten Materials (neben τύχη auch
εἱμαρμένη, χρεών, πεπρωμένη, νέμεσις, αὐτόματον, auch θεός, θεῖον, δαιμόνιον,
δαίμων, πρόνοια und Synonyma) von wesentlicher Bedeutung. Ich habe für diese
Arbeit das vollständige Material der neuen (im Erscheinen begriffenen) Josephuskonkordanz (siehe oben S. 20 Anm. 3) benutzen können. Eine Gesamtunter-
suchung zur Schicksalsbegrifflichkeit bei Josephus kann ich hier nicht vorlegen,

geht Schlatter ebenfalls von b 4, 591 und ähnlichen Stellen aus, doch wertet er hier den τύχη-Gebrauch unter der Voraussetzung aus, daß es sich hier um die eigene Redeweise des Josephus handelt. Die τύχη sei Kennzeichen der „Anpassung an den griechischen Sprachgebrauch". Grundsätzlich sei sie mit der εἱμαρμένη verbunden, die bei Josephus die göttliche Vorherbestimmung bezeichne [1]), aber der Ausdruck τύχη wird gewählt, wenn das „Mißverhältnis" ausgedrückt werden soll, „in dem der Ablauf der Ereignisse zum Wunsch des Menschen steht." [2]) Auch hier ist nur ein kleiner Ausschnitt des josephischen τύχη-Gebrauchs in den Blick gekommen, noch dazu unter Preisgabe der fruchtbaren quellenkritischen Zuordnung, die sich in der früheren Arbeit fand. In der großen Arbeit über die „Theologie des Judentums ..." (1932) referiert Schlatter das Material in größerer Ausführlichkeit [3]), und hier zeigt sich, daß er kein josephisches τύχη-Verständnis aufzeigen kann. Neben einem Schicksal, das „eins mit Gottes Willen" ist, findet er einen hellenistisch-fatalistischen Schicksalsbegriff bei Josephus („selbständige Macht" S. 40), den er nur als Beeinträchtigung der alttestamentlich-jüdischen Grundanschauung des Josephus werten kann [4]). Josephus wird auch hier auf Grund der

da sie in literarkritische Untersuchungen hineinführen müßte, die den Rahmen dieser Arbeit sprengen würden. Ad vocem τύχη verzeichnet die Konkordanz die folgenden 137 Stellen (b: 71, a: 59, vita: 4, Ap.: 3):

b 1, 28. 45. 68. 341. 353. 374. 390. 430. 431. 606. 622. 665;
   2, 184. 207. 213. 250. 360. 373. 387. 494;
   3, 9. 24. 71. 100. 106. 202. 327. 354. 359. 389. 391. 396. 438;
   4, 40. 155. 179. 238. 243. 365. 438. 591. 607. 622. 626;
   5, 46. 78. 88. 120. 121. 122. 367. 465. 474. 486. 548;
   6, 14. 44. 57. 63. 66. 173. 280. 352. 399. 400. 413. 416;
   7, 7. 115. 203. 231;
a 1, 6. 8. 13;
   2, 39;
   4, 266;
  11, 56. 341;
  14, 9. 97. 140. 354. 381. 451. 481;
  15, 17. 165. 179. 191. 246. 374;
  16, 7. 188. 300. 344. 397;
  17, 13. 24. 94. 109. 122. 148. 191. 192;
  18, 46. 54. 142. 178. 197. 200. (209 v.l.) 239. 254. 267(bis). 282 (v.l.);
  19, 16. 29. 77. 177. 193. 214. 233. 293. 294. 317. 318;
  20, 57. 60. 61(bis). 70;
vita 142. 180. 417. 419;
Ap. 2, 130. 227. 228.
[1]) Schlatter WJG S. 53 f.
[2]) Schlatter TGP S. 55 f.
[3]) Schlatter, Theologie S. 32-34.
[4]) A.a.O. S. 32: „Die Worte εἵμαρτο, εἱμαρμένη, χρεών, πεπρωμένη, τύχη

Schlatterschen Querschnittmethode als hellenistisch verflachter Vertreter des palästinischen Judentums gewertet. Eine sachgemäße Differenzierung des Materials ist nicht gelungen.

Dieser Mangel wird gesehen im Kommentar von Michel-Bauernfeind [1]). Hier erfolgt eine begriffliche Differenzierung zwischen τύχη und εἱμαρμένη: Die τύχη gehört in die Begrifflichkeit des Historikers, mit der er übergreifende Zusammenhänge „als sinnvoll und von Gott gewollt" darstellen kann (b 3, 354). Den εἱμαρμένη-Begriff verstehen Michel-Bauernfeind von seiner Verwendung bei der Unterscheidung der jüdischen Gruppen in b 2, 162-166 her. Er „zielt mehr auf den einzelnen Menschen" und kann eher als der τύχη-Begriff als hellenistisch-jüdischer Ersatzbegriff [2]) eines entsprechenden hebräischen Wortes (vgl. גורל in der Qumranliteratur) verstanden werden. „Der Pharisäer und der Philosoph arbeitet mit εἱμαρμένη, da beide anthropologisch orientiert sind. Der Historiker, der unter geschichtsphilosophischen Aspekten übergreifende Zusammenhänge erfassen muß, ist auf den Begriff der τύχη angewiesen." Wesentlich stärker als εἱμαρμένη hat der τύχη-Begriff auch im sachlichen Gehalt bei Josephus einen hellenistischen Charakter: Steht das Schicksal im Griechentum von alters her „ungeklärt" neben den Göttern, so ist diese „Unausgeglichenheit zwischen Schicksal und Gottesmacht" nach Michel-Bauernfeind auch für das josephische Verständnis der τύχη zu veranschlagen. „Wenn Josephus im Gebet an den Gott Israels bell. 3, 354 von τύχη spricht, so tut er es aus dem auch ihn umgreifenden hellenistisch-orientalischen Vorstellungsbereich, der den Begriff bestimmt." [3]) Inhaltlich bedeute dies für Josephus, daß seiner Überzeugung nach „auch dem Hellenismus und dem Selbstverständnis des römischen Imperiums ein wichtiger Beitrag zur Erfassung der Zeitgeschichte abzugewinnen ist". Josephus ist mit seinem Übergang zu den Römern „literarisch und existenziell an der Hellenisierung der jüdischen Schicksalsvorstellung beteiligt". Er

gingen als Unheil wirkende Worte durch die Welt; denn sie raubten dem Menschen den Willen und verstärkten dadurch die Unsicherheit in der Beurteilung des menschlichen Handelns."

[1]) Michel-Bauernfeind II, 2 S. 212-214 (Exkurs XVII: Zum τύχη-Begriff des Josephus).

[2]) Seine Herkunft aus dem Sprachgebrauch der Stoa braucht bei dieser Einordnung nicht abgeleugnet zu werden. Hierzu vgl. G. F. Moore, Fate and Free Will in the Jewish Philosophies according to Josephus, HThR 22 (1929), S. 371-389, hier S. 376-379. Ähnliches gilt von πρόνοια und κήδεσθαι, vgl. Schlatter WJG S. 49-51.

[3]) Michel-Bauernfeind a.a.O. S. 213.

„trennt sich von der Tradition und dem Ruhm der Väter und läßt die heidnische τύχη den Glauben an die Führung Gottes (κηδεμὼν θεὸς 3, 387) überspielen." [1] Erst in den Antiquitates habe Josephus vom Gehorsam gegenüber der Tora her das hellenistisch-politische τύχη-Verständnis des Bellum überwinden können [2].

Grundsätzlich wird man dieser Interpretation darin zustimmen müssen, daß sie den τύχη-Begriff als Element der josephischen Geschichtsauffassung zu werten versucht. A. Schlatter sprach vom „Apparat der griechischen Historiker" [3]. Josephus läßt durch das Verhalten der τύχη eine ganze Geschichtsperiode bestimmt sein. Die Ausrichtung der Weltgeschichte auf die Herrscherstellung der Römer hatte auch Polybios mit dem Tyche-Begriff verbunden. Im geschichtstheologischen Tyche-Verständnis des Josephus wird man auch tatsächlich ein gewisses Eingehen auf das „Selbstverständnis des römischen Imperiums" zu sehen haben. Er hat sich mit der Kriegsdarstellung dem flavischen Kaiserhaus in besonderer Weise verpflichtet gefühlt (vgl. vita 361. 363) und wird sich auch mit dem Tyche/Fortuna-Anspruch des Römertums beschäftigt haben müssen[4]. Dennoch steht diese josephische Tyche keineswegs auf sich selbst. Sie ist vielmehr eindeutig auf ein jüdisch-theologisches Gesamtverständnis der Weltgeschichte bezogen. Sie ist zwar nicht mit Gott identisch, aber doch eine „Seite" des biblischen Gottes, so daß man nicht die „Unausgeglichenheit zwischen Schicksal und Gottesmacht", wie sie sich in der griechischen Tradition findet, auf Josephus übertragen sollte. Die gleichlautenden Formeln vom Übergang der τύχη zu den Römern in b 2, 360; 3, 354 und 5, 367 wird man keinesfalls von verschiedenen Voraussetzungen her ableiten dürfen [5]. Für alle drei Stellen, also auch 3, 354, wird die Annahme durchzuführen sein, „daß Josephus hier eine ursprünglich apokalyptische Lehre von sich ablösenden Weltzeitaltern, die vom Wechsel der Herrschaft sprachen (μεταβολή und μεταβαίνειν), umbildet und so zu der speziellen τύχη Roms gelangt" [6]. Gilt b 3, 354 für die weltpolitische

---

[1] Michel-Bauernfeind a.a.O. S. 213.
[2] Michel-Bauernfeind a.a.O. S. 214.
[3] Schlatter TGP S. 381. Siehe oben S. 89.
[4] Vgl. W. Weber S. 107.
[5] Gegen Michel-Bauernfeind a.a.O. S. 213 unten, wo die Stellen 2, 360 und 5, 367 von b 3, 354 getrennt behandelt werden.
[6] Michel-Bauernfeind a.a.O. S. 213 f. O. Michel hat in einem anderen Zusammenhang auf die Spannung hingewiesen, die zwischen dem prophetisch-charismatischen Element des Jotapata-Berichts b 3, 400 einerseits und dem didaktisch-interpretationsmäßig eingesetzten Tyche-Begriff (3, 396) besteht. „Die helle-

Situation, so ist auch im persönlichen Weg des Josephus der τύχη-Begriff keineswegs als „heidnisch" zu verstehen, sondern synonym zur πρόνοια und zum κηδεμὼν θεός (3, 387-391) [1].

Bei Michel-Bauernfeind ist richtig gesehen, daß die auf die römische Weltmacht bezogene geschichtstheologische Tyche in den späteren Schriften des Josephus völlig in den Hintergrund tritt [2]. Daß er sich durch die Heranziehung des τύχη-Begriffs im Bellum „von der Tradition und dem Ruhm der Väter" trennt, dürfte sich aber kaum halten lassen.

Die begriffliche Unterscheidung von τύχη und εἱμαρμένη ist in der Diskussion ebenfalls aufzunehmen und zu präzisieren. Während die τύχη es stets mit der Realität des vorliegenden Geschehensablaufs zu tun hat, spricht die εἱμαρμένη die hinter dem für alle erkennbaren Faktischen stehende göttliche Determiniertheit aus. Insofern gehört die τύχη ins Denken des Historikers, die εἱμαρμένη in das des „Philosophen". Dagegen ist die letztere bei Josephus keineswegs bloß auf das Einzelschicksal beschränkt. Sie bringt auch in der politischen Geschichte an bestimmten Stellen eine theologische Unterstreichung des Geschichtverlaufs in dem Sinne, daß einzelne Ereignisse als Verwirklichung eines übergreifenden Planes Gottes verstanden werden, z.B. als Erfüllung von Prophetie. Josephus hat den Untergang des Hohenpriesters Ananos und seiner Gruppe als Anfang vom Ende Jerusalems verstanden (4, 318). Die einzelnen Ereignisse, die zu seiner Niederlage gegen Zeloten und Idumäer führen, werden als Werk der εἱμαρμένη geschildert (4, 297 f. στρατηγούσης τῆς εἱμαρμένης) und letztlich auf das Urteil Gottes zurückgeführt, der die Stadt wegen ihrer Befleckung zum Untergang verurteilt hatte (4, 323). Ganz ähnlich zeigt sich in der Verstockung des Johannes von Gischala gegenüber den Mahnreden des Josephus die εἱμαρμένη (6, 108), hier als Verwirklichung eines alten prophetischen Gerichts-

---

nistische Interpretation der politischen Geschichte durch die τύχη ist zwar für das Bellum des Josephus von entscheidender Wichtigkeit, doch für die Rolle des Propheten unbrauchbar" (ThZ 1968 S. 123). Ich kann diesen Satz grundsätzlich bestätigen, da er die von mir vorgeschlagene Interpretation von b 3, 354 unterstützt, die diesen Paragraphen nicht aus dem Jotapatageschehen, sondern aus der Geschichtslehre des Josephus interpretiert. Dann wird man allerdings das Tyche-Verständnis von 3, 354 nicht mehr in eine Linie mit 3, 359. 389. 391 (auch nicht 396!) stellen dürfen.

[1]) Vgl. bereits 3, 341! Siehe auch oben S. 51.

[2]) Die nächste Parallele aus den späteren Schriften des Josephus ist neben vita 18 (siehe oben S. 58) a 20, 70: Der Adiabenerkönig Izates läßt sich nicht zu einem Krieg gegen Rom gewinnen τὴν ῾Ρωμαίων δύναμιν τε καὶ τύχην ἐπιστάμενος.

wortes, das die Eroberung Jerusalems ankündigt (6, 109). In 6, 250.
267 f. sorgt die εἱμαρμένη für die genaue datumsmäßige Wiederkehr
der Tempelzerstörung, in 6, 428 bewirkt sie, daß das Schicksal Jerusalems zum Schicksal des ganzen Volkes wird: Denn gerade zu
dem Zeitpunkt, als Jerusalem voll von Festpilgern (Passafest 70
n. Chr.) ist, wird die Stadt von der feindlichen Belagerung eingeschlossen: „Wie in ein Gefängnis wurde das ganze Volk von der
εἱμαρμένη eingeschlossen." Josephus kann später in a die τύχη durch
den εἱμαρμένη-Begriff interpretieren (a 16, 397), um zu zeigen, daß
nichts ohne die göttliche Vorherbestimmung geschieht [1]).

Neben diesem εἱμαρμένη-Gebrauch steht in 6, 84 aber eine ganz
andere Verwendung des Begriffs, die ganz wie die τύχη in 6, 63 und
173 den hellenistischen Begriff eines grundsätzlich unberechenbaren,
neidischen und feindlichen Schicksals zur Grundlage hat. Wir haben
diese rein hellenistische Schicksalsauffassung, die Michel-Bauernfeind
unverbunden neben den sonstigen Tyche-Gebrauch des Josephus
stellen [2]), quellenkritisch vom Proprium des Josephus getrennt und
der römischen Vorlage des Bellum zugewiesen [3]). Der Versuch einer
differenzierenden Klärung geht damit über die begriffliche Unterscheidung von τύχη und εἱμαρμένη (Michel-Bauernfeind) hinaus und
ordnet sich der quellenkritischen Aufgabe ein. b 4, 591 (Schlatters
Hauptbeleg für die τύχη der römischen Quelle!) und b 3, 354 (die
Programmerklärung des Josephus) haben als Hauptbelege zweier
ganz verschiedener τύχη-Verständnisse innerhalb des Bellum zu
gelten. Daß Josephus das hellenistische τύχη-Verständnis seiner
Quelle nicht beseitigt hat, zeigt allerdings, was er in seinem Werk
ertragen konnte. Als Urheber dieser τύχη-Stellen wird man ihn aber
nicht ansehen dürfen.

---

[1]) Die Prophetie Daniels erweist durch ihr Eintreffen die Existenz einer göttlichen εἱμαρμένη. Dies führt Josephus ausdrücklich gegen die Epikuräer und den
Zufallsbegriff (αὐτόματον) an (a 10, 277-280). Damit argumentiert er durchaus
stoisch, vgl. M. Pohlenz, Die Stoa, 3. Aufl. Göttingen 1964 S. 106 f.

[2]) Michel-Bauernfeind a.a.O. S. 214.

[3]) Siehe oben S. 85 ff., ferner zu 6, 84 unten S. 1115.

KAPITEL V

ZUR QUELLENKRITISCHEN ANALYSE VON B 4, 659-6, 322

A. Die Analyse W. Webers

Im Folgenden soll versucht werden, die bisher gewonnene Übersicht über das Geschichtsdenken des Josephus für die quellenkritische Analyse fruchtbar zu machen. Ich wähle dazu den Abschnitt über die Belagerung Jerusalems aus.

Die Analyse hat grundsätzlich die Webersche Arbeit zu berücksichtigen. Seine Behandlung der betreffenden Partie sei deshalb zunächst kurz referiert: Weber hat den Wechsel in der Führung des gegen die Juden operierenden Heeres (b 4, 658) auch quellenmäßig ausgewertet. Da er für die Entstehung des flavischen Werkes militärische Berichte (commentarii) der beiden Feldherren voraussetzt, interpretiert er den Zusammenhang von b 4, 659-7, 20 als „Bellum Titi Hierosolymitanum" [1]). Anders als für die Bücher 3 und 4 gibt er hier keine durchgehende Einzelanalyse, sondern beschränkt sich „auf die Gewinnung der nötigen Anhaltspunkte," die auch diesen Abschnitt des Bellum als Bestandteil („umfangreiche Einlage") des flavischen Werkes bestätigen [2]). Neben dem Vergleich mit Tacitus, der für b 4,659-5,108 (Aufmarsch vor Jerusalem) durchgeführt wird [3]), geht er auf die reichen chronologischen Angaben dieser Partie ein. Sein Urteil: „... das bellum Hierosolymitanum übertrifft selbst die von uns schon sehr hoch gewerteten ... Schilderungen des galiläischen Feldzuges beträchtlich; soweit das bei der trümmerhaft erhaltenen Literatur zu erkennen ist, steht es unter allen Schilderungen antiker Feldzüge an Reichtum der chronologischen Daten, an fester Verfügung der ganzen Handlung mit Hilfe dieser Zeitangaben an erster Stelle" [4]). Hierin aber erweist sich die Erzählung als „völlig unvereinbar mit der Struktur rein Josephischer Schriften" [5]). Außer-

---

[1]) Weber S. 185-246.
[2]) Weber S. 188.
[3]) Weber S. 185-197.
[4]) Weber S. 208.
[5]) A.a.O. Vgl. auch Weber S. 63 über den „Feldzug des Titus (V/VI), der allezeit ob der Kraft der Gestaltung der Wirklichkeit die Herzen der Leser erschüttert hat."

dem behandelt Weber bestimmte Einzelzüge, aus denen ersichtlich wird, wie die römische Quelle das römische Heer und die Juden [1]) und schließlich die Belagerungsstrategie [2]) geschildert hat. Seine Ergebnisse: Die Quelle hat bei den Juden ihren Mut, ihre unermüdliche Kampfkraft anerkannt, überbietend dazu aber bei den Römern die Überlegenheit ihrer Disziplin und Organisation herausgestellt [3]). Titus wird durch die indirekten Reden (5, 121 ff. 491 ff. 554 ff.; 7, 6 ff.) charakterisiert, ebenso durch die Berichte selbst: Persönliche Tatkraft, Nähe zum gemeinen Soldaten bei Wahrung seiner Autorität sind seine Kennzeichen [4]). In der Darstellung der Strategie schließlich, die wegen des unerwartet harten Widerstandes der Juden geändert werden muß (5, 490. 491 ff., vgl. die frühere Planung 5, 258 ff.), zeigt sich nach Weber eine „sachliche Vertrautheit mit der Abfolge der Ideen und ihrer taktischen Durchführung" [5]), die nicht dem Josephus, umso eher aber dem Feldherrn selbst zuzuschreiben ist [6]). Den eigenen Anteil des Josephus bestimmt Weber in doppelter Weise: Einmal habe Josephus das flavische Werk mit „Einlagen und Erweiterungen" [7]) versehen. Diese seien so entstanden, daß Josephus kurze Bemerkungen der römischen Quelle [8]) zu breiten, tendenziösen Schilderungen ausgestaltet habe. „Wiederholungen, Ausweitungen, Gefühlsergüsse des Josephus über die Verbrecher und das Schicksal der Stadt" treten hinzu „zu den teilweise breit auseinandergezerrten Einzelheiten" [9]). Einlagen dieser Art begegnen schon in Buch 4, doch kann Josephus in Buch 5 und 6 (seit seiner Freilassung b 4, 622-629) die eigene Augenzeugenschaft für den Bericht fruchtbar machen[10]). Zu dieser Kategorie rechnet Weber die folgenden Stücke[11]):

---

[1]) Weber S. 210-237.

[2]) Weber S. 237-246.

[3]) Weber S. 212-214. S. 214: „Schärfer kann der Gegensatz nicht ausgemalt werden: ratio und tierisch-unvernünftige Wildheit."

[4]) Weber S. 223-228. 233.

[5]) Weber S. 246.

[6]) Weber S. 238-245: „Identität von Feldherrn (sic!) und Darsteller." Schlatter würde hier an Antonius Julianus denken, dem eine gleiche Kenntnis zuzutrauen wäre, vgl. Schlatter BEJ S. 43 ff.

[7]) Weber S. 91-108, hier S. 101-104.

[8]) Als Anhaltspunkt für die römische Tradition kann Weber zu 5, 3-39. 71-75. 98-105 den Bericht des Tacitus über die jüdischen Parteien (hist. 5, 12) heranziehen.

[9]) Weber S. 102. S. 103: „seine wehleidigen Klagen und seine Hetze gegen seine politischen Feinde."

[10]) Weber S. 101.

[11]) Weber S. 101. 104.

b 5, 3-39. 71-75. 98-105: die Entwicklung innerhalb Jerusalems,
    429 ff.: die Hungersnot und die Herrschaft der Tyrannen,
    527 ff.: Mordszenen in Jerusalem und Tempelraub,
b 6, 1 ff.: weitere Leiden der Bevölkerung.
Auch die Reden, die Josephus selbst hält, fallen in diese Gruppe
von Einlagen, im einzelnen also
b 5, 362-419;
b 6, (95-97). 99-110 [1]).

Neben diesen Einlagen und Erweiterungen zeigt sich laut Weber
die josephische Überarbeitung der Quelle in einer bestimmten Ausgestaltung des Titusbildes im jüdisch-apologetischen Sinne. Weber
spricht hier von Fälschung. Das Titusbild sei „von Josephus aus
praktisch-politischen Gründen übermalt" [2]). Hierher gehören [3]):

b 5, 323-336 a: Ein taktischer Fehler des Titus wird aus der
    φιλανθρωπία des Feldherrn erklärt. 519: Anteilnahme und
    Unschuldserklärung des Titus angesichts der in den Schluch-
    ten verwesenden Massen von Toten;
b 6, 123-128: Titus als Schutzherr des Tempels;
    215-219: Unschuldserklärung des Titus angesichts des
    Hungers, der eine Mutter dazu treibt, ihr eigenes Kind zu
    verzehren;
    250-266: Titus versucht, den Tempel zu retten.
Daß Titus auch im Kriegsrat 6, 237-242 für die Erhaltung des
Tempels eingetreten sei, ist nach Weber ebenfalls ein wesentlicher Bestandteil der josephischen Konstruktion [4]), und an
diesem Punkt kann er auch an eine ältere Linie innerhalb der
Forschung anknüpfen [5]).

Nach Weber wird der ἀλήθεια-Anspruch, den Josephus als
Historiker erhebt, zerbrochen durch seine praktisch-politischen
Absichten [6]). Weber gesteht dem Josephus zu, daß er einen jüdischen
Standpunkt und eine jüdische Geschichtskonzeption vertritt [7]), er
sieht auch, welche grundlegende Bedeutung der Gedanke an Gottes

---

[1]) „Nirgends ist sein ganzes Gedankengewebe so klar sichtbar, wie in diesen
Reden …" (Weber S. 104).
[2]) Weber S. 73.
[3]) Weber S. 70 f.
[4]) Weber S. 72-74.
[5]) Siehe unten S. 122 Anm. 2.
[6]) Weber S. 77.
[7]) Weber S. 10.

Gerechtigkeit für die Geschichtsauffassung des Josephus hat [1]), gerade diese Konzeption verliert nach Weber aber ihre Glaubwürdigkeit durch die allzu deutliche persönliche Tendenz — Josephus ist kein echter Jude mehr, sondern „Römling” — und durch die Herausstellung der eigenen Verdienste [2]). Was Josephus an eigenen Gedanken ins Bellum hineingebracht hat, ist nach Weber letztlich gehaltlos [3]) und wird recht summarisch abgehandelt.

Man wird Webers kritische Beurteilung des Josephus nicht einfach abweisen können. Die Orientierung am persönlichen Vorteil wird bei der Abfassung des Bellum auf gar keinen Fall unterschätzt werden dürfen. Dennoch ist die heilsgeschichtlich-kultische Geschichtsauffassung, wie sie sich uns in den großen Reden und in b 3, 354 zeigte, in ihrer theologisch-didaktischen Ausrichtung ernstzunehmen und kann schwerlich aus Opportunitäts- und Propagandainteresse abgeleitet werden. Weber schreibt von Josephus: Er „wirkt als Prophet in seinem Volk, dem er eine Unheilsprophetie in den Untergang seines nationalen Lebens mitgegeben hat und eine Heilsprophetie eröffnen will für den neuen Bund mit dem Reich, das als Friedensreich ihrer harrt, beherrscht von dem aus jüdischem Land hervorgegangenen Herrn der Welt” [4]). Diese Interpretation, nach der Josephus seinen Volksgenossen das römische Imperium als Friedensreich angekündigt habe — Weber denkt sich das durchaus messianisch! [5]) —, muß aber ganz zurückgewiesen werden. Rom ist kein Zielpunkt des Geschichtsverlaufes, sondern eine Phase. Keineswegs kann man das, was Josephus von Gott aussagt, auf die Tyche der Römer beziehen. Man wird also die Eschatologie des Josephus anders als Weber nicht allein von der Umdeutung der messianischen Prophetie auf Vespasian aus verstehen dürfen.

Wir werden die Frage nach der josephischen Geschichtsauffassung auch in der folgenden Analyse im Auge zu behalten haben. Josephus mußte als Priester ein starkes Interesse haben, den Untergang der

---

[1]) Weber S. 9. Josephus denkt nach Weber pharisäisch (S. 74) und gibt sich gern die Rolle eines Propheten im alttestamentlichen Sinne (S. 66, 77). Wie sich beide Elemente in einer Person verbinden können, wird bei Weber nicht als Problem empfunden.

[2]) Weber S. 10. Josephus sei „aus persönlichen Gründen am Scheideweg mehr der Gratia als der Veritas gefolgt.”

[3]) Die Reden des Bellum, soweit sie auf Josephus zurückgehen, seinen durch „Leere” und „Schwulst” gekennzeichnet (S. 15).

[4]) Weber S. 77.

[5]) Vgl. Weber S. 75 („Segensendzeit”).

Hauptstadt und des Heiligtums in Beziehung zu setzen zur heilsgeschichtlichen Belehrung, die er mit seinem Werk geben wollte.

B. Einzelanalyse

1. *Vom Anrücken des römischen Heeres bis zu den ersten Gefechten* (b 4,
   659-5, 135)

Inhalt: Ein erster Marsch bringt den Titus mit einem Teil des
Heeres von Alexandria nach Cäsarea: 4, 659-663 (aufgenommen in
5, 1). Die Angaben über die Bewegungen der Legionen und der
Marsch bis in die Nähe von Jerusalem folgen in 5, 40-53. Auf einem
Erkundungsritt kommt Titus in eine erste gefährliche Begegnung
mit einer jüdischen Kampftruppe, die er nur durch persönlichen
tapferen Einsatz bestehen kann (§ 54-66). Nach dem Eintreffen der
restlichen Legionen werden auf dem Skopos und auf dem Ölberg die
Lager aufgeschlagen (§ 67-70). In 5, 2-39 ist die innerjerusalemische
Entwicklung eingeschoben, die an den Bericht aus b 4 (§ 584) anschließt. Dort war die Machtübernahme durch Simon und die Ein-
schließung der Zeloten im Tempel berichtet worden. Jetzt trennt
sich die Gruppe um Eleazar ben Simon von Johannes, so daß drei
Gruppen: Eleazar im Tempel, Johannes im Gebiet um den Tempel
und Simon in der Oberstadt und einem Teil der Unterstadt mit-
einander im Kampf liegen. Johannes und Simon verbrennen sich bei
ihren Vorstößen in das Gebiet des anderen gegenseitig beträchtliche
Mengen Getreide. In 5, 71-97 folgt die erste Schlachtschilderung.
Die Berichte über die Tätigkeit auf Seiten der Römer und über die
innerjerusalemische Entwicklung begegnen sich, da die Juden ihre
inneren Kämpfe zeitweise einstellen zugunsten eines gemeinsamen
Angriffs auf die mit Schanzarbeiten beschäftigten Soldaten der
zehnten Legion auf dem Ölberg. Anschließend wird die innerjerusalemische Entwicklung weiterverfolgt (§ 98-105): Die Johannesgruppe kann beim Passafest des Jahres 70 einige ihrer Leute ins
innere Tempelgebiet einschmuggeln und hier die Stellung wieder-
gewinnen, so daß von diesem Zeitpunkt an mit Simon und Johannes
nur noch zwei Aufstandsführer die Stadt für sich in Anspruch nehmen.
Auf der römischen Seite wird das auf dem Skopos errichtete Lager
aufgelöst und in zwei Lager aufgeteilt, die in unmittelbarer Nähe der
Stadt neu aufgeschlagen werden (§ 106-108. 130-135). Eingeschoben

in diese Erzählung ist der Bericht über eine gelungene Kriegslist der Juden (§ 109-129).

Zur Analyse: Die Erzählung bietet den Aufmarsch des Heeres und den Lagerbau. Militärische Kenntnisse, die das Wissen des Josephus übersteigen, müssen für den Verfasser vorausgesetzt werden [1]. In 4, 659-663 erscheinen Notizen über den Marsch, die als ziemlich direkte Wiedergabe des offiziellen Itinerars anzusehen sind [2]. Ganz ähnlich ist das Itinerar 5, 50 f. Die Aufeinanderfolge der einzelnen Aktionen ermöglicht eine weithin exakte chronologische Rekonstruktion [3].

Die Nachrichten über die Entwicklung in Jerusalem (5, 2-39. 71-75a. 98-105) bilden einen eigenen Zusammenhang, der an die entsprechenden Abschnitte im vierten Buch anknüpft. Grundsätzlich wird man damit zu rechnen haben, daß Josephus in diesen Partien in größerem Umfang selber zu Wort kommt als im Militärbericht über die römischen Aktionen. 5, 2 ist synchronistische Verklammerung, wie Weber [4] richtig bemerkt. Daß dem Vespasian die Herrschaft „von Gott in die Hande gelegt" ist, weist auf Josephus als den Urheber des Satzes, ebenso die am Gerechtigkeitsmotiv orientierte Reflexion in § 3. Überhaupt ist der ganze folgende Gedankengang von den für ihn typischen Motiven sowie der klagenden und „moralisierenden" Sehweise (Weber) [5] geprägt: Mit dem στάσις-Motiv (§ 2. 4. 15) verbindet sich der Gedanke des Selbstmordes (§ 4). Die Eleazargruppe kennt keine heilige Ehrfurcht mehr (§ 8), das Heiligtum wird mit Leichen „befleckt" (§ 10, vgl. § 18), da die Geschosse des Johannes hier einschlagen, die Opfernden mitsamt den Zeloten des Eleazar dahinraffen usw. § 19 ist eine leidenschaftliche Klage in direkter Anrede an die durch die Freveltaten entweihte Stadt: Gott läßt sie, indem er die Römer schickt, „durch Feuer reinigen". Sie ist nicht mehr Gottes Stadt, aber sie kann wieder „gebessert" werden, wenn sie Gott versöhnt [6]. Die ersten Gefechte zwischen Römern und Juden (5, 54-66. 71-97. 109-129) tragen wieder die Merkmale des sachkundigen militärischen Berichts. Dabei wird

---

[1] Weber S. 188.

[2] So Weber S. 188-191, vgl. Thackeray, Josephus S. 40 und Ricciotti I S. 62.

[3] Weber S. 197 f.

[4] Weber S. 101.

[5] Weber S. 9.

[6] Weber S. 77 und Michel-Bauernfeind II, 1 S. 241 Anm. 8 erinnern hier an die Klagelieder des Alten Testaments, die dem Josephus vielleicht als Vorbild gedient haben. Vgl. ferner S. 113 und S. 138 ff.

Titus entsprechend der flavischen Tendenz der Quelle als Held geschildert: Er steht unter göttlichem Schutz (§ 60 f.) [1]), ein bestimmtes Schema tritt hervor, nach dem die Römer den Juden unterliegen, diese aber wiederum dem Cäsar weichen müssen. Er ist der Retter seiner gefährdeten Truppen (§ 97), anderseits der Feldherr, dessen Wort gefürchtet wird (§ 121 ff.). Mit diesen Beobachtungen wird Webers Analyse grundsätzlich bestätigt.

Eine weitere Bekräftigung ergibt die Untersuchung des τύχη-Gebrauches: b 5, 46 wurde bereits oben (S. 86) dem flavischen Bericht zugewiesen. Die τύχη in § 78 paßt ebenfalls gut zum römischen Kriegsbericht: Die Wendung δεξιᾷ τύχῃ χρῆσθαι oder ähnlich findet sich auch 3, 24; 4, 438; 6, 14. 66 innerhalb des römischen Berichts. Die τύχη ist der kriegerische Erfolg und erscheint in unserem Zusammenhang noch in § 121. 122. Diese militärische τύχη steht im flavischen Bericht also neben der spezifisch-hellenistischen, die das ungewisse Schicksal bezeichnet. Der τύχη-Begriff in § 120 hat einen griechisch-theologischen Klang: Maßhalten im Erfolg, um das Schicksal nicht herauszufordern, ist die Maxime des Verfassers, vgl. 4, 42. Damit wird offenbar die Kritik eines Griechen oder Römers am Verhalten der Juden ausgesprochen: Wahrhaft religiöse Menschen jubeln nicht so unverschämt! So hätte auch Tacitus urteilen können. Über Webers Analyse hinausgehend wird man auch in denjenigen Partien mit einem ausgesprochen josephischen Einschlag zu rechnen haben, die von Vermittlungsversuchen mit den Aufständischen handeln: in unserem Zusammenhang § 52 b und 53, außerdem § 114. Weber bemerkt, daß auch die römische Tradition [2]) entsprechende Versuche des Titus kennt [3]). Die josephische Ausrichtung ist für § 52 f. aber deutlich in der Gegenüberstellung der Aufständischen und des von ihnen unterdrückten und zum Kriege gezwungenen Volkes [4]). In § 114 hat sich Josephus vielleicht auf die Hinzufügung seines Namens als des Vermittlers des Verhandlungsangebotes (διὰ τοῦ Ἰωσήπου) beschränkt, möglicherweise ist aber der gesamte Rückgriff auf das am Vortage gemachte Angebot (γὰρ πρὸ μίας ἡμέρας … μέτριον οὐδὲν εὕρισκε· καὶ τότε) sein Zusatz. Nach den in § 71-97 berichteten Kampfhandlungen ist eine

---

[1]) Vgl. W. Weber S. 232.

[2]) Dio Cassius 65, 4: ὁ δὲ Τίτος τῷ πρὸς Ἰουδαίους πολέμῳ ἐπιταχθεὶς ἐπεχείρησε μὲν αὐτοὺς λόγοις τισὶ καὶ ἐπαγγελίαις προσποιήσασθαι, μὴ πεισθεῖσι δὲ ἐπολέμει.

[3]) Weber S. 194.

[4]) Vgl. vor allem 1, 10, aber auch etwa 2, 345 f.; 6, 344.

jüdische Kapitulationsbereitschaft, zumal um die Zeit des Passafestes, recht unwahrscheinlich.

2. *Vom Bau der Belagerungswälle bis zur Eroberung der zweiten Mauer* (b 5, 136-347)

Inhalt: Nachdem Truppenaufmarsch und Lagerbau berichtet sind, folgt zunächst die Beschreibung Jerusalems (§ 136-183: Stadt und Befestigungsanlagen, § 184-237: Tempel, § 238-247: Antonia), darauf eine Übersicht über Truppenstärke und Positionen der jüdischen Kampfgruppen (§ 248-257). Der Fortschritt der Handlung ist mit § 258 bezeichnet. Titus legt auf Grund eines Erkundungsrittes das weitere Vorgehen fest (§ 258-262), die Wallarbeiten beginnen (§ 263 f.), die Juden (hier Simon) bemühen sich, sie zu stören (§ 265-274). Der Abschluß der Wallarbeiten und der Einsatz der Mauerbrecher rufen bei den Juden eine Erschütterung hervor, die die bis dahin getrennten Gruppen des Simon und des Johannes zur Vereinigung ihrer Verteidigungsanstrengungen veranlaßt (ἓν σῶμα § 279), und Titus erweist sich als Helfer seiner bei den Belagerungsmaschinen hart bedrängten Legionäre (§275-283). Ein überraschender Ausfall der Juden bringt die Römer erneut in Bedrängnis, aber die Elitetruppen aus Alexandria schützen mit besonderem Einsatz die Belagerungswerke vor den Feuerbränden, die die Juden herantragen, und wieder klärt Titus persönlich die Situation (§ 284-288). Vermerkt wird noch, daß die Römer einen Juden gefangennehmen und kreuzigen und daß Johannes, der Führer der Idumäer, durch einen arabischen Bogenschützen getötet wird (§ 289 f.). In § 291-295 wird eine Verwirrung im römischen Lager berichtet, aber Titus kann die Ruhe wiederherstellen. Mit Hilfe von Geschütztürmen erreichen die Römer schließlich einen wirksamen Beschuß der jüdischen Abwehr und können durch ihren stärksten Mauerbrecher die äußerste Mauer einreißen (§ 296-302). Titus verlegt sein Lager ins nördliche Stadtgebiet und hat neben dem übrigen Stadtgebiet jetzt auch Tempel und Antonia vor sich (§ 303 f.). Eine intensive, kaum durch Ruhepausen unterbrochene Kampftätigkeit an verschiedenen Fronten schließt sich an (§ 305-316). Schließlich gelingt es, die zweite Mauer mit dem großen Mauerbrecher anzugreifen und einen ihrer Türme zum Einsturz zu bringen. Dabei wird wieder ein jüdisches Täuschungsmanöver berichtet (§ 317-330). Die Römer gewinnen die zweite Mauer, werden aber wegen ungenügender Sicherung des

Rückzugsweges von den Juden in gefährliche Kämpfe verwickelt, aus der Bresche wieder hinausgedrängt und können erst nach vier Tagen endgültig die Mauer in ihren Besitz bringen (§ 331-347).

Zur Analyse: Daß bei Beginn einer Belagerung mehr oder weniger ausführlich auf die Geographie des Ortes und seine Verteidigungsmöglichkeiten eingegangen wird, gehört zur selbstverständlichen Praxis der hellenistischen Geschichtschreibung [1]. Auch für die Kriegsschilderungen im Bellum ist dies das Übliche. Weber hat diese Einlagen wohl zutreffend als Elemente des römischen Berichts gewertet. Es sind „Kartenbilder", die das Verständnis des folgenden militärischen Berichts vorbereiten [2]. Auch Tacitus berichtet im entsprechenden Zusammenhang über die Verteidigungslage der Stadt und den Tempel [3], ganz wie Josephus auch gleich im Anschluß daran über die Positionen der einzelnen Kampfgruppen [4]. Wir werden Webers Annahme über die römische Quelle des Josephus auch hier bestätigen können [5]. Freilich wird man die breite Ausgestaltung der Einlage auf Josephus selbst zurückzuführen haben, wie Weber auch zugesteht [6]. Im Bericht über die jüdischen Kampfgruppen sind Angaben über Zahlen, Bewaffnung (vgl. oben 5, 14), Positionen enthalten, die gut auf die römische Quelle zurückgehen können, doch ist wie bei den früheren innerjerusalemischen Schilderungen auch die josephische Tendenz deutlich erkennbar. Wenigstens in § 251 und § 255-257 wird man (über Weber hinausgehend) josephisches Gut zu sehen haben.

Der folgende Kriegsbericht (§ 258-347) zeigt deutlich das Gepräge des römischen Militärberichts: Die Strategie des Titus führt Schritt für Schritt zum Erfolg. Einzelne Truppenteile (§ 269, 287) zeichnen sich besonders aus, Titus ist wieder der große Helfer, die jüdische

---

[1] G. Avenarius a.a.O. S. 142. 144 ff.

[2] Weber S. 79 f.

[3] Tac. hist. 5, 11 und 12. Genau wie Josephus schildert Tacitus zunächst die Mauern, dann Türme und Königspalast und schließlich den Tempel, anders als Josephus spricht er aber erst von der Antonia, dann vom Tempel.

[4] Tac. hist. 5, 12.

[5] Vgl. Weber S. 195 f.

[6] Weber S. 195. § 151 setzt mangelnde Aramäischkenntnis des Verfassers voraus: „Neustadt" ist nicht Übersetzung von Bezetha, sondern die hellenistische Bezeichnung des Stadtteils, vgl. b 2, 530 und Thackeray, Josephus S. 78 Anm. 14. Schlatter TGP S. 97 schließt hier auf den von ihm angenommenen griechisch schreibenden Quellenautor, der die beiden Namen nicht nur für sachlich, sondern auch für sprachlich kongruent gehalten habe. Thackeray a.a.O., ähnlich Ricciotti III S. 139 konstatieren aufgrund des Befundes in a eine Nachlässigkeit des Josephus in philologischen Dingen.

Seite wird in ihrer Gefährlichkeit gewürdigt und auch ein Rückschlag im römischen Vorgehen, die Preisgabe der bereits eroberten
zweiten Mauer, nicht verschwiegen. Charakteristisch für den römischen Bericht ist die Kampfschilderung in § 305-316. Titus steht im
Mittelpunkt, die Soldaten streben danach, von ihm gesehen zu
werden, wenn sie besonders mutige Taten vollbringen (§ 310 f.) ¹),
ein Einzelkämpfer wird hervorgehoben (§ 312 f.). Freilich ist Titus
auf die Schonung seiner Truppe bedacht, und der ihm zugelegte
Gedanke, daß ἀρετή nur in Verbindung mit πρόνοια (Umsicht) Anerkennung finden könne, schließt den Bericht eng mit dem militärischen Exkurs in Buch 3 zusammen. Unter dem Gesichtspunkt
der römischen Soldatenehre ist auch die Gegenseite geschildert:
§ 309. Vielleicht darf man es als Merkmal der römischen Tradition
ansehen (Tac. hist. 5, 12; vgl. oben § 248!), daß als erster jüdischer
Feldherr nicht Johannes, sondern Simon herausgestellt wird ²).
Welches ist aber der Anteil des Josephus am Bericht? Weber nennt
allein den Abschnitt § 332-336 a ³). In der Tat bringt dieser die
typisch josephischen Argumente. Man muß aber sehen, daß diese
Argumente in ganz spezifischer Weise in den militärischen Bericht
eingeflochten sind. Der römische Bericht hat wahrscheinlich einfach

---

¹) In § 310 wird Titus mit den Worten gerühmt, er sei im Kampfe „stets allen
überall zur Seite" gewesen (ἀεὶ πᾶσιν πανταχοῦ παρατυγχάνων). Thackeray, Josephus S. 39 f. wertet diese Ausdrucksweise als Hinweis auf eine lateinische
Grundlage des Berichts, indem er an die aus der Dogmengeschichte bekannte
Formel des Vinzenz von Lerinum (5. Jhdt.) erinnert: Quod semper, quod ubique,
quod ab omnibus creditum est, — „for which older pagan parallels can be found",
wie Thackeray bemerkt, ohne allerdings solche näher zu bezeichnen. Ich möchte
den Beweiswert dieser Formel, die immer wieder in den Bellum-Erklärungen
beigebracht wird, in Frage stellen. In b 5, 310 geht es um das Verhalten des Feldherrn in der Schlacht, um die das Gesamtgeschehen bestimmende Kraft seines
Einsatzes. Sollten sich solche mit dem Stichwort πάντα operierenden Formulierungen nicht noch häufiger in der hellenistischen Geschichtschreibung finden,
wenn es um die Schilderung eines bedeutenden Feldherrn geht? In 2. Makk.
15, 30 wird von Judas gesagt, daß er im Kampf gegen Nikanor καθ' ἅπαν σώματι
καὶ ψυχῇ πρωταγωνιστής gewesen sei. Hier ist die Grundlage (Jason von Kyrene)
gewiß auch griechisch gewesen. Natürlich wird man auch in der lateinisch ver-
faßten hellenistischen Geschichtschreibung entsprechende Wendungen finden
können. Für b 5, 310 dürfte aber schon die schöne Alliteration ... πᾶσιν πανταχοῦ
παρατυγχάνων ein Hinweis darauf sein, daß wir keine anderssprachige Vorlage
zu suchen haben.

²) Vgl. Michel-Bauernfeind II, 1. S. 230: „Simons gewaltsamer Tod in Rom
(6, 434; 7, 154 f.) beweist, daß die Römer in ihm und nicht etwa in dem im Gefängnis endenden Johannes von Gischala den eigentlichen Führer des Aufstandes sahen."

³) Weber S. 70.

zugegeben, daß Titus nach Eroberung der zweiten Mauer unvorsichtig gehandelt hat, als er nur mit einer Elitetruppe in das feindliche Stadtgebiet vorgerückt war, noch dazu unter Vernachlässigung der Rückzugssicherung. Titus ist ein Draufgänger, der durch persönliche Tatkraft auch einen taktischen Fehler wieder wettmachen kann. Ganz anders die Meinung des Josephus: Titus will seine Gegner beschämen, sie zur Sinnesänderung veranlassen, indem er die Mauer und das unübersichtliche Stadtgebiet den eigenen Sicherheitsinteressen zum Trotz — möglichst unbeschädigt läßt. Die φιλανθρωπία des Titus beeinträchtigt sein militärisches Vorgehen. Das ist josephische Apologie, die der Konsequenz des militärischen Berichts direkt ins Gesicht schlägt, seine Aussagen im Grunde verdirbt. Josephus bringt sekundär Motivationen zum Vorgehen des Titus, die die Aktionen des römischen Feldherrn in Beziehung setzen sollen zur Titus-Apologie des Bellum und zu seiner an eine romfeindliche Judenschaft gerichteten μετάνοια-Predigt. Ist die Eigenart dieser josephischen „sekundären Motivation" erst einmal gesehen, so läßt sich die Bearbeitung des Josephus noch an weiteren Stellen erkennen — nicht nur von den stereotyp wiederkehrenden josephischen Argumenten her, sondern aufgrund der Funktion dieser Argumente innerhalb des Zusammenhangs der ursprünglichen Erzählung. In § 258 ff. läßt sich unschwer erkennen, daß die Belagerungsvorkehrungen, die Titus anordnet (§ 262 b. 263 ff.), die Konsequenz seines Erkundungsrittes (§ 258) sind. Josephus bringt mit § 261-262 a einen Vorfall, der ihm ermöglicht, das Vorgehen des Titus gegen die Stadt wieder im Zusammenhang seiner μετάνοια-Lehre verständlich zu machen: Nur weil die Juden selbst die Rettungsmöglichkeiten abweisen, erfolgt die militärische Aktion des (gerechtermaßen erbitterten) römischen Feldherrn, die die Stadt ihrer Vernichtung einen Schritt näher bringt. Auch in § 317-330, einer überhaupt etwas unklaren Geschichte, wird Josephus im Sinne dieser Sekundärmotivation gearbeitet haben, vgl. § 329 den Zorn des Titus als Motiv für die Verstärkung der Tätigkeit des Mauerbrechers. Nicht zufällig hebt Josephus in diesem Zusammenhang auch wieder (vgl. § 261!) seine eigene Beteiligung am Gang der Ereignisse hervor.

Noch an zwei weiteren Stellen treten die typisch josephischen Gedanken auf: in § 265, wo die jüdischen Verteidiger mit dem äußeren Feind so beschäftigt sind, daß das Volk eine Atempause bekommt [1]),

---

[1]) Es ist leicht zu sehen, daß § 265 οὐδὲ τὰ |παρὰ τῶν Ἰουδαίων ἠρέμει im ursprünglichen Bericht von den Kriegsvorkehrungen der Römer zu den ent-

und in § 343-345, wo umgekehrt ein jüdischer Abwehrerfolg den
Tyrannen wieder Luft verschafft, um das Volk zu quälen. Der Gegensatz στασιασταί-δῆμος wird also von Josephus konstruktiv so mit der
ihm vorliegenden Quelle verbunden, daß ein militärischer Erfolg
der Aufständischen bewußt als Schaden für das Volk hingestellt
wird, während die römischen Erfolge dem δῆμος nur Erleichterung
verschaffen.

Der Abschnitt § 343-345 läßt den Leser nicht darüber im Unklaren,
daß die Verblendung der jüdischen Führer letztlich Gottes Werk ist,
der sie wegen ihrer Übertretungen strafen will [1]). Die Einfügung
solcher Zwischenstücke dient also dazu, die Geschichtserzählung in
ihrem Einzelablauf mit den übergreifenden theologischen Aussagen
der großen Reden zu verbinden, gleichzeitig beweisen sie, wie ernst
es dem Josephus ist, seine Gesamtkonzeption auch im Einzelfall
durchzuführen.

3. *Von der Belagerungspause nach Eroberung der zweiten Mauer bis zur
   Vernichtung der gegen die Antonia und die Oberstadt errichteten Belagerungswälle* (b 5, 348-490)

Inhalt: Eine viertägige Belagerungspause wird von Titus zur
Besoldung seiner Legionen benutzt. Die Soldzahlung wird dabei
mit einer großartigen Truppenparade verbunden, die die Kampf-
moral des Gegners treffen soll (§ 348-355). Anschließend läßt Titus
gegen die Antonia und gegen die Oberstadt Wälle aufwerfen, wobei
die jüdischen Kampftruppen die Arbeiten wieder nach Kräften zu
behindern suchen (§ 356-359). Titus versucht indessen, die Aufständischen zur Übergabe zu bewegen, und in seinem Auftrag hält Josephus eine lange Mahn- und Strafrede, die bei den verantwortlichen
jüdischen Führern ohne Echo bleibt, dafür aber viele Menschen aus
dem Volk zum Überlaufen bewegt (§ 360-422). Die Zeloten bewachen
das Volk, sie bemühen sich mehr, die eigenen Volksgenossen vom
Überlaufen als die Feinde vom Eindringen in die Stadt abzuhalten.
Hunger und Freveltaten der Tyrannen, die unter dem Volk auf
Beute nach Nahrung ausgehen, werden zu einem Bild des Schreckens
und des Elends ausgemalt, und es folgt eine allgemeine Anklage

---

sprechenden Maßnahmen auf der jüdischen Seite (§ 266 ff.) überleitete.

[1]) Daß es sich hier um einen josephischen Einschub handelt, hat bereits
Schlatter TGP S. 379 bemerkt. Zu § 346 schreibt er: „Unvermittelt geht die
Erzählung zu den Thatsachen zurück, von denen uns der Exkurs abgelenkt hat.”

gegen Simon und Johannes (§ 423-445). Über Grausamkeiten der Römer an jüdischen Gefangenen, die auf Nahrungssuche außerhalb der Stadt angetroffen werden, berichtet der Abschnitt § 446-459. Nach einer Einzelszene des Kampfgeschehens, die die Bundesgenossenschaft des Vasallenkönigs von Kommagene illustriert (§ 460-465), wird der Abschluß der Wallarbeiten berichtet (§ 466-468). Die Römer beginnen, die Mauerbrecher heranzuführen, doch überraschend fallen die ganzen Belagerungswerke der Unterminierungskunst des Johannes (§ 469-472) und den Feuerbränden der Kämpfer um Simon (§ 473-480) zum Opfer. Die letzteren dringen sogar bis an die Befestigungen des römischen Lagers vor und verwickeln die Römer in eine gefährliche Auseinandersetzung, bis sie schließlich durch den zu Hilfe eilenden Titus zum Rückzug gezwungen werden (§ 481-490).

Zur Analyse: Als josephisches Gut hebt Weber [1]) neben der großen Rede des Josephus nur § 429 ff. — „die Hungersnot und das grausige Regiment der Tyrannen" — hervor [2]). Wir werden auch hier über Weber hinauszugehen haben. Denn auch der unmittelbar auf die Rede folgende Zusammenhang (§ 420 ff.), der die Reaktion bei den Juden beschreibt, ist in seiner Differenzierung zwischen στασιασταί und δῆμος (vgl. vor allem § 423!) typisch josephisch. Rede und Elendsschilderung sind also zusammen eine große josephische Einlage. Sie unterbricht die Arbeit an den Belagerungswällen (§ 446, vgl. 466). Damit ist ihr Beginn mit § 360 — also nach § 359, wo noch von den Wallarbeiten die Rede ist — wahrscheinlich gemacht. § 360 setzt denn auch sofort kräftig mit dem josephischen Titusbild ein: Er will die Stadt retten und läßt die Belagerungsmaßnahmen von Aufforderungen zur Sinnesänderung begleitet sein, für die Josephus dann als Unterhändler eingeschaltet wird. Der römische Bericht wird mit der Truppenparade in der Tat eine Demoralisierung der jüdischen Kämpfer intendiert haben. Nach § 356 geht diese Zeit, eine Frist von vier Tagen, jedoch zuende, ohne daß eine Kapitulationsbereitschaft der Juden sichtbar wird. Konsequentermaßen treibt Titus die Belagerungsvorbereitungen voran. Er dehnt seine Angebote nicht ad infinitum aus. Der Satz des Josephus ἅμα καὶ τῇ πολιορκίᾳ προσέκειτο καὶ τοῦ παραινεῖν 'Ιουδαίους μετάνοιαν οὐκ ἠμέλει zeigt wieder den von Josephus konstruierten Titus, der zwischen militärischer Notwendigkeit und Mitleid mit den Juden keine klare Linie des Handelns findet.

---

[1]) Weber S. 104.
[2]) Er rechnet den Abschnitt also wohl bis § 445.

Versucht man, sich eine Situation vorzustellen, in der Redemöglich-
keit und Hörbereitschaft für die große Ansprache des Josephus
gegeben waren, so denkt man an die große Belagerungspause selbst.
Warum hat Josephus nicht hier seine große Rede eingeschaltet?
Jetzt sind die Kampfhandlungen doch schon wieder im Gange, so
daß die Rede eigentlich keinen rechten historischen Ort hat. Josephus
will nach § 362 zwar das Kunststück fertiggebracht haben, außerhalb
des Schußbereiches noch laut genug gesprochen zu haben, um von den
den Jerusalemern gehört und verstanden worden zu sein, aber eine
entsprechende Szene inmitten der fortschreitenden Kampfhandlungen bleibt doch schwer vorstellbar. Gerade diese Verbindung ist
aber offenbar absichtlich konstruiert. Josephus vermeidet es bewußt,
daß das militärische Vorgehen nach den ihm eigenen Gesetzen und
Konsequenzen in Erscheinung tritt. Die langfristige Strategie des
römischen Heerführers (§ 356 f.) muß in seinem Bellum ergänzt
werden durch die von den Tyrannen abgelehnte μετάνοια-Predigt.
Josephus hat den Gang der Gesamthandlung durch die ständige
Wiederholung dieses Motivs zerstückt: Ständig werden die Er-
oberungs- und Vernichtungsmaßnahmen unter die Motivation der
Verstocktheit der Aufständischen gestellt. Er ringt mit einem Bericht,
dessen Ausrichtung er ständig ergänzen, ja rektifizieren möchte.

Neben der großen Einlage § 360-445 hat Josephus noch an zwei
weiteren Stellen seine Auffassung in den Text hineingebracht.
Warum besinnen sich die Zelotenführer nicht angesichts der Macht-
demonstration der Römer? Josephus bringt zwei Gründe, den einen
unter dem Gesichtspunkt der Schuld: Die Aufständischen haben
dem Volk zu viele Untaten zugefügt, so daß sie keine Gnade mehr
bei den Römern (!) erwarten und lieber auf dem Schlachtfeld enden;
den anderen Grund gibt der Schicksalsgedanke (hier τὸ χρεών): Es
ist von Gott bestimmt, daß nicht nur die Aufständischen, sondern
mit ihnen das ganze Volk untergeht (§ 354 f.).

Auch im Bericht über die Mißhandlungen an den Gefangenen
finden sich josephische Einschübe mit den bekannten Tendenzen:
§ 450 b τό γε μὴν πλέον οὐκ ἐκώλυεν τάχ’ ἂν ἐνδοῦναι πρὸς τὴν ὄψιν
ἐλπίσας αὐτούς, εἰ μὴ παραδοῖεν, ὅμοια πεισομένους und § 456-459 [1]).
Insbesondere macht Titus sich zum Anwalt der jüdischen Vaterstadt
und des Tempels, „an dem andere keinen Teil haben” (ἀκοινώνητον
ἄλλοις § 456), — wobei Josephus wie auch sonst [2]) an die Schranke

---

[1]) Vgl. ἅμα § 457 wie in § 360!
[2]) Vgl. b 5, 193 f.; 6, 124 f. Zum Problem siehe M. Hengel a.a.O. S. 219 f.

innerhalb des Tempelgebietes denkt, die den Heiden den Zugang zum Israelitenvorhof bei Todesstrafe versagte. Ihm ist wichtig, daß die Römer diese Schutzbestimmungen zugunsten der Heiligkeit des Tempels ausdrücklich gewährleistet haben [1]). Auch die Antwort der Zeloten in ihrem radikalen Willen, der dem Tod gleichsam entgegeneilt, gehört ins josephische Zelotenbild, das am eindrucksvollsten in der großen Eleazarrede in Buch 7 entfaltet wird [2]). Besonders auffallend ist, daß Josephus hier den Zeloten eine kosmische Tempeltheologie unterschiebt, die hellenistisch-jüdische Voraussetzungen hat [3]). Indes scheint dies hellenisierende Verfahren für solche Partien kennzeichnend zu sein, wo Josephus die Zeloten ernsthaft und nicht bloß in polemischer Verzerrung schildert. Neben dies hellenistisch-kosmische Tempelverständnis tritt in diesem Zusammenhang freilich die noch lebendige Hoffnung der Kämpfer auf ein errettendes Eingreifen Gottes zugunsten seines Tempels (§ 459), aber § 458 b zeigt bereits jetzt, welche Wege der Zelotismus nach dem Verlust des Tempels gehen kann. Aber es ist eben ein „josephischer" Zelotismus [4]), der ebenso wie in der Eleazarrede seinen Weg in den Untergang mit einem derartigen hellenistischen Kosmosdenken verbinden kann.

Die große Masse des Stoffs wird man auch in dem hier behandelten Abschnitt in Übereinstimmung mit Weber zum römischen Bericht zu rechnen haben. Entfernt man die Sekundärmotivation des Josephus aus § 450, so wird deutlich, wie wenig es den Titus kümmerte, daß die jüdischen Gefangenen mißhandelt und zu Tode gequält wurden. „Solche Mengen kann man nicht bewachen" ist auch seine Meinung, und wir dürfen annehmen, daß er die Kreuzigungen nicht nur geduldet, sondern selber angeordnet hat, vgl. § 446.

Der Begriff τύχη erscheint dreimal: einmal als die Personaltyche Alexanders des Großen (§ 465), zweimal unspezifisch (§ 474 und 486). Quellenkritische Schlüsse können aus diesen Stellen kaum abgeleitet werden. Die Anekdote über den Einsatz der kommagenischen Verbündeten hat in ihrer aufgelockerten Erzählweise eine gewisse Selbständigkeit gegenüber dem sonstigen Bericht. Indem sie die Kampf-

---

[1]) 5, 402; 6, 126.
[2]) Siehe die Analyse S. 33 ff.
[3]) Vgl. Michel-Bauernfeind z. St. Bd. II, 1 S. 269 Anm. 185.
[4]) Gegen Weber S. 76.

kraft der Juden unterstreicht, paßt sie aber zur Ausrichtung der römischen Quelle.

4. *Von der Neuorientierung der römischen Strategie bis zur Eroberung der Antonia* (b 5, 491-6, 92)

Inhalt: Nach dem großen Rückschlag, den die Römer durch die Zerstörung ihrer Belagerungswerke haben hinnehmen müssen, erfolgt in einer Sitzung des Kriegsrats ein Wechsel der Strategie: Ein Einschließungsring um die Stadt soll die Aushungerung der Feinde beschleunigen (§ 491-501). Das Werk wird mit bemerkenswerter Schnelligkeit fertiggestellt (§ 502-509) und in der Folgezeit scharf bewacht (§ 510 f.). In Jerusalem sterben die Menschen wegen der Hungersnot jetzt in großen Massen. Die Toten werden nicht mehr begraben, sondern von der Mauer herab in die Schluchten geworfen (§ 511-519). Die jüdischen Kämpfer sind inzwischen so geschwächt, daß sie keine Ausfälle mehr gegen die Römer unternehmen. Titus läßt an vier Stellen gegen die Antonia Wälle aufschütten (§ 520-526). Innerhalb der Stadt geschieht es, daß Simon eine Reihe von vornehmen Bürgern umbringen läßt (§ 527-533). Der Versuch eines Unterführers des Simon, mit einer Gruppe zu den Römern überzugehen, wird von Simon gemerkt, die Männer werden sofort hingerichtet (§ 534-540). Josephus selbst wird bei seinen Friedensversuchen von einem Steinschuß getroffen und gerät zeitweise in Gefahr (§ 541-547). Schlimme Schicksale der Überläufer werden berichtet, unter anderem, daß die syrischen Verbände den Juden die Leiber aufschneiden, um nach hinuntergeschluckten Goldstücken zu suchen (§ 548-561). Johannes vergreift sich am Tempelgut. Seine Devise lautet: „Die Verteidiger des Tempels müssen auch aus dem Tempel verpflegt werden." (§ 562-566). Das Massensterben in der Stadt und die Konsequenzen, zu denen die Menschen durch den Hunger getrieben wurden, werden durch einzelne Daten belegt (§ 567-572). Buch 6 beginnt mit einer weiteren Elendsschilderung (§ 1-4. 6-8), in die jetzt auch die Umgebung einbezogen wird: Die Römer haben einen Umkreis von 90 Stadien kahlgeschlagen, um Holz für die Belagerungswälle zu beschaffen (§ 5). Die Wälle sind fertig, die Kampfkraft der Juden ist aber noch nicht gebrochen (§ 9-14). Ein erster Angriff der Juden auf die neuen Wälle wird von den Römern abgewehrt (§ 15-22). Im Gegenzug gelingt es den Römern trotz fortwährenden Beschusses von der Gegenseite, die Mauer der

Antonia zu erschüttern, die in der Nacht dann auch einstürzt (§ 23-28).
Damit haben die Römer aber noch nicht den Zugang zum Antonia-
und Tempelgebiet, denn hinter der eingestürzten Mauer wird eine
Ersatzmauer sichtbar, die Johannes vorsorglich hat errichten lassen.
Die Trümmer der ersten Mauer ergeben die Möglichkeit, diese
Ersatzmauer zu besteigen. Titus ruft in einer Rede zu dieser gefährlichen Unternehmung auf, ein Vorkämpfer (Sabinus) meldet sich,
kann die Mauer ersteigen, die Juden in die Flucht schlagen, stürzt
aber unglücklich, so daß die Feinde ihn töten können (§ 29-67). Zwei
Tage später führt ein nächtlicher Vorstoß aber zur Überrumpelung
der jüdischen Wachen und zur Einnahme der Mauer (§ 68 f.). Titus
folgt mit einer Elitetruppe, ein harter Kampf entbrennt um die Zugänge zum Tempelplatz, der von der neunten Nachtstunde bis zur
siebten des Tages andauert. Nach unentschiedenem Ringen begnügen
sich die Römer mit dem Besitz der Antonia (§ 70-80). Neben der
Einzelleistung eines römischen Centurio werden auch jüdische
Kämpfer besonders hervorgehoben, wobei auffällt, daß auch die
Anhänger Simons (und die Idumäer), die sonst die Oberstadt inne-
haben, an der Verteidigung des Tempels beteiligt sind (§ 81-92).

Zur Analyse: Die Schlußpartie des fünften Buches ist ganz von den
für die Juden verhängnisvollen Auswirkungen der Circumvallatio
bestimmt. Der Leser hat den Eindruck, unmittelbar vor dem Zusammenbruch Jerusalems zu stehen. Nach 5, 520 können die Aufständischen wegen des Hungers keine Ausfälle mehr gegen die
Römer unternehmen. Buch 6 setzt diese Linie auffälligerweise jedoch
nicht fort. Zwar wird das Elend des Landes geschildert, aber ganz
überraschend scheint in 6, 9-14 die Situation geradezu umgekehrt:
Listen und mutiger Einsatz, dazu die starke Mauer der Antonia und
vor allem die Ausdauer der Juden lassen die Erfolgshoffnungen der
Römer immer wieder zerbrechen. Michel-Bauernfeind [1]) haben
darauf aufmerksam gemacht, daß nach der Josephusrede im 5. Buch
(5, 364) die stärksten Mauern bereits gefallen sind, rechnen aber
nicht mit sachlich differierenden Berichten, sondern führen die Span-
nungen auf „die rhetorische Eigenart des Josephus" zurück. Ist der
rhetorische Charakter von 5, 364 ohne weiteres einzusehen, so wird
man auch die Schreckens- und Untergangsschilderungen aus den
Schlußpartien des fünften Buches unter dem Gesichtspunkt zu lesen

---

[1]) Michel-Bauernfeind II, 2 S. 161 Anm. 4.

haben, daß Josephus hier stark in seinem Sinne — der dann freilich über das Rhetorische hinausgeht — ausgestaltet hat.

Weber rechnet § 519 (Unschuldserklärung des Titus), § 527-547. 562-566 (Mordszenen in Jerusalem und Tempelraub) zum josephischen Gut [1]). Aber bereits § 512-518 ist typisch josephisch mit seiner breit angelegten klagenden Darstellungsweise, dem Frevel der Aufständischen gegen Volk und Heiligtum [2]). Auch § 520-522 a ist wenigstens stark josephisch überarbeitet. Der Bau von Belagerungswällen wird — wieder „sekundär" — motiviert durch das Mitleid des Titus, der möglichst bald einen Überrest des Volkes noch dem Verderben entreißen möchte. Auch § 525 ist josephisches Gut, da hier die für die Zelotenschilderung des Verfassers charakteristische Leib-Seele-Trennung erscheint. Die Sätze leiten über zu § 527-547, einem schon von Weber dem Josephus zugewiesenen Stoff [3]).

Deutlich ist ferner § 559 als Einfügung des Josephus erkennbar: Die Reflexion § 558 über die Geldgier, die auch durch Strafandrohung nicht im Zaum gehalten werden kann, genügt dem Quellenbericht offenbar, um die trotz des Verbotes weiter verübten Grausamkeiten an den Überläufern zu motivieren. Der Zwischensatz des Josephus muß diesen Gedanken ernst zurückschieben — „Mag dies Gesetz auch in anderen Fällen seine Geltung haben ..." —, um Platz zu bekommen für seine theologische Motivation: „diesmal war es Gott selbst, der das ganze Volk" — also nicht bloß die Schuldigen — „verurteilt hatte und ihm jeden Rettungsweg ins Verderben verkehrte".

Inhaltlich liegt wieder das zweistufige Denken vor, in dem außer der direkten Bestrafung der Schuldigen auch ein Gesamturteil über das jüdische Volk herausgestellt wird. War diese zweite Stufe bereits mit dem Schicksalsbegriff verbunden worden (§ 355), so zeigt sich hier, daß dieser josephische Schicksalsbegriff nicht aus dem theologisch-forensischen Denken unseres Historikers gelöst werden kann.

---

[1]) Weber S. 70 und 104.

[2]) Das Schicksal (χρεών) in § 514 kann im Sinne von b 6, 49; a 7, 383 als das allen Menschen zukommende Todesgeschick verstanden werden, kann aber auch wie 5, 355 und später 5, 572 spezifisch josephisch aufgefaßt werden, da es hier um das Schicksal geht, das gerade auch die Unschuldigen trifft. Zum Material vgl. Schlatter, Theologie S. 34.

[3]) Die Familiengeschichte des Matthias, Sohn des Boethos, interessiert den Josephus auch sonst, da es sich um priesterliche Führer handelt, die beim Volk hohes Ansehen hatten (4, 574; 6, 114). Auch der Kapitulationsversuch des Judas ist in seinem Sinne. Gleich anschließend kann er seine eigene Friedensmission noch einmal in Erinnerung bringen.

§ 562-566 ist auch nach Weber josephisch. Die Polemik des Josephus richtet sich hier nicht allgemein gegen die Zeloten, sondern speziell gegen Johannes von Gischala. Die Bedeutung des Tempels für das Denken des Josephus tritt an einem solchen Abschnitt deutlich hervor. Der Jude (ὁ Ἰουδαίος § 563 in scharfer Pointe!) schändet das Heiligtum, das von den römischen Oberherren besonderer Ehrungen für wert gehalten worden war. In § 566 werden die Naturkatastrophen genannt, die anstelle des Römerheeres die Katastrophe der Stadt hätten herbeiführen können: Der Abgrund hätte sich auftun und Jerusalem verschlingen können, die Flut hätte es vertilgen oder das Feuer es wie Sodom treffen können. Damit sind wieder die Römer entlastet, gleichzeitig erfolgt noch ein Hinweis auf die Schuld dieser Generation, hier also nicht einfach bloß der zelotischen Gruppen, und wiederum die Aussage, daß in das Verderben dieser Generation das ganze Volk, also offenbar auch spätere Generationen, mit hineingezogen worden ist.

Ob § 567-572 eigene Informationen enthält, die Josephus durch Kontakte mit Überläufern erhalten hat, kann gefragt werden. Inhaltlich steht der Abschnitt § 548 (römischer Bericht) nahe. Der Abschluß in § 572 ist aber mit dem μετάνοια-Motiv und dem deutlich geprägten Determinationsdenken — hier erscheint wieder τὸ χρεών — auf die Hand des Josephus zurückzuführen. Der Bericht greift in seinen Zahlenangaben über den in der Erzählung erreichten Stand hinaus: Der Neumond des Panemos (§ 567) wird in der Kriegserzählung erst 6,15-22 erreicht. § 569 gibt noch spätere Daten, offenbar in Vorwegnahme der Gesamtentwicklung. Es liegt nahe, daß Josephus in diesen Nachrichten am Schluß des fünften Buches bewußt auf das Ende des Krieges vorgegriffen hat. Von hier aus ist denn auch wahrscheinlich die Spannung zum Beginn des 6. Buches [1] zu erklären: 5, 520 ist josephische Aussage: Vor Hunger können die Juden keinen Ausfall mehr unternehmen. 6, 13. 15 widersprechen, offenbar im Sinne des römischen Berichts: Die römischen Belagerungswerke sind weiterhin besonderer Gefahr ausgesetzt durch die jüdischen Attacken.

In 6, 1-4. 6-8 liegt wieder — so bereits Webers Analyse [2] — josephischer Stoff vor. § 6-8 erinnert an die Klagelieder des Alten Testaments [3], an die Josephus (vgl. 1, 9-12) sich wohl bewußt anschließt (vgl. etwa Threni 1, 1; 1, 7; 2, 15).

---

[1] Siehe oben S. 111 f.
[2] Weber S. 75 f. und S. 104.
[3] Weber S. 75 f. Siehe unten S. 138.

Die römischen Stoffe des Zusammenhangs 5, 491-6, 92 zeichnen sich wieder durch militärische Detailkenntnis und besondere Ausrichtung auf Titus als den Beobachter und Helfer seiner Truppe aus. Einige Einzelheiten seien vermerkt:

Titus macht am Schluß des Kriegsrates Mut zum großen Werk der Circumvallatio: „Römer geben sich nicht mit Kleinigkeiten ab, und ohne Mühe kann nicht einmal ein Gott so leicht etwas Großes zustande bringen" (... δίχα πόνου κατορθοῦν τι τῶν μεγάλων οὐδὲ θεῷ ῥᾴδιον), § 501. Hier wird einmal sichtbar, wie ein Nichtjude von Gott reden kann. Interessant ist die Textkritik, weil hier zu sehen ist, wie das Anstößige dieser heidnischen Äußerung von späteren Schreibern beseitigt worden ist. Die Wendung οὐδὲ θεῷ ῥᾴδιον ist als Spitze des Gedankengangs unentbehrlich und wird durch eine schöne Parallele aus der römischen Literatur gestützt [1]).

§ 9-92 ist ein im wesentlichen geschlossener Zusammenhang des römischen Kriegsberichts. Die Kampfkraft der Juden findet Anerkennung (§ 9-13. 17). Der τύχη-Gebrauch in § 14 hat seine Entsprechungen in 4, 438 und 5, 78. Die positive Schilderung der jüdischen Kämpfer ist kaum auf Josephus zurückzuführen. Hier kämpft nicht eine Gruppe von Verbrechern, sondern ein ganzes Volk mit Einsatz seiner besten Kräfte! W. Weber hat gezeigt [2]), daß diese Farben zu den römischen Berichten passen, die wir von Tacitus und Cassius Dio besitzen [3]). Die Anfeuerungsrede des Titus in § 34-53 scheint in einem Grundbestand auf die römische Quelle zurückzugehen [4]), dann aber doch von Josephus bearbeitet zu sein. Gottes συνεργία mit den Römern (§ 39 f.), sein Zorn gegen die Juden (§ 40), das ans Dienen gewöhnte jüdische Volk (§ 42) [5]) — dies sind josephische Gedanken, und vielleicht hat auch die Seelenrede in § 47 f. eine besondere josephische Überarbeitung erfahren [6]).

Dagegen ist die τύχη in § 44 wohl zunächst in dem Sinne zu verstehen, daß ihr Wirken den Ruhm der römischen Waffen schmälert

---

[1]) Vgl. die Textkritik bei Michel-Bauernfeind II, 1 S. 190 sowie die Anm. 199 a.a.O. S. 271.

[2]) Weber S. 211-213.

[3]) „Verachtung" (Weber S. 214) spricht eigentlich nicht aus dieser Schilderung.

[4]) Weber S. 222 denkt an „eine kurze Ansprache ..., in der der allgemeine Gedanke des Todes fürs Vaterland behandelt war."

[5]) Vgl. 2, 357; 5, 365.

[6]) Zum zweifachen Schicksal der Seelen vgl. 2, 154-157; 3, 374 f. Die Einzelzüge der in 6, 47 aufgenommenen Seelentradition weisen auf griechische Volksreligiosität, vgl. Michel-Bauernfeind II, 2 S. 161 f. z. St. sowie den Exkurs S. 162 f. Hierher gehört auch das Todesschicksal in § 49.

(wie 3, 71. 100)! [1]). Der jetzige Zusammenhang ist aber von dem Gedanken der συμμαχία Gottes bestimmt (§ 41), und von ihm aus wird § 44 zu einer Aufforderung, sich dem gegen die Juden kämpfenden Gott mit eigenem Einsatz beizugesellen. So sind die Römer dann wieder Werkzeuge Gottes bzw. der τύχη, und die Antithese zwischen τύχη und ἀρετή (hier ὅπλα), wie sie dem ursprünglichen Bericht entsprochen haben mag, ist dem vermittelnden Gedanken des Josephus gewichen.

In der folgenden Kampfschilderung sind hervorragende Leistungen einzelner römischer Kämpfer berichtet: § 54-67 und § 81-91. In ihnen spielt der Schicksalsbegriff eine besondere Rolle: Sabinus wünscht sich zu seiner Tat wohl die τύχη des Titus (§ 57), aber er erfährt nur eine τύχη, die „neidisch ist auf große Taten und stets den glücklichen Ausgang außergewöhnlicher Unternehmungen verhindert" (§ 63, vgl. § 66). Ganz ähnlich war bereits 5, 460-465, wo der Mut der Truppe des Antiochus ebenfalls ohne die Unterstützung der Personaltyche eines großen Mannes blieb. Wie Sabinus, so kämpft auch Julianus (§ 81 ff.) mit übermenschlicher Kraft (§ 82 vgl. § 59). Wie jener hat er das Schicksal — hier die εἱμαρμένη § 84 — gegen sich. Ein wichtiger Einwand gegen die Herleitung von § 81-91 aus dem römischen Bericht ergibt sich aus § 81: ὃν ἐγὼ κατ' ἐκεῖνον ἱστόρησα τὸν πόλεμον ... Offenbar liegt hier der Bericht eines Augenzeugen vor, und man wird zögern, im „Ich" dieses Satzes einen anderen Erzähler als Josephus selbst sehen zu wollen. Da der Bericht sonst alle Merkmale der römischen Quelle aufweist, wird man aber damit rechnen müssen, daß Josephus hier auch das Ich der Quelle mit übernommen hat, — oder er hat den Mann, von dem die Quelle berichtete, tatsächlich selbst gekannt und diese Tatsache zusätzlich in den Bericht eingefügt [2]).

5. *Von der Einstellung des Tamidopfers bis zum Tempelbrand* (b 6, 93-270)

Inhalt: Nach der Eroberung der Antonia (5. Panemos) läßt Titus die Festung schleifen und das Gelände zum Aufstieg größerer

---

[1]) Siehe oben S. 86 f.

[2]) Nach W. Weber S. 227 stammt dies und ähnliches Material aus dem Militärkabinett des Titus. Die Taten der Tapferen „wurden von den Verbänden dem Militärkabinett des Titus gemeldet". Ähnlich urteilt Ricciotti Bd. I (Introduzione) S. 63, anders — nämlich im Sinne der Augenzeugenschaft des Josephus — derselbe Bd. III S. 234 Anm. zu 6, 74.

Heeresteile einebnen (§ 93). Ihm wird berichtet, daß die Juden am 17. Panemos das Tamidopfer (und damit den Opferdienst überhaupt) eingestellt haben. Durch Josephus läßt er dem Johannes sagen, er solle sich außerhalb der Stadt und des Tempels zum Kampf stellen, um nicht beide mit ins Verderben zu ziehen. Josephus fügt dieser Botschaft noch eine eigene Ansprache an Johannes an, in der er ihm Schonung des Lebens im Falle seiner Übergabe anbietet und gleichzeitig auf die durch Propheten geweissagte, jetzt bevorstehende Eroberung Jerusalems hinweist (§ 94-112). Eine Reihe von vornehmen Juden können überlaufen und werden von Titus vorübergehend in Gophna angesiedelt (§ 113-116 a). Die freundliche Behandlung veranlaßt noch weit mehr Jerusalemer zum Überlaufen, was bei den Aufstandsführern allerdings nur zu umso größerer Verhärtung führt: Johannes postiert seine Geschütze direkt „auf die heiligen Tore". Nach einer weiteren Anrede an die Aufständischen erkennt Titus die Fruchtlosigkeit solcher Bemühungen und geht gezwungenermaßen (ἄκων § 130) wieder zu militärischen Maßnahmen über (§ 116 b-130). Ein Teil des Heeres wird an die feindliche Linie herangeführt. Eine erbitterte, aber verworrene Schlacht, bei der Titus wieder als Beobachter seiner Soldaten von der Antonia aus fungiert, endet ohne Entscheidung (§ 131-148). Jüdische Einzelkämpfer werden namentlich hervorgehoben (§ 148, vgl. bereits ähnlich § 92). Nach siebentägiger Arbeit ist das Gebiet der Antonia zu einer breiten Aufmarschstraße der Legionen eingeebnet. Man beginnt mit dem Aufwerfen von vier Belagerungswällen gegen die Umfassungsmauer des äußeren Vorhofs (πρῶτος περίβολος) ¹). Beim Beschaffen des Holzes müssen sich die Soldaten 100 Stadien, also etwa 20 km, von Jerusalem entfernen, da der nähere Umkreis der Stadt bereits abgeholzt ist. Wiederholt werden den Römern dabei die Pferde von jüdischen Kampftrupps (außerhalb Jerusalems!) gestohlen, und erst, nachdem Titus eine harte Strafe verhängt hat, nehmen die römischen Soldaten ihre Tiere so in acht, daß keine Überfälle mehr vorkommen (§ 149-156). Der Versuch einer jüdischen Abteilung, am Ölberg durch die Circumvallatio durchzubrechen, scheitert am entschlossenen Widerstand der römischen Wachmannschaften (§ 157-163). In den Kämpfen um das Tempelgebiet setzen die Juden jetzt (22. Pane-

---

¹) περίβολος meint hier wahrscheinlich nicht die Umfassungsmauer (so Thackeray, Ricciotti, Michel-Bauernfeind zu 6, 150), sondern wie 2, 400; 5, 7. 18. 186 f. und a 15, 410 den durch diese Mauer umgrenzten Raum. ὁ πρῶτος περίβολος ist also wohl gleichbedeutend mit τὸ πρῶτον ἱερόν 5, 195.

mos) das Feuer ein, um die für sie gefährliche Verbindung der Säulenhallen mit der Antonia abzureißen. Auch die Römer legen Feuer an
die Säulenhallen (§ 164-168). Ein jüdischer Einzelkämpfer stellt sich
von der Oberstadt aus zum Zweikampf (§ 169-176). Im Tempelgebiet gelingt den Juden ein Anschlag (27. Panemos): Ein Schein-
rückzug verführt viele Römer zum Aufstieg auf die westliche Säulenhalle. Diese wird von den Juden in Brand gesteckt, als sie voll von
Römern ist, so daß fast alle Römer den Tod finden (§ 177-185).
Wieder werden Einzelschicksale geschildert (§ 186-189). Die Säulenhallen im nördlichen Tempelgebiet werden von beiden Parteien teils
niedergebrannt, teils abgerissen, je nach den militärischen Erforder-
nissen (§ 190-192). Eine breite Schilderung der Hungersnot in Jerusalem gipfelt in der Erzählung von der Frau, die ihr eigenes Kind tötet
und sich zur Speise zubereitet (§ 193-219).

Nach Vollendung der Wälle am 8. Loos (27. August) läßt Titus die
Mauerbrecher an die Westmauer des äußeren[1] Vorhofs heranführen.
Da die Mauer aber den Stößen der Maschinen nicht nachgibt und
auch Versuche, sie zu untergraben, nur wenig weiterführen, versuchen die Römer, mit Leitern ins Tempelgebiet einzudringen,
werden aber unter schmerzlichen Verlusten wieder zurückgeworfen
(§ 220-227). Titus entschließt sich daraufhin, Feuer an die Tore zu
legen. In größerem Ausmaß werden jetzt die Säulenhallen (bereits
auch des inneren Vorhofs?) ein Opfer der Flammen, was bei den
Juden zunächst lähmendes Entsetzen bewirkt (§ 228, § 232-235).
§ 229-231 berichtet über weitere Überläufer. Am Tag nach dem
Brand der Hallen, dem 9. Loos, läßt Titus das Gebiet löschen, das er
für den Aufmarsch der Legionen vorgesehen hat (§ 236. 243). Im
Kriegsrat spricht er sich am gleichen Tage für die Schonung des
Tempels aus (§ 237-242). Am 10. Loos erfolgt wieder ein Ausfall der
Juden durch das östliche Tor des inneren Vorhofs. Den Römern
gelingt es durch das Eingreifen des Titus, den Angriff abzuschlagen
und die Juden endgültig auf den Bereich des inneren Vorhofs zu
beschränken (§ 244-248). Titus plant, den Tempel am kommenden
Tag mit seiner gesamten Heeresmacht einzuschließen, aber der Gang
der Ereignisse kommt — göttlicher Bestimmung entsprechend —
diesem Plan zuvor: Römische Soldaten, die mit Löscharbeiten —
jetzt bereits am inneren Vorhof — beschäftigt sind, schlagen einen
weiteren jüdischen Angriff ab, und im Gegenzug greift einer der

---

[1] Text nach dem Lateiner sowie Niese, Naber, Thackeray, Ricciotti. Es muß
sich um den auch in § 151 erwähnten Wall handeln.

Soldaten „aus übermenschlichem Antrieb heraus" einen Teil aus dem brennenden Material und schleudert ihn in eines der Fenster an der Nordseite des Tempelgebäudes. Die Juden sind entsetzt, als das Feuer aus dem Tempel hervorschießt und bemühen sich mit aller Kraft, es zu löschen (§ 249-253). Nun brechen auch weitere Truppenteile ins Tempelgebiet ein. Die Juden werden in großer Zahl niedergemetzelt, Titus versucht vergeblich, seine Soldaten zum Löschen des Tempels zu bewegen, entschließt sich dann, den Tempel vor seiner Vernichtung noch von innen zu besichtigen. Er möchte nun doch löschen lassen, da das Feuer den Innenraum des Tempels noch nicht erreicht hat, aber das Gegenteil geschieht: Auch innen betätigt sich jetzt ein Brandstifter, nachdem Titus das Heiligtum wieder verlassen hat. Daraufhin verzichtet der Cäsar, die Soldaten an der weiteren Brandstiftung zu hindern. Der Haß gegen die Juden hat in dieser Stunde bei den römischen Soldaten die Oberhand über alle militärische Disziplin (§ 254-266). Ein Hinweis auf die schicksalsmäßige Bestimmung, die man in der Übereinstimmung der Termine des jetzigen und des früheren Tempelbrandes (586 v. Chr.) erkennen kann, ferner ein Rückblick auf die Zeitspannen seit der Erbauung durch Salomo und der Neuerbauung in der Perserzeit schließen den Gedankengang ab (§ 267-270).

Zur Analyse: Ich gehe aus von einer chronologischen Schwierigkeit unseres Textes, die längst beobachtet worden ist: Nach dem Fall der Antonia am 5. Panemos (Niese, Weber: 25. Juli) [1]) gibt die Erzählung in § 94 als nächstes Datum den 17. Panemos, den Tag, an dem Titus erfährt, daß die Juden das tägliche Opfer nicht mehr vollziehen können. Für ganze elf Tage fehlt eine chronologische Angabe. „Ob in diesem Abschnitt nichts vorfiel oder des Josephus Darstellung versagt, ist nicht ganz sicher zu sagen", bemerkt Weber [2]). Die nächste Zeitangabe ist § 149: Nach sieben Tagen ist mit der Schleifung der Antonia ein breiter Aufmarschweg für die Legionen geschaffen. Weber schließt diese sieben Tage an den 17. Panemos (4. August) von § 94 an und kommt so mit dem Abschluß der Einebnungsarbeiten und dem Beginn der Wallarbeiten auf den 24. Panemos (12. August). Daß ein solches Verfahren aber nicht zur Klärung des tatsächlichen Ablaufs der Ereignisse beiträgt, hat bereits Schlatter richtig gesehen: „Der Befehl, den Zugang zu sichern, kann nicht

---

[1]) Vgl. Weber S. 202.
[2]) Weber a.a.O.

vom Gewinn der Burg getrennt werden" [1]). Er schließt aufgrund von
§ 93 die Schleifung der Antonia direkt an deren Eroberung vom
5. Panemos an, setzt dementsprechend (§ 149) die Fertigstellung des
Aufmarschweges auf den 12. Panemos, so daß auch für die diesmal
besonders mühseligen Wallarbeiten (anders als bei Weber) noch ein
genügender Zeitraum verbleibt (vgl. § 150) [2]). Der Aufmarsch der
Legionen erfolgt unmittelbar nach Herrichtung des Geländes, und
auch das Ausfallgefecht am Ölberg ist mit diesem Zeitpunkt eng
verbunden (§ 157), also etwa auf den 13. oder 14. Panemos zu legen.
Auf jeden Fall liegen alle diese Ereignisse vor dem 17. Panemos, an
dem man im Tempel den Opferdienst aussetzte, und man wird dem
Schluß nicht ausweichen können, daß § 94 ff. in unseren jetzigen
Text falsch eingeordnet ist [3]). Gerade der Abschnitt § 94 ff. bringt
aber wieder das typisch josephische Gedankengut. Auch das Datum
selbst muß als spezifisch jüdisch beurteilt werden: Es gibt einen für
die Geschichte des Tempelkultus entscheidenden Einschnitt an und
findet sich wie bei Josephus genauso auch in Mischna und Tosefta [4]).
W. Weber setzt für den Redezusammenhang die Autorschaft des
Josephus voraus [5]), also § 99-110, auch § 123-128 (Titusbild) [6]). Man
wird diese Zuordnung bestätigen müssen und den gesamten Stoff
von § 94 bis § 130 als eine breite josephische Einlage anzusehen
haben, die die Einstellung des Tamidopfers zum Anlaß nimmt, die
apologetischen und polemischen Ansichten unseres Historikers erneut
zu unterstreichen. Wieder hebe ich nur ein paar Einzelzüge heraus:
Johannes von Gischala wird in seiner Schuld als Jude — ὁ Ἰουδαῖος
wie in 5, 563 — besonders angesprochen. Die Ermahnungen des
Josephus erfolgen ἄντικρυς εἱμαρμένης, „gegen das Schicksal"

---

[1]) Schlatter TGP S. 364.

[2]) Schlatter TGP S. 365. Wenn Schlatter a.a.O. S. 364 das Gefecht von § 131-148
erst auf die Fertigstellung des Aufmarschweges (§ 149) folgen läßt, so vernach-
lässigt er die Angabe § 149 Ἐν τούτῳ ... Seine Argumentation, daß vor Beendigung des „Straßenbaus" kaum ernste Kämpfe auf dem Tempelplatz stattgefunden
haben können, ist nicht zwingend. Immerhin handelte es sich bei den Kämpfern
von § 131 ff. ausdrücklich nicht um die Gesamtstreitmacht, sondern um eine
ausgewählte Sturmtruppe.

[3]) Chronologisch würde der ganze Zusammenhang gut zu § 164 passen.

[4]) Siehe Michel-Bauernfeind II, 2 S. 164 Anm. 27; Billerbeck I S. 945. Auf
die Frage, ob ein solches nach dem jüdischen Kalender (17. Panemos hier = 17.
Tammuz, Taanith 4, 6) gegebenes Datum sich in das sonstige Kalendersystem
des Josephus sachlich richtig einfügt, gehe ich hier nicht ein, sondern verweise
auf die Diskussion: Schlatter TGP S. 360-367; Niese, Hermes 1893, S. 197 ff.;
Schürer I S. 743 ff.

[5]) Weber S. 104.

[6]) Weber S. 70.

(§ 108): Es liegt in Gottes Plan — wieder ist Gott der Richter! [1] —, daß jetzt keine Rettung mehr erfolgen kann. Hinzukommt, daß nach einem alten Prophetenspruch die Eroberung der Stadt in die Zeit fallen wird, wo jemand den Brudermord beginnt. Wir sahen bereits [2], daß die josephische εἱμαρμένη eng mit der Weissagung verbunden sein kann. In das Interesse des Josephus fällt u.a. dann noch der Bericht über Titus' freundliches Verhalten gegen die Überläufer (§ 113-118), ferner die Ehrfurcht der römischen Soldaten gegenüber dem Tempel und ihr Wunsch, das Heiligtum zu bewahren (§ 122 f.). Nicht bloß Titus, sondern — in Steigerung zu früheren Gegenüberstellungen — das ganze römische Heer wird zum Zeugnis gegen die Frevel der Juden aufgeboten. Mit der Berufung auf das Zeugnis der Heiden gegenüber Israel wendet Josephus ein prophetisches Polemik-schema an, das sich auch etwa bei Jesus (Mt. 12, 41 f.) und Paulus (Röm. 2, 27) findet [3]. Besonders beachtenswert ist der Abschluß dieser josephischen Einlage, mit dem der Verfasser wieder den Anschluß an den Kriegsbericht herstellt: „… Als Titus nun einsah, daß diese Männer weder Mitleid mit sich selbst kannten noch Scho-nung gegen den Tempel übten, da schritt er schweren Herzens (ἄκων) wieder zu kriegerischen Maßnahmen" (§ 130). Es folgt der nächt-liche Sturmangriff der Elitetruppe unter Cerealius auf die jüdischen Wachen (§ 131-148). Josephus hat die Einlage § 94-130 am Schluß wieder zu einer Motivation für das militärische Handeln des Titus ausgenutzt: Der römische Angriff erfolgt „wider Willen" des Cäsars, er muß aber geschehen wegen der bleibenden Unbußfertigkeit der Tyrannen. Ist dieser Zusammenhang richtig gesehen, so wird auch der Grund sichtbar, warum Josephus seine Einlage gerade an dieser Stelle eingebracht hat: Nicht ein Synchronismus mit den Einebnungs-arbeiten am Antoniafelsen bewog ihn dazu, sondern das Bedürfnis, die erste gegen das Tempelgebiet selber gerichtete militärische Operation der Römer apologetisch zu motivieren. Jede für Josephus wesentliche Aktion der Römer wird mit der stereotypen Apologetik verbunden.

In § 131-192 liegt wieder die Quelle des Josephus vor. Titus ist in besonderer Weise Preisrichter seiner Soldaten, wie aus der kleinen Rede seiner „Freunde" (§ 132-135) hervorgeht und dann in

---

[1]) Der Gedanke der εἱμαρμένη wird ergänzt durch den anderen, daß die Juden „von Gott verurteilt" sind.

[2]) Oben S. 93.

[3]) Vgl. Michel-Bauernfeind II, 2 S. 165 f. Anm. 42.

der Kampfschilderung selber (§ 146) noch einmal hervorgehoben wird: ἦν δὲ ὥσπερ πολέμου θέατρον [1]. Werden die Taten der Kämpfer in dieser Weise als militärische Schaustückchen gewertet, so fügt sich auch die Liste der jüdischen Kämpfer (§ 148) wieder gut in diesen Bericht ein, da das Militärische einen gewissen Eigenwert gewinnt: Der Soldat würdigt auch bei seinem Gegner die militärische Größe [2]. In § 161-163 ist ein Kunststück eines Reiters erzählt, das ebenfalls gut zum römischen Bericht paßt. § 165 ταῖς ἰδίαις χερσὶν ἀρξάμενοι καίειν τὰ ἅγια ist dagegen wieder eine Bemerkung von der Hand des Josephus.

Der Bericht über den Zweikampf zwischen Jonathan und Pudens § 169-176 gehört mit der wiederum stark herausgearbeiteten Schicksalslehre [3] eng mit den bereits besprochenen Abschnitten § 54 ff. (Sabinus) und § 81 ff. (Julianus) zusammen. In § 182-184 wird die Rolle des Titus von der des Beobachters gesteigert zu der eines Beistandes für seine sterbenden Soldaten. In § 186-189 folgen wieder zwei Einzelszenen, und zwar [4] unter den Stichworten κλέος (§ 187) und πανουργία (§ 188).

Der Zusammenhang § 193-219 wird wieder dem Josephus zuzuweisen sein [5]. Die Schilderung des Hungers in der Stadt kommt mit der Erzählung von der Frau, die ihr eigenes Kind verzehrt [6], auf den Höhepunkt, und die typisch josephischen Reflexionen schließen sich an.

Wichtig ist § 218 innerhalb der Titusrede: Die Mutter ist eigentlich nicht die Hauptschuldige, sondern die Väter, die auch jetzt noch unter Waffen bleiben. Josephus empfindet hier wie sonst das Problem, daß mit der Zerstörung Jerusalems und dem Sterben seiner Bewohner auch die Unschuldigen hingerafft werden. Wir sahen bereits zu 5, 355, daß er hier das unmittelbar richterliche Handeln im Sinne der Entsprechung von Tun und Ergehen ergänzt durch ein „Schicksals"motiv, hinter dem für den Juden der Gedanke an einen Geschichtsplan stehen dürfte.

---

[1] Vgl. wieder Weber S. 227 („daß der Kampf zu einem förmlichen Schaugefecht wird").

[2] Daß in den beiden Listen § 92 und 148 möglicherweise eine gemeinsame ältere Tradition vorliegt, wird bei Michel-Bauernfeind z. St. Anm. 50 Bd. II, 2 S. 167 herausgestellt.

[3] § 171 τὸ θεῖον, § 173 προεδόθη δὲ ὑπὸ τῆς τύχης, § 176 νέμεσις.

[4] Vgl. Michel-Bauernfeind II, 2 S. 168 Anm. 69.

[5] Weber S. 71 rechnet erst ab § 215 mit Einfügung des Josephus.

[6] Zur Traditionsgeschichte dieses Motivs siehe Michel-Bauernfeind II, 2 S. 169 Anm. 80.

Mit § 220 setzt wieder der römische Kriegsbericht ein. § 227 bringt wie § 148 einen Hinweis auf besonders tapfere Einzelkämpfer. § 229-231 ist ähnlich wie § 113 ff. wohl wieder Einschub des Josephus.

Die dem Befehl von § 228 entsprechende Verbrennung der Tore [1]) wird § 232-235 berichtet, und nach den Löscharbeiten steht dem Aufmarsch größerer Truppenteile ins eigentliche Tempelgebiet nichts mehr im Wege (§ 236).

Der Kriegsrat des Titus in § 237-242 folgt grundsätzlich ebenfalls der römischen Quelle, nur hat Josephus hier wahrscheinlich stärker inhaltlich geändert als sonst: Titus wird von der Verantwortlichkeit für den Tempelbrand entlastet, ähnlich etwa, wie im 4. Buch die Erhebung Vespasians in Judäa und nicht in Ägypten erfolgen mußte [2]). Wir werden damit zu rechnen haben, daß Josephus seine Vorlage im allgemeinen zwar sachgetreu, weithin wörtlich, referiert, gelegentlich kürzt, dann aber an wenigen Stellen, die in der Gesamtkonzeption des Werkes von ausschlaggebender Bedeutung sind, bewußt auch mit dem Mittel der Umkehrung eines vorgegebenen Sachverhaltes arbeitet. Auch im Folgenden zeigen sich Merkmale josephischer Bearbeitung [3]), § 250: Gott hat den Tempel längst zum Feuer verurteilt. καταψηφίζεσθαι klingt hier so, als handle es sich um eine Schuld des Tempels, die dieser nun zu büßen habe [4]), und die Parallelisierung zwischen dem Vollzug der Strafe an den Menschen und der an den ἄψυχα wird in § 267 ausdrücklich aufgenommen. Das Motiv des Strafvollzuges am Tempel ist jedenfalls auffällig herausgestellt. Gott benutzt die Römer als sein Werkzeug. Nicht nur, daß Titus entlastet und die Juden mit der Verantwortung beladen werden (so hier wieder § 251!), nein, selbst dort, wo ein römischer Soldat — ohne Befehl des Titus! — den Feuerbrand ins Tempelinnere

---

[1]) Wahrscheinlich sind die nördlichen Zugänge zum Tempelplatz (äußerer Vorhof) gemeint.

[2]) Grundlegend für die Behandlung dieser Stelle ist der Vergleich mit Sulpicius Severus (Chron. II 30, 6) der eine (auf Tacitus zurückgehende?) Tradition bewahrt hat, nach der zunächst eine Gruppe von Offizieren für die Erhaltung des Tempels eingetreten war, dann aber Titus zusammen mit anderen für seine Vernichtung gesprochen habe. Sein Argument: Judentum und Christentum müßten von der Wurzel her ausgerottet werden. Freilich hat auch diese Version ihre Schwierigkeiten. Vgl. zur Diskussion Michel-Bauernfeind II, 2 S. 173 f. Anm. 108. Wenn bei W. Weber S. 72-74 der Bericht des Bellum mit besonderer Kritik angesehen wird, so hat eine solche Betrachtung ihr Recht in der grundlegenden Bedeutung dieser Szene für das gesamte Titusbild des Josephus.

[3]) So auch Weber S. 71 f.

[4]) Vgl. H. G. Liddell-R. Scott, A Greek-English Lexicon, 9. Aufl. Oxford 1940 s.v.

schleudert, ist es nicht bloß der Römer, der hier handelt, sondern Gott, denn der Brandwerfer tut es δαιμονίῳ ὁρμῇ, „auf höheren Antrieb hin" (§ 252). Josephus trägt seine theologische Deutung der Vorgänge hier so kräftig auf, daß kein Leser sie übersehen kann. Andeutungen genügen ihm nicht. Hier, wo der Krieg auf seinen Höhepunkt gekommen ist, hat er den ihm vorliegenden Bericht in besonderer Weise theologisch akzentuiert. Wieder wird das richterliche Motiv durch ein schicksalsmäßig-prädestinatianisches Element vertieft: Der Tag des Tempelbrandes (10.Ab) ist schicksalhaft bestimmt (ἡ εἱμαρμένη ... ἡμέρα), und zwar χρόνων περιόδοις, „durch Umläufe der Zeiten" (§ 250, vgl. 268). Josephus kennt auch in den Altertümern eine Geschichtslehre, die mit dem περίοδος-Begriff verbunden ist: a 6, 9 und 15, 299. Danach kehrt ein bestimmter Unheilsschlag nach einem bestimmten Ablauf regelmäßig wieder. Aber: In beiden Fällen ist das Denken am Naturgeschehen orientiert und im ersten Fall gar nicht, im zweiten Fall nur bedingt als die eigene Meinung unseres Autors wiedergegeben: Die Hungersnot unter Herodes tritt ein „entweder, weil Gott zornig ist, oder weil das Unglück in dieser Weise periodisch (κατὰ περιόδους) auftritt". Josephus muß sich offenbar mit einem hellenistischen (stoischen?) φύσις-Denken auseinandersetzen, in dem der Gedanke an eine regelmäßige Wiederkehr bestimmter Unheilsschläge eine Rolle spielte. Er stellt in a 15 die beiden Möglichkeiten nebeneinander, weist aber in a 6, 9 die Erklärungsmöglichkeit aus den Gesetzen und Abläufen der φύσις ab: Der Schade, der unter den Philistern entsteht, wo die Bundeslade hinkommt, kann nicht auf die Naturabläufe zurückgeführt werden, sondern hängt mit Gottes Zorn zusammen. Behandelt Josephus den περίοδος-Begriff in a mit merklich größerer Zurückhaltung als in b, so ist ihm doch der Sache nach auch in dem späteren Werk der Gedanke an die Wiederkehr eines Geschehens wichtig: Nach a 15, 487 fällt die Eroberung Jerusalems durch Sossius (37 v. Chr.) auf den gleichen Tag wie die durch Pompejus (63 v. Chr.), „wie als Wiederkehr" des früheren Ereignisses, (ὥσπερ ἐκ περιτροπῆς τῆς γενομένης ἐπὶ Πομπηίου τοῖς Ἰουδαίοις συμφορᾶς). Die Angleichung der Daten (a 14, 66 und 487) dürfte indes nicht dem historischen Verlauf entsprechen, sondern vielmehr auf eine Volksüberlieferung zurückgehen, die im zweiten Ereignis die Wiederkehr des ersten sah [1].

---

[1] Vgl. A. Schalit, Herodes S. 765.

Josephus nimmt diese Anschauung auf, setzt aber hier den Begriff περιτροπή ein [1]).

Für die Deutung der Tempelzerstörung haben wir eine entsprechende Tradition in den rabbinischen Schriften, die das Ereignis des Jahres 70 auch datumsmäßig mit der Zerstörung durch Nebukadnezar zusammenstellt, und zwar unter dem Grundsatz (R. Jose ben Chalaphta), daß Gott Heilvolles durch einen Tag des Heils und Unheilvolles durch einen Tag des Unheils herbeiführen läßt [2]). In diesem Fall dürfte nicht allgemein volkstümliches Denken vorliegen, das „aus der Analogie der Ereignisse eine Analogie der Umstände" schafft (Schalit), sondern speziell das chronologische Interesse, das mit der Gestaltung des religiösen Kalenders zusammenhängt. R. Jose b. Chalaphta ist der Hauptgewährsmann für Chronologie in der alten Synagoge, und dem Josephus sind als Priester dieselben Interessen gewiß nicht fremd gewesen [3]).

Jedenfalls ist auch er der Überzeugung, daß Gott sich an einen solchen Tag hält, wenn er die Vernichtung des Tempels wieder neu herbeiführt: In der εἱμαρμένη wird eine ἀκρίβεια sichtbar, indem sie (die εἱμαρμένη, also letztlich Gott selbst) sogar Monat und Tag des früheren Tempelbrandes einhält (ἐτήρησεν, § 268). Josephus meint geradezu rechnerisch nachweisen zu können, daß nicht bloß Menschen, sondern Gott selbst hier am Werke ist! Und diese εἱμαρμένη-Gewißheit ist ihm dann auch Quelle des Trostes (παραμυθία § 267).

In § 254-266 muß Josephus erzählen, wie Titus den Tempel betritt. Der Bericht setzt voraus, daß die Römer den Tempel noch vor seiner Niederbrennung in die Hand bekommen. Darin berührt er sich mit der rabbinischen Tradition (b Gittin 56 b). Letztere hat aber die Schändung und Plünderung des Tempels durch Titus, während Josephus nur von einer Besichtigung spricht, die dem Heiden die unübertrefflichen Kostbarkeiten des Heiligtums bestätigt (§ 260). Die Entlastung des Titus gegenüber der Judenschaft wird hier in Konsequenzen vorgetrieben, die den römischen Feldherrn eigenartig passiv und hilflos erscheinen lassen! Er möchte den Tempel löschen lassen,

---

[1]) Der Begriff erscheint auch b 3, 374 und Ap. 2, 218, und zwar als Bezeichnung der eschatologischen Äonenwende.

[2]) b Arachin 11 b u.ö. Vgl. A. Schalit, Herodes S. 766 Anm.; Billerbeck I S. 945 f.

[3]) Michel-Bauernfeind II, 2 S. 175 (oben) machen darauf aufmerksam, daß die mischnisch-talmudische Tradition im Unterschied zu Josephus den 9. Ab als Gedenktag der Tempelzerstörung festsetzt. Auch später (3. Jhdt.) ist die Diskussion um die Frage: 9. oder 10. Ab nicht verstummt, vgl. Billerbeck I S. 946.

aber seine Soldaten tun genau das Gegenteil (§ 261-266) [1]). Das tendenziöse Titusbild des Josephus wirkt gerade auf dem Höhepunkt der Darstellung wenig überzeugend. Josephus hat selbst dort die Vermittlung zwischen seinem Volk und den römischen Herren versucht, wo diese über die Grenzen des Möglichen hinausführte. Deutlich ist jedenfalls, daß er mit einer solchen Schilderung eher ein jüdisches als ein römisches Publikum ansprechen will. Auch die Daten in § 269 wird man der eigenen Verfasserschaft des Josephus zuzuerkennen haben. Der Priester legt Wert auf die Chronologie. Ganz ähnlich ist später der Passus § 435-442.

6. *Die vollständige Einnahme des Tempelberges* (b 6, 271-322)

Inhalt: Das Eindringen der Römer in den inneren Tempelbereich ist von hemmungslosem Plündern und Morden begleitet (§ 271). Der Abschnitt § 272-276 schildert den brennenden Tempelberg als Gesamtheit mit dem in diesen Stunden sich vollziehenden Brennen und Morden (§ 272-274: was das Ohr hört, § 275 f.: was das Auge sieht). Die jüdische Kampfgruppe kann sich in den äußeren Vorhof durchschlagen und von dort aus (in die Unterstadt) entweichen. Die Römer setzen auch die umliegenden Gebäude des Tempelplatzes in Flammen, u.a. auch eine Säulenhalle im äußeren Vorhof, auf der 6000 Menschen auf Grund eines Prophetenspruches ihre Zuflucht gesucht haben (§ 277. 281-287). In § 288-315 schließt sich das „Prodigienkapitel" an, das von der Erfahrung des geschichtlichen Zusammenbruchs her auf Zeichen und Weissagungen sowie deren rechte Deutung zu sprechen kommt.

Nach den Kämpfen und ihren Plünderungszügen im Tempelgebiet errichten die Römer dem östlichen Tor gegenüber ein Feldzeichenheiligtum, opfern dort und rufen den Titus „unter begeisterten Glückwünschen zum Imperator aus". Die Soldaten haben so viele

---

[1]) Nach § 262 läßt Titus seine Soldaten durch den Centurio Liberalius mit Stockschlägen zum Löschen antreiben — für den Feldherrn und seine Autorität eine wenig rühmliche Szene! Dasselbe Motiv erscheint übrigens bei der Darstellung der Gegenseite in § 143: Während die römischen Soldaten sich dadurch zu höchsten Leistungen anspornen lassen, daß der Cäsar sie beobachtet, werden die Juden von ihrem Anführer u.a. auch „mit Geißelhieben und Drohungen" in den Kampf getrieben. Dieser polemische Einzelzug fällt aus dem positiven Gesamtbild heraus, das die römische Quelle von den jüdischen Kämpfern zeichnet. Man stelle sich vor, daß die in § 148 genannten Einzelkämpfer von Johannes in den Kampf hineingeprügelt worden sein sollen! So wird Josephus auch in § 143 seine Polemik mit eingebracht haben.

Kostbarkeiten erbeutet, daß in der Folge das Gold in der Provinz Syrien um die Hälfte im Preis sinkt (§ 316-317). In § 278-280 und § 316-322 erfahren wir Einzelheiten über das Ende einiger Priester.

Zur Analyse: Sieht man zunächst einmal vom dem Prodigienkapitel ab, so weist der knappe, aber doch gut informierende Bericht im wesentlichen die Merkmale auf, die für eine Zugehörigkeit zur römischen Quelle sprechen. Das Plündern und Morden der Römer wird nicht verschwiegen und beschönigt. Wenn die Soldaten wie in § 284 ohne Anweisung ihrer Offiziere und ohne Befehl des Titus handeln, so paßt dieser Zug zu den früheren Szenen (§ 256 ff.), in denen der Feldherr ohnmächtig das Wüten seiner Soldaten gewähren lassen mußte, doch ist hier längst nicht so übertrieben wie dort. Der josephische Kommentar zur Vernichtung der 6 000 Menschen auf der Halle folgt wohl erst [1]) in § 285 ff.: Die Tyrannen sind schuld, die das Volk mit falschen Erwartungen ins Tempelgebiet gelockt haben. Vielleicht hat Josephus auch einen eigenen Anteil an der Schilderung des brennenden Tempelberges — § 274: Viele Verhungernde finden wieder Kraft zur Klage, als sie den Tempel brennen sehen; auch im Bericht über das Ende der Priester könnte Josephus eigenes Wissen verarbeitet haben, so etwa bei den Namen der Priester in § 280. Das Argument des Titus, Priester hätten nach dem Untergang des Tempels kein Lebensrecht mehr (§ 322), ist aber schwer mit der eigenen Anschauung des Josephus und seinem Titusbild zu vereinbaren. Nachdem die Entscheidungsschlacht um den Tempel berichtet ist, folgt im Prodigienkapitel eine grundsätzliche Besinnung auf die Verblendung des jüdischen Volkes, das die deutlichen Vorzeichen mißachtet hat (§ 288-309) und in ganz bestimmten Fehlentscheidungen auf sein eigenes Verderben zugesteuert ist (§ 310-315).

Zunächst sind acht Vorzeichen genannt:
1. Ein schwertähnliches Gestirn steht über der Stadt (§ 289a) [2]).
2. Ein Komet bleibt ein Jahr lang über der Stadt (§ 289b) [3]).

---

[1]) Vgl. W. Weber S. 205.

[2]) Vgl. Oracula Sibyllina 3, 796-799: „Ich werde dir aber ein deutliches Zeichen sagen, daß du erkennen kannst, wann das Ende aller Dinge auf Erden kommt: wenn Schwerter am gestirnten Himmel nächtlicherweise erscheinen gegen Abend und auch gegen Morgen."

[3]) In § 289 sind wahrscheinlich zwei verschiedene Himmelszeichen voneinander zu unterscheiden, vgl. S. V. Mc Casland, Portents in Josephus and in the Gospels, JBL 51 (1932), S. 323-335, hier S. 325; Michel-Bauernfeind z. St., anders A. Schlatter TGP S. 386 und Thackeray z. St.

3. Ein gewaltiges Licht umstrahlt nachts zur neunten Stunde den Altar und das Tempelgebäude, eine halbe Stunde lang, so daß es taghell wird. Datierung: 8. Xanthikos 66 (Beginn des Passafestes). Die Schriftgelehrten erkennen die Erscheinung im Gegensatz zu den ἄπειροι als Unheilszeichen (§ 290 f.).

4. Eine zur Opferung geführte Kuh wirft mitten im Tempel ein Lamm. Datierung: Beim selben Passafest wie 3 (§ 292).

5. Das Osttor des inneren Tempelbezirkes öffnet sich nachts zur 6. Stunde von selbst (αὐτομάτως) und kann vom Tempelpersonal nur mit Mühe wieder geschlossen werden. Datierung: Die Stellung zwischen den um das Passa 66 datierten Prodigien 4 und 6 legt eine enge zeitliche Beziehung nahe. Wieder nehmen die Unkundigen (ἰδιῶται) den Vorgang als ein gutes Omen (ἀνοῖξαι γὰρ τὸν θεὸν αὐτοῖς τὴν τῶν ἀγαθῶν πύλην, während die Gelehrten erkennen, daß sich die Sicherheit des Tempels αὐτομάτως auflöst und die Tür sich den Feinden als Geschenk öffnet, so daß sie es untereinander als offenbares Zeichen der Verwüstung erklären [1]) (§ 293-295).

6. Lufterscheinungen werden im ganzen Lande beobachtet: Wagen und Heeresabteilungen in Waffen stürmen über die Wolken hin und umzingeln die Städte. Datierung: Ebenfalls im Zusammenhang mit dem genannten Passafest, aber einige Tage später (21. Artemisios). Dies Zeichen ist mit einer Einleitung angeführt, die das Unglaubliche des Vorgangs und zugleich seine gute Bezeugung durch Augenzeugen herausstellt. Außerdem seien die dann tatsächlich erfolgten πάθη den Zeichen angemessen [2]) (§ 296-298).

7. Die beamteten Priester vernehmen im inneren Tempelvorhof nachts zuerst Bewegung und Getöse, sodann den vielstimmigen Ruf: μεταβαίνομεν ἐντεῦθεν („Wir ziehen fort von hier"). Datierung: Beim Wochenfest (πεντεκοστή), also ebenfalls im Zusammenhang [3]) mit dem genannten Passafest (§ 299).

---

[1]) Hier spricht wieder derselbe Autor, der auch den Einführungssatz des Prodigienabschnitts (§ 288) verfaßt hat: Es geht um die Erkennbarkeit der bevorstehenden ἐρημία.

[2]) Vgl. Oracula Sibyllina 3, 804: „in der Wolke werdet ihr sehen einen Kampf von Fußvolk und Reisigen" (innerhalb der Zeichen, die „das Ende aller Dinge auf Erden" ankündigen) (796 f.). Hier beglaubigt also die Größe des Geschichtsereignisses den außerordentlichen Charakter des Zeichens, das seinerseits ante eventum die Geschichtserfahrung verstehbar machte.

[3]) Lev. 23, 15; Dt. 16, 9; vgl. H. J. Kraus, Gottesdienst in Israel 2. Aufl. München 1962 S. 73.

8. Ein ungebildeter Mann aus der Landbevölkerung mit Namen Jesus b. Chananja kommt als Festpilger nach Jerusalem in den Tempel und bringt Weherufe über Jerusalem aus, wobei — wie sonst bei Josephus — neben der Stadt der Tempel und das Volk besonders genannt werden (§ 301. 309) [1]. Wichtig ist die Zeitangabe: Das Auftreten des Mannes beginnt am Laubhüttenfest des Jahres 62 und erstreckt sich über 7 Jahre und 5 Monate, bis die Kampfhandlungen Jerusalem erreichen und ein römisches Geschoß seinem Leben ein Ende macht. Die Bedeutung dieses charismatischen Rufers wird im Bericht beiläufig dadurch herausgestellt, daß gesagt wird, er folge einem höheren Antrieb (δαιμονιώτερον τὸ κίνημα, § 303) [2]. Stärker sprechen jedoch noch die Szenen, die die Gebundenheit dieses Mannes an die Funktion der „Stimme" [3] erkennen lassen, etwa § 307 f.: „Er fluchte aber keinem von denen, die ihn schlugen, obwohl es täglich vorkam, noch segnete er die, die ihm Nahrung gaben, nur eine einzige Antwort hatte er für alle: jenen unseligen Klageruf. Am meisten aber schrie er an den Festen ..."

An diese eindrucksvolle Schilderung schließt sich ein weiterer Passus über das verblendete jüdische Volk — hier also nicht bloß die Aufstandsgruppen! — an, der stark mit kommentierenden Reflexionen arbeitet (§ 310-315). Zwei Fälle werden besprochen, die das aufrührerische Verhalten der Juden zu bestimmten Weissagungsworten der Schrift [4] in Beziehung setzen:

1. Die Juden haben nach der Zerstörung der Antonia das Heiligtum viereckig gemacht, obwohl sie unter den Gottessprüchen eine Aufzeichnung hatten, daß die Stadt und der Tempel erobert würden, wenn das Heiligtum die Form eines Vierecks bekäme (ἀλώσεσθαι τὴν πόλιν καὶ τὸν ναόν, ἐπειδὰν τὸ ἱερὸν γένηται τετράγωνον)" (§ 311). 2. Der

---

[1] Den Eindruck eines urtümlichen Prophetencharismas erweckt besonders § 301: „Eine Stimme vom Aufgang, eine Stimme vom Niedergang, eine Stimme von den vier Winden, eine Stimme über Jerusalem und dem Tempel, eine Stimme über Bräutigam und Braut, eine Stimme über das ganze Volk!" Siehe auch Michel-Bauernfeind II, 2 S. 188 f.

[2] Nicht: „Bessenheit durch einen bösen Geist" (Michel-Bauernfeind II, 2 S. 189).

[3] Michel-Bauernfeind II, 2 S. 189 Anm. 144 arbeiten heraus, daß der Prophet in seiner ganzen Existenz von der φωνή her bestimmt ist. „Dies prophetische Phänomen bezeichnet die äußerste Konzentration des Verhaltens eines Menschen zum Objektiven."

[4] Daß es sich beide Male um biblische Weissagungen handeln soll, geht aus § 312 ὁμοίως hervor.

mehrdeutige Gottesspruch, der bereits oben S. 69 ff. besprochen wurde (§ 312 f.).

Die Reflexion in § 310-315 schließt eng an den Prodigienzusammenhang an: Gottes Warnungen sind Ausdruck seiner Fürsorge (κήδεσθαι) für die Menschen, und er zeigt auf mannigfaltige Weise seinem Volk [1] die Möglichkeiten der Rettung im voraus an, sie jedoch gehen infolge von Unverstand und selbstverschuldeten Widrigkeiten zugrunde. Auf den Hinweis auf die Verwirklichung des τετράγωνον-Spruches und der Herrscherweissagung folgt die Sentenz: „Aber es ist den Menschen nicht möglich, dem Verhängnis (τὸ χρεών) zu entrinnen, auch wenn sie es voraussehen" (§ 314). Abschließend heißt es (§ 315): „Die Juden aber deuteten manche Vorzeichen so, wie es ihren Wünschen entsprach, andere mißachteten sie, bis sie durch die Eroberung der Vaterstadt und ihr eigenes Verderben des Unverstandes (ἄνοια wie § 310! vgl. § 288 ὡς ἐμβεβροντημένοι καὶ μήτε ὄμματα μήτε ψυχὴν ἔχοντες) [2] überführt wurden." Angesichts der Deutlichkeit der Zeichen (§ 288!) ist die ἄνοια als schuldhaft zu verstehen [3].

Angesichts des Prodigienkapitels erfährt die quellenkritische Fragestellung eine besondere Zuspitzung: Zunächst ist die Übereinstimmung mit der römischen Historikertradition, vor allem Tacitus, aber auch Sueton, besonders augenfällig, so daß quellen- und traditionskritische Schlüsse immer wieder versucht werden müssen. Die Texte: Tac. hist. 5, 13.1-2: „Vorzeichen waren aufgetreten, doch hat dieses Volk, das dem Aberglauben verfallen und heiligen Verpflichtungen feind ist, in seinem Brauchtum keine Möglichkeit (fas), diese Prodigien durch Opfer oder Gelübde zu sühnen [4]. Man hatte gesehen, wie am Himmel Schlachtreihen aufeinanderstießen, Waffentätigkeit,

---

[1]) γένος wie 7, 359.

[2]) Der Zusammenhang macht deutlich, daß ἄνοια die Verhinderung der normalen Wahrnehmung (νοεῖν) meint. So ist in § 310 auch das ἐννοεῖν der Prodigien der Ausgangspunkt für die rechte Beurteilung der Geschichte.

[3]) παρήκουσαν § 288, vgl. a 1, 190; 6, 141, W. Bauer, Wörterbuch zum Neuen Testament, 5. Aufl. Berlin 1958 Sp. 1228.

[4]) Zu der in Rom seit alters geübten Praxis vgl. F. Luterbacher, Der Prodigienglaube und Prodigienstil der Römer, Burgdorf 1904 (Nachdruck Darmstadt 1967) S. 33 ff. Ebenda S. 34: „Waren die Prodigien vom Senate als für den Staat bedeutsam anerkannt, so erfolgte deren Sühnung. Man nannte sie „Vorbesorgung" (= procuratio) der Prodigien, weil sie meistens stattfand, bevor der Zorn der Götter ausbrauch, seltener „Reinigung" (= expiatio), weil man sich durch Buße von Schuld zu reinigen suchte."

die zur Rotfärbung des Himmels führte (? rutilantia arma), und wie
plötzlich ein Feuer aus den Wolken den Tempel umleuchtete. Ganz
unvermutet war die Tür des Heiligtums aufgesprungen und ein
übermenschlich gewaltiger Ruf ertönt: „Die Götter ziehen davon!",
zugleich war eine ungeheure Bewegung von Ausziehenden erfolgt.
(2) Nur wenige Juden gerieten über der Deutung dieser Ereignisse in
Besorgnis: in den meisten lebte die Überzeugung, es werde einem
Wort in den alten Schriften der Priester zufolge um jene Zeit geschehen, daß der Osten erstarke und Männer, die aus Judäa aufbrechen, sich der Herrschaft bemächtigten (eo ipso tempore fore ut
valesceret Oriens profectique Judaea rerum potirentur). Dies dunkle
Wort hatte den Vespasian und den Titus vorausgesagt, doch hatte
die große Masse, menschlichem Wunschdenken entsprechend, sich
selbst eine so hohe Bestimmung zugezogen und wurde nicht einmal
durch das Scheitern des Aufstandes zur Wahrheit bekehrt."

Suet. Vesp. 4, 5: „Über den ganzen Osten hatte sich die altein-
gewurzelte Meinung verbreitet, es stehe in den Sprüchen der Gottheit
(esse in fatis) daß um jene Zeit Männer aus Judäa aufbrechen und sich
der Weltherrschaft bemächtigen werden (ut eo tempore Judaea profecti rerum potirentur). Diese Voraussage betraf — wie später aus
den Ereignissen deutlich wurde — einen römischen Kaiser, doch die
Juden hatten sie auf sich bezogen und einen Aufstand angezettelt ...".

In der quellenkritischen Diskussion um das Prodigienkapitel hatte
A. Schlatter bereits 1893 die These aufgestellt, daß Tacitus unabhängig vom Bericht des Bellum ist, daß ferner Josephus auf eine
römische Quelle zurückgehe, auf der — allerdings mittelbar — auch
die Berichte des Tacitus und Sueton beruhen [1]). Diese grundsätzliche
Bestimmung des Quellenverhältnisses zwischen Josephus und den
Lateinern ist danach vor allem von Eduard Norden im Gespräch
mit Ad. v. Harnack erhärtet worden [2]), und im Anschluß an Norden
hat W. Weber (S. 34-42) seine Grundthese, daß das Bellum von einer

---

[1]) A. Schlatter TGP S. 391: „Die wörtliche Kongruenz zwischen Tac. und
Sueton belegt, daß beide denselben lateinischen Text verwenden. Folglich
schöpfen sie ihre Angabe nicht aus Jos. Aber auch ihr Gewährsmann hat es nicht
gethan. Denn beide haben über den jüdischen Krieg Angaben, die nicht bei Jos.
zu finden waren." Schlatter denkt an eine Vorlage des Josephus, die wohl von
einem Römer, aber in griechischer Sprache verfaßt worden sei. Deren Übersetzung ins Lateinische habe dann die gemeinsame Vorlage für Tacitus und Sueton
abgegeben.

[2]) E. Norden, Josephus und Tacitus über Jesus Christus und eine messianische
Prophetie, Neue Jahrbücher für das klassische Altertum 16 (1913), S. 637-666,
zu den Prodigien S. 654 ff. Norden kennt Schlatters Arbeit nicht.

römischen Vorlage abhängig ist, gerade auch für das Prodigienkapitel durchgeführt. Die genannten Forscher machen darauf aufmerksam, daß die Lateiner die Prodigien in die Vorgeschichte des
Krieges einordnen, während Josephus sie zum Gegenstand eines
Nachtrags macht, womit er insbesondere den Zusammenhang
zwischen der messianischen Weissagung 6, 312 und den Ursachen des
Krieges verdeckt [1]).

Gibt man zu, daß Josephus im Prodigienkapitel eine Vorlage herangezogen hat, so ergibt sich die eigenartige traditionsgeschichtliche
Situation, daß Josephus in b 6, 288-315 von einer heidnischen Quelle
abhängig ist, die in einem wesentlichen Punkt: b 6, 312 f. aber wieder
auf ihn selbst zurückweist. Andere Punkte der Zusammenstellung
werden z.T. auf andere Quellen zurückgehen als Josephus.

Dabei bleibt die Übereinstimmung mit Tacitus äußerst wichtig:
Diese betrifft nicht bloß einzelne Prodigien, sondern einen Sachzu-
sammenhang, in dem 1. bestimmte Prodigien, 2. die messianische
Weissagung und 3. das Gegenüber von falscher (jüdisch-nationaler)
und richtiger Deutung (auf Vespasian) referiert werden. Ist Tacitus
nicht vom Bellum des Josephus abhängig, so wird hier aber eine
ältere Komposition sichtbar, der die römische Geschichtschreibung
den Prodigienzusammenhang verdankt. Vielleicht handelt es sich um
einen Traktat, der unmittelbar in der Zeit nach der Tempelzerstörung
die rechte theologische Deutung dieses Ereignisses sichern wollte
und gleichzeitig auf die verkehrte Motivation der gesamten Erhebung zu sprechen kam: Vespasian, nicht ein jüdischer Messias, war
der für diese Zeit angekündigte Weltherrscher! Gipfelte der Traktat
in dieser These, so liegt die Annahme nahe, daß Josephus selbst sein
Verfasser gewesen ist. Allerdings muß er recht heterogenes Material
in ihm zusammengestellt haben.

Die Gesamtdeutung des Prodigienkapitels unterscheidet sich bei
Josephus wesentlich von derjenigen, die Tacitus gibt: Für Tacitus als
Römer entsteht angesichts einer Prodigienreihe sofort das Bedürfnis,
diese zu „sühnen", d.h. also das in den Prodigien sich ankündigende
Unheil durch Verrichtung des öffentlichen Kultus abzuwenden.
Tacitus bemerkt ausdrücklich, daß die Juden diese Möglichkeit
nicht haben, und er führt dies darauf zurück, daß das jüdische Volk
einer wahren Religionsübung fremd gegenüberstehe. Die Juden sind

---

[1]) A. Schlatter, TGP S. 388; Ed. Norden a.a.O. S. 654 f.; W. Weber S. 35-41.
Schlatter TGP S. 388 zu 2, 650: „Hier verrät sich noch die Stelle, wo die Prodigien
ursprünglich gestanden haben."

für ihn außerdem auch unbelehrbar: Sie haben den Bezug der Weissagung auf die Flavier nicht zugegeben, haben stattdessen in menschlichem Wunschdenken verharrt und wurden nicht einmal durch die Rückschläge, d.h. das Scheitern des Aufstandes, zur Wahrheit bekehrt (ne adversis quidem ad vera mutabantur).

Josephus schließt mit der gegenteiligen Bemerkung: διελέγχθησαν τὴν ἄνοιαν. Es mußte alles Schreckliche eintreten, um die Juden von ihrem aktuell-messianischen Traum zu lösen, aber — so sagt Josephus (seinerseits nicht ganz ohne Wunschdenken!) — so geschah es dann auch: Das Verderben des Volkes führte zu einer Neubesinnung. Bei Tacitus sind die Vorzeichen unverstanden an diesem Volk vorübergegangen, Josephus zeigt die Lehre auf, die aus dem Geschehen der Vernichtung dem jüdischen Volk jetzt zugänglich wird. Freilich ist das, was verloren ging, jetzt unwiederbringlich dahin. Die späte Einsicht wird bedauert, weil es auf Grund der deutlichen Zeichen eine frühere Erkenntnis der wahren Lage hätte geben können (§ 288. 310). Die Funktion der Unheilszeichen kann sogar mit dem Stichwort προσημαίνειν τὰ σωτήρια ausgedrückt werden (§ 310), obwohl dies eigentlich schlecht zum Auszug der Schechina (§ 299) und zum Weheruf des Jesus (§ 300 ff.) paßt. Im Unterschied zu Tacitus ist solches Warnen Gottes aber nicht als eine Aufforderung zu bestimmten religiösen Sühneriten zu verstehen, sondern möchte zur Anerkennung des Willens Gottes in der Geschichte führen [1]. Die Zusammenordnung von Zeichen und Ereignis ist dem Kundigen möglich und steht — wie Michel-Bauernfeind betonen [2] — grundsätzlich im Dienst des Überführens (διελέγχεσθαι § 315). Josephus gibt seinen Geschichtsbericht also deutlich unter dem Gesichtspunkt der Unterweisung über den Willen Gottes.

C. GESCHICHTSCHREIBUNG UND KLAGE (ZU B 5, 19 f.)

Ein Abschnitt aus dem bereits analysierten Stoff verdient noch besondere Beachtung: Josephus schildert zu Anfang des fünften Buches die innerjerusalemische Situation vor dem Eintreffen des

---

[1] Vgl. Michel-Bauernfeind II, 2 S. 187. Die Zeichen sind „nicht wie in der hellenistisch-römischen Tradition eine Aufforderung an den einzelnen oder an den Staat, sondern sie fordern wie bei den Propheten die gehorsame Anerkennung des göttlichen Willens."

[2] Michel-Bauernfeind, II 2 S. 186-188.

Titus und seines Heeres: Der Kampf zwischen den jüdischen Gruppen bleibt nicht auf die Auseinandersetzung zwischen Simon und Johannes beschränkt, sondern innerhalb der στάσις entsteht eine zweite durch die Trennung des Eleazar von der Johannesgruppe. Da die Eleazargruppe den inneren Vorhof (τὸν ἐνδότερον τοῦ ἱεροῦ περίβολον § 7) besetzt hält, muß Johannes sich jetzt nicht nur gegen die von unten her angreifenden Anhänger Simons wehren, sondern auch gegen die vom höher gelegenen inneren Vorhof aus kämpfenden Truppe Eleazars. Johannes setzt nun wie Eleazar seinerseits verschiedenartige Geschütze gegen die vom inneren Tempelgebiet her kämpfenden Gegner ein. Da Eleazar den Tempel weiterhin für den Opferdienst zur Verfügung hält, werden auch Priester und viele Menschen durch Geschosse getroffen, die nur zum Opfern in den Tempel gekommen sind. Josephus hebt die dadurch entstehende Befleckung des Heiligtums besonders hervor: „Mit den Leichen der Einheimischen lagen die von Fremden, mit denen von Priestern die von Laien durcheinander gemengt zusammen, und das Blut von mancherlei Erschlagenen bildete Lachen in den Vorhöfen Gottes", §18.

Besonders interessant ist aber nun das Folgende. Josephus redet die Stadt Jerusalem direkt an: „Hast du denn, du elendeste aller Städte, etwas so Ungeheuerliches von den Römern erleiden müssen, die dich bei ihrem Einzug mit Feuer reinigten von den Greueln der eigenen Bürger? Denn Gottes Wohnstatt warst du nicht mehr und konntest es auch nicht länger bleiben, da du zum Totenfeld für die Leichname deiner eigenen Leute geworden warst und den Tempel als Massengrab eines Bürgerkrieges gefüllt hattest. Du könntest freilich wieder besser werden, wenn du je den Gott, der dich verwüstete, versöhntest" (§ 19). Bekannte josephische Gedanken sind in diesen Sätzen in einer konzentrierten Zusammenfassung gegeben: Die Römer vollziehen in der Verheerung Jerusalems das Strafgericht Gottes an der von ihren eigenen Bewohnern mit Greueltaten befleckten Stadt. Gott hat die Stadt verlassen, bevor die Römer in sie eindrangen. Aber es besteht die Möglichkeit, daß sie wieder „besser" wird, d.h. im Zusammenhang, daß ihr die Gegenwart Gottes wieder geschenkt wird. Nur muß sie ihn, der Jerusalem verwüstet hat, wieder „gnädig stimmen".

Neben dem typischen Inhalt verdient die Form besondere Beachtung. Es handelt sich gattungsgeschichtlich um ein Klagelied. In diesem Sinne machen Michel-Bauernfeind [1]) auf den Parallelismus

---

[1]) Michel-Bauernfeind II, 1 S. 241 Anm. 8.

einzelner Aussagen aufmerksam und verweisen auf die dem Jeremia zugeschriebenen Klagelieder des Alten Testaments. Aber auch die direkte Anrede an die personifizierte Stadt wird man mit den Klageliedern Jeremias gattungsgeschichtlich in Verbindung sehen müssen, und zwar speziell mit der auch dort angewandten Form des Leichenliedes [1]).

Die gattungsgeschichtliche Beobachtung zu b 5, 19 findet ihre Bestätigung in dem folgenden § 20, wo Josephus den vorhergehenden Satz selbst ausdrücklich als Klage bezeichnet. Er will wieder zum Bericht zurücklenken und gibt die folgende Reflexion als Überleitung: „Aber auch die Gefühlsregungen (τὰ πάθη) müssen durch das Gesetz der Geschichtschreibung in Schranken gehalten werden, da hier nicht der Ort für persönliche Wehklagen, sondern für die Erzählung der Ereignisse ist" (... ὡς οὐκ ὀλοφυρμῶν οἰκείων ὁ καιρός, ἀλλ' ἀφηγήσεως πραγμάτων). Dieser Satz ist eine Art Entschuldigung. Josephus weiß selber sehr wohl, daß er vom eigentlichen Genus der Geschichtserzählung abgewichen und in die Klage übergewechselt ist. Dies macht er sich und seinen Lesern bewußt, damit sie sehen, daß er die Prinzipien der Geschichtschreibung kennt und respektiert. Wohl bringt er ὀλοφυρμοὶ οἰκεῖοι, aber er weiß sie zu unterscheiden von der ἀφήγησις πραγμάτων, die die eigentliche Aufgabe des Historikers ist.

Nun wird man unschwer erkennen, daß diese säuberliche Bereichetrennung nur Theorie ist. Josephus ist Historiker im Sinne der hellenistischen Schulgrundsätze, aber er ist auch jüdisch-heilsgeschichtlicher Interpret. Wenn er den Satz οὐκ ὀλοφυρμῶν οἰκείων ὁ καιρός konsequent durchführen wollte, hätte er seine Klage ja gar nicht anzustimmen brauchen! Aber gerade diese Konsequenz würde an der Eigenart seines Historikerseins vorbeigehen.

Die hellenistische Theorie verlangt die Objektivität des Historikers. Er muß bei seiner Tätigkeit frei sein von Liebe und Haß und überhaupt allen Gefühlsregungen, die eine persönliche Parteinahme zur Folge haben [2]). Das Klagen des Josephus gerät nun, wenn man es an dieser Theorie mißt, ebenfalls unter die Kategorie des Subjektiven, das die ἀλήθεια beeinträchtigt. Josephus hat dieser Zuordnung nicht

---

[1]) Thr. 2, 13-19. Vgl. O. Eißfeldt, Einleitung in das Alte Testament, 2. Aufl. Tübingen 1956 S. 620, zum Leichenlied speziell S. 109 ff.

[2]) G. Avenarius a.a.O. S. 49 f. A.a.O. Anm. 36: „In der gelassenen Ruhe, mit der er (sc. der Historiker) auf die Dinge herabblicken soll, und seiner gleichbemessenen Teilnahme für Sieger und Unterlegene vergleicht ihn Lukian ... mit dem homerischen Zeus (c. 49)."

widersprochen. Er hält die persönlichen Wehklagen in Grenzen, jedenfalls behauptet er es. Aber er gibt sie nicht auf. Im Gegenteil! Es läßt sich zeigen, daß die Klage innerhalb seiner Geschichtsauffassung eine grundlegende Bedeutung hat: Gerade an einer besonders exponierten Stelle seines Werkes, nämlich im Proömium, hat er sich zum „Klagen" bekannt und es im Rahmen der hellenistischen Theorie zu rechtfertigen gesucht. Dort setzt er sich zunächst mit Tendenzdarstellungen bestimmter Vorgänger auseinander, die aus Schmeichelei gegen die Römer bzw. Haß gegen die Juden die πράγματα verfälscht haben (1, 2. 7 f.). Diesen Schriftstellern gegenüber will Josephus nun nicht in den entgegengesetzten Fehler verfallen und die Partei seiner Stammesgenossen hervorkehren [1]), sondern μετ' ἀκριβείας die Taten beider Parteien berichten (§ 9 a, vgl. § 3 τὸ δ' ἀκριβὲς τῆς ἱστορίας) [2]). Bis hierher enthält der Gedankengang nichts, was aus dem Rahmen der hellenistischen Schultheorie herausfällt. Umso interessanter ist das Folgende (§ 9 b-12). „... die auf die Tatsachen folgenden Ausführungen aber lege ich vor [3]), indem ich meiner inneren Verfassung und meinen Gefühlsregungen das Zugeständnis mache, über die schweren Schicksale meiner Vaterstadt zu klagen. Denn eine Entzweiung der eigenen Bürger hat sie zu Fall gebracht ... Wenn also jemand in kleinlicher Weise hervorkehren sollte, was wir gegen die Tyrannen oder deren Raubgesindel als Anklage vorbringen oder was wir mit Seufzen über all das Mißgeschick der Vaterstadt ausführen, so soll er dabei nicht bloß an das Gesetz der Geschichtschreibung denken, sondern Nachsicht gewähren dem Schmerz: Denn es ist ja geschehen, daß unsere Stadt unter allen anderen im römischen Herrschaftsbereich stehenden Städten zum höchsten Wohlergehen voranschritt und dann umgekehrt ins äußerste Unglück niederstürzte. Ja alles Mißgeschick, das Menschen von jeher erlitten haben, reicht bei einem Vergleich, meine ich, nicht heran an das, was über die Juden gekommen ist; und Schuld daran ist kein Fremder, so daß es ganz unmöglich war, der Wehklagen Herr zu werden. Sollte es aber einen Richter geben, der für Mitleid zu hart wäre, so soll er die Ereignisse der Geschichtschreibung zurechnen, die Klagen aber dem Schriftsteller".

---

[1]) Mit dem Verzicht auf das αὔξειν (§ 9) setzt Josephus die historische Aufgabe von der einer rhetorischen Lobrede ab, vgl. Avenarius a.a.O. S. 13 f.

[2]) Zur ἀκρίβεια, die eng mit dem Begriff der ἀλήθεια zu verbinden ist, vgl. W. Weber S. 6 Anm.; Avenarius a.a.O. S. 42 Anm. 12.

[3]) ἀνατίθημι wie § 16. Vielleicht muß der religiöse Klang des Wortes (Aufstellen einer Weihegabe) hier mitgehört werden.

Die programmatische Erklärung entspricht der Stelle im fünften
Buch darin, daß auch hier getrennt wird zwischen dem νόμος der
Geschichtschreibung, vor dem allein die πράγματα Bestand haben,
und den Klagen, die dem persönlichen Bereich des Historikers zu-
gewiesen werden. Deutlicher als in 5, 19 f. tritt hier aber die für die
Gesamtkonzeption des Bellum grundlegende Bedeutung dieser
Klagen hervor: Ganz unmöglich (ἀμήχανον) wäre es gewesen, sie
aus der Darstellung auszuschließen. Die Gewalt der Schicksale
Jerusalems läßt den Historiker nicht zu einer kühlen Distanz kommen.
Die Leidenschaft entzündet sich aber nicht bloß an dem Gedanken
an die einstige Größe und den jetzt erfolgten Zusammenbruch der
πατρίς, sondern vor allem an der Schuld der „eigenen Leute" (§ 10. 12).
Dementsprechend nennt § 11 zwei Themen der josephischen Tendenz: 1. die Zelotenpolemik und 2. die Klage über das Schicksal
Jerusalems. Grundsätzlich sind damit die Inhalte genannt, die auch
in 5, 19 f. hervorgetreten waren. Wie dort legt sich auch für 1, 11 b
(„Denn es ist ja geschehen, daß unsere Stadt ...") eine Beziehung zu
den Klageliedern Jeremias nahe (Thr. 1, 1). In beiden Fällen ist also
die Klage das literarische Genus, in dem Josephus die für das ganze
Bellum typische Tendenz entfaltet. Die Verbindung mit den Klageliedern Jeremias und überhaupt der alttestamentlichen Gattung des
Klageliedes macht deutlich, daß Josephus neben den Schulgrund-
sätzen der hellenistischen Geschichtschreibung eine alttestamentliche Grundkategorie der Geschichtsbewältigung durchzuhalten
versucht. Er setzt die Klage in Beziehung zur hellenistischen Theorie [1]), aber sie wird in dieser Zuordnung nicht in ein subjektives
Element aufgelöst, sondern behält ihr Recht, das sich direkt aus der
Größe und Bedeutung des Zusammenbruchs selbst herleitet. Wir
haben auf Grund der bisherigen Beobachtungen die Frage zu stellen,
ob bzw. inwieweit die Klage im Sinne des Alten Testaments und
insbesondere das Buch der Klagelieder (im Folgenden: „Threni")
auch dazu helfen können, die Struktur des josephischen Geschichtsdenkens im Bellum zu verstehen.

Ihren „Sitz im Leben" haben die Threni in bestimmten regelmäßig durchgeführten Klagefeiern, die an der Stätte des zer-

---

[1]) Mit dem Stichwort διάθεσις in § 9 könnte Josephus auf eine Lehre des
Dionysios von Halikarnaß hinweisen (ähnlich Plutarch), nach der dem Historiker
eine leichte Voreingenommenheit für sein Vaterland zuzugestehen ist. Vgl. P.
Scheller, De hellenistica historiae conscribendae arte (Diss. Marburg 1911) S. 34 ff.,
Avenarius a.a.O. S. 52-54.

störten Heiligtums abgehalten wurden [1]). Priester riefen die
Gemeinde zu gemeinsamer Klage auf, und man wartete auf eine
neue Heilszuwendung von Gott her [2]). Die Klage stellt dabei
zunächst das schreckliche Geschehen der Eroberung und dessen
gegenwärtige Folgen heraus. Hierbei nimmt man grundsätzlich
die Gattung der Totenklage („politisches" Leichenlied) auf [3]),
in der die Gegenüberstellung der früheren Schönheit und
Größe mit dem jetzigen Elend eine wichtige Rolle spielt. Die
Kapitel 1, 2 und 4 sind in diesem Sinne die Basis des Buches
Threni. Mit der Totenklage verbindet sich aber die ausdrückliche
Zuwendung zu Gott, für die dem Beter die Formen des „Klageliedes" im engeren Sinne (Volksklagelied Threni 5, individuelles
Klagelied Threni 3) zur Verfügung stehen. Die Weiterführung
der Totenklage zur „Notklage" (Westermann), in der man
Gottes Vergebung und Neubeginn mit seinem Volke erbittet,
darf als das eigentliche Spezifikum der Threni angesehen werden [4]). Wesentlich für die Zuwendung zu Gott ist die Anerkennung des Gerichtshandelns Gottes, das die eigentliche Ursache
der gegenwärtigen Not ist. So „bezeugen die Klagelieder, daß
das geschlagene Volk sich seinem Gott zuwandte und trotz
allem, was geschehen war, die neue Zuwendung seiner Güte
erwartete" (Westermann) [5]).

Von vornherein ist wahrscheinlich, daß die alttestamentliche
Schrift, die als Echo auf die Zerstörung Jerusalems durch Nebukad-
nezar entstanden war, auch für die Situation nach der Katastrophe des
Jahres 70 als Orientierungshilfe eine wesentliche Bedeutung gehabt
hat [6]). Tatsächlich hat Josephus der klagenden Schilderung des
Elends Jerusalems einen breiten Raum gewährt. Jerusalems einstige
Größe und jetzige Verwüstung sind bei ihm ein Grundthema. In 1, 11
hat er es im Proömium, also an maßgebender Stelle, angeschlagen.
In 4, 318-325 wird die Totenklage über den Hohenpriester Ananos
auf das bevorstehende Schicksal Jerusalems ausgeweitet. In dem

---

[1]) Siehe H. J. Kraus, Gottesdienst in Israel S. 262.

[2]) Kraus a.a.O. S. 261.

[3]) Eißfeldt a.a.O. S. 110.

[4]) So C. Westermann, Artikel Klagelieder Jeremias, EKL II Sp. 843 f.

[5]) A.a.O. Sp. 844. Ähnlich H. J. Kraus, Artikel Klagelieder Jeremiä, RGG III
Sp. 1627-1629.

[6]) So ist in den apokalyptischen Schriften in der Zeit nach 70 die Klage über
Jerusalem neu aufgebrochen (4. Esra 9, 26-10,59; Apk Bar 10; 35).

Maße, wie sich das Ende abzeichnet, mehren sich auch die klagenden Schilderungen, vor allem im 5. Buch. Der große Exkurs über Jerusalem und seine einstige Pracht ist in 5, 182 ausdrücklich — φέρει βάσανον ἡ μνήμη — mit der Klagethematik verbunden. Auch der Schluß der großen Reden mündet in diese Thematik ein: 2, 395 (τὴν περικαλλεστάτην πατρίδα). 400 (εἰσελθέτω δ᾽ οἶκτος ὑμᾶς ...); 5, 415 ff.

Wenn Agrippa und Josephus am Ende ihrer Reden in Tränen ausbrechen [1]), so zeigt sich, daß Josephus damit die Klage über die bevorstehende Zerstörung vorwegnimmt. Gewiß hat Weber die klagenden Schilderungen des Josephus mißverstanden, wenn er sie als Gefühlsergüsse des Schriftstellers interpretiert [2]). Josephus klagt nicht bloß über seinen individuellen Kummer, sondern will das Klagelied seines Volkes stellvertretend laut werden lassen.

Zur Klageschilderung gehört ferner b 6, 6-8; einstige Schönheit und jetzige Verwüstung der Umgebung Jerusalems [3]), b 6, 201-213: die Erzählung von der Frau, die ihr eignes Kind schlachtet (siehe Thr. 2, 20 und 4, 10), schließlich der Rückblick auf die Tempelzerstörung (6, 267; auch 7, 112). Innerhalb der Eleazarrede hat Josephus ebenfalls die schildernde Klage eingelegt: 7, 372-379 (vgl. insbesondere 375-377 das Lied über Jerusalem) [4]).

Wie die Threni hat Josephus den Zusammenbruch Jerusalems als Gottes Tat verstanden, mit der er an seinem Volke Gericht übt. Die breite Ausführung dieses Gedankens fanden wir bereits in den großen Reden des Bellum [5]). Das Feuer, das den Tempel vernichtet, wird als Gerichtsfeuer verstanden (4, 323; 5, 19), vgl. Thr. 2, 3; 4, 11 [6]). Gott hat seine Stadt und sein Heiligtum preisgegeben: b 5,

---

[1]) Vgl. auch 6, 111. Auch das Weinen Jesu über Jerusalem Luk. 19, 41-44 darf hier nicht vergessen werden.

[2]) Weber S. 78. Das häufig wiederkehrende οἶμαι ist nach seiner Auffassung ein typisches Kennzeichen der „subjektiven Interpretation" (a.a.O. Anm. 1). Man sollte aber sehen, daß die „Subjektivität" von Josephus bewußt vorgeschoben ist, um dem hellenistischen Ideal einer Trennung von Faktum und Deutung Genüge zu tun, wie er es im Proömium (1, 12) ausgesprochen hat.

[3]) Richtig Weber S. 75 f. „durch die alten Lieder (sc. des Alten Testaments) angeregt." Siehe bereits oben S. 113 f.

[4]) Hier wie in dem ganz ähnlichen Zusammenhang b 2, 400 wird Jerusalem — sonst πατρίς — als μητρόπολις bezeichnet. Diese Bezeichnung Jerusalems erscheint noch nicht in den Threni, aber in ganz entsprechenden Klageliedern der späteren Zeit; siehe das Material bei Michel-Bauernfeind II, 2 S. 279 f. Anm. 183.

[5]) Siehe oben S. 26 f.

[6]) Insbesondere ist der Vergleich mit Sodom erwähnenswert, b 5, 566 (vgl. 4, 483 f.); Thr. 4, 6: Jerusalems Sünden sind größer als die Sodoms.

19. 412; 6, 127. 299, vgl. Thr. 2, 7. Er hat sich seinem Volke gegenüber zum Feind gemacht: b 5, 376-419, vgl. Thr. 2, 4 f. Die aktuelle Heilsprophetie wird durch das Handeln Gottes als Lüge und Betrug entlarvt, die Gerichtsweissagungen dagegen haben sich bewahrheitet. So sagt es Josephus vor allem im Prodigienkapitel (b 6, 288-315) und nimmt damit das Thema von Thr. 2, 14. 17 auf. Die Anerkennung des gerechten Handelns Gottes in der Geschichte ist nach den Klageliedern (1, 18; 3, 42; 5, 16) die Aufgabe der Überlebenden, und dem gleichen Ziel dient das Bellum, wenn es das Scheitern der Aufstandsbewegung unter die Thematik des „Überführens" (διελέγχειν 6, 315; ἐλέγχειν 7, 330) rückt. Hieraus allein kann auch die rechte Umkehr und eine begründete Hoffnung auf Gottes neue Heilszuwendung erwachsen, vgl. Thr. 5, 12 und b 5, 19. „In den Klageliedern wird die Heils- und Trostbotschaft nur sehr zaghaft laut" (Kraus) [1]. Auch diese Zurückhaltung bestimmt das Bellum, und man wird die Spärlichkeit des Buches im Blick auf eschatologische Aussagen nicht allein mit der Rücksicht auf die römischen Machthaber erklären können, sondern auch aus der spezifischen Wartesituation der Klage, in der noch kein die Situation wendendes Heilswort ergangen ist.

Ist in den bisher genannten Punkten Übereinstimmung zwischen dem Bellum und dem Buch der Threni festzustellen, so geht doch Josephus in zwei wesentlichen Fragen andere Wege, als sie sich ihm und seinen Zeitgenossen vom biblischen Schema her nahelegten: in der Behandlung der Schuldfrage und in der Darstellung der fremden Zerstörermacht.

Zunächst zur Schuldfrage: In den Threni bekennt die Stadt Zion ihre Schuld. „Gerecht ist der HERR, ja seiner Rede habe ich widerstrebt" (1, 18). Der Beter stellt sich mit der ganzen Gemeinde zusammen: „Die Krone ist uns vom Haupt gefallen: wehe uns, daß wir gesündigt haben!" (5, 16). Josephus kann sich mit der Judenschaft nicht zu einem gemeinsamen Schuldbekenntnis zusammenschließen. Seine Klage wird nicht zur eigenen Beugung im Sinne von Thr. 4, 39: „Ein jeder klage über seine Sünden!", sondern fixiert in der Schuldfrage eine bestimmte Gruppe aus dem Volk, der er selbst— und mit ihm die gutwillige Mehrheit der Judenschaft — gegenübersteht (vgl. z.B. 5, 541-547). Die Umkehr, durch die Jerusalem seinen Gott wieder versöhnen soll (5, 19), hat er selber nicht mit-

---

[1] H. J. Kraus RGG III, Sp. 1629; siehe auch Kraus, Gottesdienst in Israel S. 264.

zuvollziehen. Statt zur Sündenklage der Threni wird seine Klage zur Anklage (κατηγορικῶς λέγειν 1, 11) seiner politischen Gegner. Auch das Bild der Weltmacht, die die Zerstörung Jerusalems durchgeführt hat, zeichnet Josephus nicht in den Linien der Threni-Tradition. Dort ist die fremde Macht der Feind. Es sind Bedränger, die sich über Jerusalems Fall freuen (1, 5. 7; 2, 16 f.), die Heiden, die das Heiligtum geschändet haben (1, 8-10; 2, 7). Einst werden sie von Gott zur Rechenschaft gezogen werden, weil er Israels Klage über die angetane Vergewaltigung hört (3, 59-66). Josephus denkt völlig anders über die heidnische Zerstörermacht: „Wider Willen" hat Rom gehandelt. Zum Beleg genügt hier der oben ¹) ausgelassene Satz aus dem Proömium (§ 10): „... und wer die römischen Streitkräfte wider Willen sowie das Feuer an das Tempelgebäude heranzog, das waren die Tyrannen der Juden, — Zeuge ist der Zerstörer selbst: der Cäsar Titus, der im gesamten Kriegsverlauf Mitleid mit dem von den Aufständischen in Bewachung gehaltenen Volke hatte, der viele Male von sich aus die Erstürmung der Stadt hinausschob und für die Belagerung Zeit gab, damit die Schuldigen noch anderen Sinnes werden sollten." Der Führer des gegnerischen Heeres wird hier zum wahren Freund der Judenschaft. In den ständig wiederholten Friedensbemühungen und ebenso in seinem Mitleid über das jüdische Schicksal steht er ständig Seite an Seite mit Josephus selbst, dem Juden, ist mit ihm völlig eins in der Argumentation (6, 214-219; 324-350; 7, 112 f.) und vielfach wird auch das Mitleid der römischen Soldaten mit dem Volk sowie ihre Ehrfurcht vor dem Tempel hervorgehoben (6, 122 f. 214). Interessant ist, daß auch diese offensichtlich tendenziöse Apologetik mitsamt der Zelotenpolemik unter die Kategorie der Klage gestellt wird (1, 12; 5, 19 f.). Aber ein anderer josephischer Grundbegriff tritt hinzu und modifiziert das Klageschema der Threni: das μαρτύρεσθαι im Sinne der feierlichen Beteuerung. Haben wir bereits zu 3, 354 gesehen, daß dieses Verbum kennzeichnend ist für das Genus der apologetischen Erklärung im Bellum — insbesondere im Munde des Titus! ²) —, so wird auch im Proömium die Zeugenschaft des Titus gerade an dem heiklen Punkt bemüht, der die apologetische und polemische Ausrichtung des Bellum ausspricht. Auch in der Schrift gegen Apion (Ap. 1, 50) wird Titus — neben Vespasian — als Wahrheitszeuge der Bellum-Darstellung

---

¹) S. 135.
²) Siehe oben S. 54 f.

zitiert, obwohl er doch wie kaum ein anderer als befangen zu gelten hat.

Josephus hat den Versuch unternommen, mit seinen Volksgenossen in die Klage über die zerstörte Hauptstadt einzustimmen. Er stellt sich mit seinem Werk, das ursprünglich ja vielleicht den Titel περὶ ἁλώσεως getragen hat [1]), in die Trauer seines Volkes hinein, das analog dem alttestamentlichen Vorbild in der Klage das Gericht Gottes anerkennt und neu seine Zuwendung erbittet. Gleichzeitig will er aber die Römer verteidigen, ja den Titus selber (7, 112 f.) an der Klage beteiligen, er will schließlich seinen eigenen Übergang ins feindliche Lager rechtfertigen und ihn als eine Trennung vom Zelotismus, nicht aber von seinem Volk erweisen.

Man wird urteilen müssen, daß die ganze Konstruktion innerlich brüchig ist. Die Klage über die Zerstörung Jerusalems kann nur sehr gewaltsam mit der Apologie des Zerstörers verbunden werden [2]). ἐπολοφύρεσθαι und μαρτύρεσθαι brechen auseinander.

Bei aller Besonderheit der josephischen Antwort auf die Probleme nach 70 wird man aber den Ansatzpunkt bei der Klage nicht aus dem Blick verlieren dürfen [3]).

Schließlich wird man in diesem Zusammenhang daran zu denken haben, daß Josephus mit seinen Zeitgenossen den Propheten Jeremia als den Autor der Threni angesehen hat [4]), so daß die Annahme naheliegt, daß er auch [5]) mit dem spezifischen Genus des Klagens eine Funktion jenes großen Propheten aufnehmen wollte.

---

[1]) Thackeray, Josephus S. 31; Michel-Bauernfeind I. S. XIX. f.

[2]) Die talmudische Tradition Gittin 56 b zeichnet Titus wesentlich negativer als Vespasian. Hat Vespasian dem Jochanan die Bitte um „Jabne und seine Weisen" gewährt, so ist Titus von vornherein „der Ruchlose", der Schänder und Plünderer des Heiligtums, der als der Verfluchte von Gott gerichtet wird. Michel-Bauernfeind II, 2 S. 170 Anm. 91 machen zu Recht darauf aufmerksam, daß die Entlastung des Titus gegenüber der jüdischen Tradition erheblich schwieriger ist als bei Vespasian.

[3]) Auch die apokalyptischen Schriften (siehe oben S. 137 Anm. 6) gehen von der Klage aus und suchen erst von ihr aus nach neuen Lösungen. Ganz anders als Josephus wahren sie aber das Gegenüber zur heidnischen Feindmacht und bleiben damit (wie auch das pharisäisch-rabbinische Judentum) auf der Linie der Threni.

[4]) Vgl. bereits LXX (dazu Eißfeldt a.a.O. S. 623 f.), insbesondere aber Josephus a 10, 78 f. (dazu R. Marcus, Loeb-Edition VI S. 200 f. Anm. b und c), Ap. 1, 40 (dazu Eißfeldt a.a.O. S. 704).

[5]) Vgl. oben S. 52 f.

KAPITEL VI

ZUSAMMENFASSUNG UND ERGEBNISSE

Unsere Arbeit stellt die Frage nach der Geschichtsauffassung des Josephus innerhalb des Bellum Judaicum. Geht es dabei zunächst um die Charakterisierung des eigentlich Josephischen, so erweisen sich die großen Reden (b 2: Agrippa, b 5: Josephus, b 7: Eleazar) als ein fruchtbarer Ausgangspunkt der Untersuchung. Bereits die Praxis der hellenistischen Geschichtschreibung erkennt den Reden eine repräsentative Bedeutung für die Gesamtausrichtung eines Werkes zu, und Josephus hat sich auch an diesem Punkt an seinen Vorbildern orientiert. Auf Grund der genannten Reden läßt sich seine Auffassung nach drei Gesichtspunkten charakterisieren:

1. Grundlegend für das Geschichtsverständnis der Reden ist die Gerichtsaussage: Hinter dem Zusammenbruch des Jahres 70 steht ein Richterspruch Gottes über das gesamte jüdische Volk (7, 327; vgl. 5, 399-414). Die Juden sind das von Gott geliebte Volk (5, 381; vgl. 7, 327), er ist der „Schöpfer" (ὁ κτίσας) dieses Volkes (5, 377), ihr Rächer (ἔκδικος), wenn ihnen Unrecht angetan wird (5, 377), aber als Richter (κριτής 5, 390; ἔκδικος 5, 400) wacht er über der Einhaltung der Tora (πάτριος νόμος 2, 393; vgl. 5, 401 ff.) und stellt sich in den geschichtlichen Ereignissen als zorniger Gott gegen sein Volk (7, 328; vgl. 2, 391-394; 5, 390 ff.). Was Gott von den Juden will, ist vor allem, daß sie ihm die rechte Verehrung darbringen (b 2, 391: θρησκεία, 394: θεραπεία). Die Besonderheit Israels, also die Erwählung, kann so ausgedrückt werden, daß die Juden das Volk der νεωκόροι, der „Tempeldiener" Gottes genannt werden (5, 383; vgl. 389) [1]. So liegen auch Versündigung und Gericht primär auf der Ebene des Kultus [2]: Durch jüdische Hände ist der Tempel mit einer Fülle von Untaten befleckt (5, 402), und Gott hat ihn verlassen, sich auf die Seite der Gegner gestellt (5, 412), ehe der Zusammenbruch Jerusalems und die Verbrennung des Tempels

---

[1] Dieser Gottesdienst ist nach Meinung des Josephus ein Dienst, an dem die gesamte Menschheit teilhat, für den die Juden aber die Verantwortung tragen, vgl. b 2, 412-417; 4, 181. 262; 5, 416. 562 f., auch a 8, 116 f.

[2] Vgl. die Formulierung 5, 397: ἁμαρτόντες εἰς τὰ ἅγια καὶ τοὺς νόμους.

selbst erfolgen. Im Kampf um Recht oder Unrecht der Aufstandsbewegung gegen Rom, insbesondere im Kampf um die religiösen
Motivationen, haben die Geschichtsereignisse, die die Niederwerfung
der jüdischen Erhebung bringen, eine entscheidende theologische
Beweiskraft (ἐλέγχειν 7, 330). Die Geschichte wird von Josephus
also als ein Rechtsverfahren zwischen Gott und dem zu seiner
kultischen Verehrung verpflichteten Volk verstanden.

2. Diese Beurteilung der unmittelbaren Zeitgeschichte ist nun aber
in einen größeren Zusammenhang hineingestellt, in dem der Krieg
gegen Rom und sein Ausgang nur eine letzte Konsequenz darstellen:
Denn die gesamte gegenwärtige Geschichtsperiode seit dem Beginn
der römischen Oberherrschaft steht unter einem Strafurteil Gottes:
Er hat den Römern im Jahre 63 v. Chr. ein Volk unterworfen, „das
der Freiheit nicht mehr wert war" (5, 396) [1]. Seither stehen die
Juden in der δουλεία (2, 355-357; 5, 395 f. 408). Freiheitsstreben ist
deshalb „unzeitgemäß" (ἄωρον 2, 355), und die Auflehnung gegen die
von Gott verordnete Situation ist der Beginn der Fehlentwicklung in
der neueren Zeit (7, 327). Im Munde des letzten Verteidigers von
Masada wird die Freiheitsparole der Aufständischen zur Todesparole,
da die Geschichte keine andere Wahl mehr läßt (7, 326).

3. Ist aus jüdischer Sicht die römische Oberherrschaft durchaus als
Gerichtshandeln zu verstehen, so stellt Josephus daneben eine
„schicksalsmäßige" Begründung der römischen Weltmacht, die das
Verhältnis Roms auch zur nichtjüdischen Völkerwelt erfaßt: Die
Tyche ist „zu den Römern übergegangen" (5, 367; vgl. 2, 360), und
zwar „von überall her" (πάντοθεν 5, 367). Mehr Siege als die Waffen
bringt den Römern die Tyche (2, 373). Mit diesem Wort hat Josephus
einen Grundbegriff der hellenistischen Welt- und Geschichtsanschauung übernommen. Er bezeichnete in der Historiographie seit
der Alexanderzeit (neben dem für die Ursachenforschung wichtigen
„Zufall") die gewaltige Macht eines unberechenbaren „Schicksals",
auf das man die weltgeschichtlichen Umwälzungen, die μεταβολαί,
zurückführte; aber bereits Polybios mißt ihr eine entscheidende
ordnende Funktion im Geschichtsverlauf zu: Sie bereitet durch das
Ineinandergreifen verschiedener partikulargeschichtlicher Entwicklungen die Hegemonie Roms vor und legt so dem Historiker die

---

[1] Die damalige Versündigung ist der Bruderzwist der letzten Hasmonäerkönige.

universalgeschichtliche Betrachtungsweise als die allein sachgemäße nahe. Wir wurden zu der Annahme geführt, daß Josephus sich bei der Übernahme des Tyche-Begriffs in besonderer Weise am Werk des Polybios ausgerichtet hat [1]). Auch für ihn verbindet sich mit der $\tau\acute{\upsilon}\chi\eta$ sehr wesentlich die weltweite Bedeutung der Römerherrschaft (2, 360 f.; 5, 366 f.): „Alles" ($\tau\grave{\alpha}$ $\pi\acute{\alpha}\nu\tau\alpha$) ist den Römern „unterworfen". Bei Josephus steht dies hellenistische Schicksalsmotiv aber in der Unterordnung unter das Handeln des Gottes der Bibel. Dieser läßt die Weltherrschaft ($\dot{\alpha}\rho\chi\acute{\eta}$) von einem Volk zum anderen übergehen und steht „jetzt" — nicht für alle Zeiten! — „auf Seiten Italiens" (5, 367). Das im Schicksalsbegriff liegende Determinationsmotiv bleibt also verbunden mit dem biblischen Gottesdenken, speziell mit der apokalyptischen Anschauung vom Plan Gottes, der sich in der Abfolge der Weltreiche manifestiert. Es behält aber eine gewisse Selbständigkeit neben der Gerichtsaussage.

Die skizzierte Geschichtsauffassung der großen Reden läßt sich nun durch das ganze Bellum hindurch verfolgen, und zwar vor allem in der eigentlichen Kriegsgeschichte [2]). Aus der Fülle des Materials verdienen zwei Abschnitte besondere Hervorhebung: Das „Gebet" des Josephus, das er vor seiner Übergabe an die Römer in der Höhle von Jotapata gesprochen haben will (3, 354), und das Prodigienkapitel, das den Tempelbrand in den heilsgeschichtlichen Deutungszusammenhang hineinstellt (6, 288-315). An der zuerst genannten Stelle rechtfertigt Josephus seinen Weg zu den Römern, indem er darauf hinweist, daß er sich als priesterlich-charismatischer Künder in den Dienst jenes großen Planes Gottes stellt, der 1. die Ausführung des Gerichtsurteils Gottes über sein Volk und 2. die Mitwirkung der Tyche auf Seiten der Römer bringt. Der Prodigienzusammenhang unterstreicht vor allem das durch den Ausgang des Krieges erwiesene Recht der Unheilsweissagung und der in diesem Sinne erfolgten Zeichendeutung. Zeichen und Prophetie einerseits sowie der Ausgang des Geschehens andererseits sind aufeinander bezogen und haben überführende Kraft im Sinne der heilsgeschichtlichen Erkenntnis. Das $\dot{\epsilon}\lambda\acute{\epsilon}\gamma\chi\epsilon\iota\nu$ der Eleazarrede (7, 330) hat seine direkte Entsprechung im $\delta\iota\epsilon\lambda\acute{\epsilon}\gamma\chi\epsilon\iota\nu$ des Prodigienkapitels (6, 315). Wie in 3, 354 ist auch im

---

[1]) Orientierung an den historiographischen Grundsätzen des Polybios weist P. Collomp a.a.O. nach.

[2]) Die Vorgeschichte mit der ausführlichen Herodesdarstellung hat eine gewisse Sonderstellung. Kommentierende Einschübe im Sinne der josephischen Konzeption finden sich erst nach der Agripparede (ab 2, 454 b-456).

Prodigienkapitel das Gerichtsmotiv (6, 310) duch ein Schicksalsmotiv (6, 314 τὸ χρεών) ergänzt, so daß ähnlich wie in den Reden
auch hier eine Zweistufigkeit der heilsgeschichtlichen Deutungs-
weise sichtbar wird. Erkennt man die grundlegende Bedeutung der
Reden für die Gesamtaussage des Bellum an, so wird man sich nicht
mehr damit begnügen können, sie als Proben rhetorischen Könnens
(Niese) zu werten, sondern ihre inhaltliche Ausrichtung ernstnehmen
müssen. Hierbei ist der Gesichtspunkt des politisch-propagandisti-
schen Wirkens (Weber, Thackeray) von großer Bedeutung, er kann
aber nur dann recht eingeordnet werden, wenn man sieht, daß
Josephus theologisch-heilsgeschichtliche Belehrung geben will. Auch
der Versuch, die Reden als Dokumente der Diskussion mit dem
Zelotismus zu verstehen (Farmer), darf nicht dazu führen, daß
Josephus' eigener Beitrag, die Lehre, die er seinem Volk vermitteln
will, übersehen wird.

Welches sind nun die Wurzeln des josephischen Geschichtsdenkens? In einer für antike Literatur ungewöhnlich ausführlichen
Weise gibt uns das Werk des Josephus selbst Auskunft über den
Weg seines Autors und die auf diesem Weg gefällten persönlichen
und politischen Entscheidungen, so daß man diese Berichte, insbesondere den Abschnitt über seine Selbstauslieferung an die Römer
und sein prophetisches Auftreten vor Vespasian, immer wieder gern
unter der Frage nach dem Zusammenhang von Geschichtsauffassung
und Biographie des Autors durchgeht.

In Jotapata aber ist Josephus nicht Lehrer seines Volkes, sondern
ein Charismatiker, der ganz auf die Weissagung an Vespasian ausgerichtet ist und in der Sorge um sein eigenes Leben bewußt die Trennung von seinen Landsleuten auf sich nimmt. Dieser Isolierung entspricht auch die zutiefst befremdende Deutung einer sehr wesentlichen
messianischen Weissagung auf den heidnischen Feldherrn (b 6, 312),
die mit dem Jotapata-Bericht zu verbinden ist (W. Weber). Gerade sie
aber spielt in den Reden keine Rolle. Die auf Vespasian zielende
Offenbarung, deren διάκονος Josephus wird, ist damit aber ein Element von begrenzter Bedeutung im Denken des Josephus, und insofern ist auch „Jotapata" nicht als die Basis der heilsgeschichtlichen
Theologie des Bellum anzusehen [1]).

---

[1]) Die Rolle des Titus wird in b 5 und 6 dann in die heilsgeschichtliche Sicht
eingeordnet, der Zugang zum Aufstieg Vespasians liegt aber nicht auf dieser
Ebene, sondern bei der Jotapata-Erzählung. Vespasian und Titus haben innerhalb der Konstruktion des Bellum jeder einen ganz anderen Ort.

Auf der anderen Seite lassen sich die wesentlichen Elemente der Reden-Theologie auch schon für die frühere Zeit des Josephus nachweisen: Das durch den Krieg für die Juden herbeikommende Unheil und die Unterstützung der Römer durch das „Glück" (εὐτυχία) müssen beide schon zu einem frühen Zeitpunkt (vgl. vita 17-19) die Einstellung des Josephus bestimmt haben. Auch im Jotapata-Zusammenhang findet sich schon zu Beginn der Belagerung die Überzeugung ausgesprochen, daß die jüdische Sache verloren ist (3, 136) [1]. Stehen so die heilsgeschichtlich-lehrhafte und flavisch-charismatische Ausrichtung im Denken des Josephus durchaus in Spannung zueinander, so läßt sich über die Eigenart der Offenbarungsschilderung in b 3, 351-353 doch sagen, daß sie dem nahesteht, was wir über den Offenbarungsempfang bei den Essenern bzw. in Qumran wissen (O. Betz), und es ist zu beachten, daß Josephus seine besonderen Möglichkeiten im Umgang mit der Schrift auf sein Priestertum zurückführt (3, 352). Die schwierige Frage nach den Wurzeln des josephischen Geschichtsdenkens kann wenigstens hinsichtlich des Jotapata-Erlebens soweit beantwortet werden, daß Josephus sich bei seinem Weg zum heidnischen Feldherrn von einer eigenartigen priesterlichen Vollmacht getragen wußte. Mit seinem priesterlichen Charismatikertum ist Josephus von der Exegese der Pharisäer getrennt [2]. Eine priesterliche Ausrichtung des josephischen Denkens zeigt sich in der heilsgeschichtlichen Theologie der Reden ebenfalls, nur ist hier die Prägung nicht charismatisch, sondern kultisch und lehrhaft. Denkt man daran, daß Josephus die Aufgabe der Geschichtschreibung in besonderer Weise den Priestern zuweist [3],

---

[1]) Freilich könnte man darauf hinweisen, daß in 3, 354 eine programmatische Erklärung vorliegt, die unmittelbar die Grundformel der heilsgeschichtlichen Theologie der Reden aufnimmt. Offensichtlich hat sich sein Parteiwechsel ja in Entsprechung zu jenem „Übergang" der Tyche vollzogen, von dem er in den Reden spricht. Nun ist aber gerade dies „Gebet" deutlich als Apologie zu erkennen, die mit der Häufung der Motive kaum dem ursprünglichen Sinnzusammenhang des Jotapata-Erlebens entsprechen dürfte. Was soll hier die Rede von dem Beschluß Gottes gegen sein Volk, was das Thema „Rom und die Tyche"? 3, 354 ist demnach eher als eine spätere Verknüpfung zu verstehen, die den Übergang des Josephus ins Feindeslager auch von den heilsgeschichtlichen Grundthesen des Josephus her motivieren möchte.

[2]) Die Wurzeln seines Denkens liegen nicht im Pharisäismus, und die Angabe (vita 12), daß er sich nach Abschluß seiner Ausbildungszeit den Pharisäern angeschlossen habe, muß in ihrer Tragweite begrenzt bleiben. Daß Josephus aus priesterlichen Traditionen lebt, wird vor allem von O. Michel betont.

[3]) Ap. 1, 29-36. Die Traditionskette der Propheten ist seit der Zeit Artaxerxes' I. gestört (1, 41)! Die Hohepriesterlisten in a bezeugen die Zuverlässigkeit der Geschichtstradition, vgl. Ap. 1, 36.

so wird hier ein Kontinuum in der Auffassung des Josephus sichtbar, das in bestimmten Grenzen doch einen Zugang zu dem in sich spannungsvollen und recht zwiespältigen Weg und Werk ermöglicht. In der Situation nach 70 wird Josephus Kenntnis gehabt haben von dem beginnenden Wiederaufbau des Judentums durch die pharisäischen Lehrer in Jabne. Wenn er den dort eingeschlagenen Weg in seinem gesamten Werk mit keinem Wort erwähnt, so wird das seinen Grund darin haben, daß er die legitime Anknüpfung an die Heilsgeschichte anders beurteilte als jene Schriftgelehrte mit ihrer grundsätzlich „laizistischen" Schriftauslegung. Seine Bindung an die altisraelitische Legitimität der Priestergeschlechter schrieb ihm eine Alternative zu Jabne vor [1]).

Eine Charakterisierung des eigentlich josephischen Gedankengutes im Bellum führt in der Einzelauslegung des Werkes notwendig auch zur quellenkritischen Problematik. Unsere Arbeit führt diese Fragestellung für zwei Stoffkomplexe durch: 1. Die Erzählung von dem Aufstieg Vespasians im 4. Buch (§ 440-656, hier bis § 629), 2. den Bericht über die Belagerung Jerusalems (bis zur Eroberung des Tempelberges, 4, 659-6, 322). Dabei zeigt sich, daß Josephus in dem Bericht über den Aufstieg Vespasians sein Charismatikertum aus dem Jotapataerleben im Sinne einer jüdischen Legitimation Vespasians einsetzen kann, während der Bericht über die Belagerung Jerusalems (einschließlich der Rolle des Titus) konsequent von der Theologie der Reden her gestaltet ist [2]). In beiden Fällen aber erweist sich, daß Josephus auf einer fremden („römischen") Grundlage

---

[1]) Vgl. z.B. auch Ap. 1, 32. 35; 2, 187. 188. 194. — Wenn Josephus in seinem Geschichtsdenken das richterliche und das deterministische Denken nebeneinander stellt, so kann man dies mit dem Nebeneinander von Vorherbestimmung und Eigenverantwortlichkeit des Menschen vergleichen, wie Josephus es als die pharisäische Lehre herausstellt (b 2, 163; a 13, 172; 18, 13) und wie es auch durch die bekannten rabbinischen Zeugnisse (z.B. Billerbeck IV S. 7 f.) belegt werden kann. In diesem Sinne verstehen etwa W. Weber (a.a.O. S. 69. 74) und Schlatter (vgl. Schlatter, Theologie S. 210 f.) seine Auffassung als pharisäisch. Man wird aber zu fragen haben, inwieweit bei Josephus allgemein-biblische und allgemein-jüdische Überzeugungen zugrundeliegen, die nicht einfach als Spezifikum einer bestimmten Gruppe angesehen werden können. Auch Christentum und Apokalyptik haben das Nebeneinander von Plan Gottes und richterlichem Handeln, demgegenüber der Mensch voll verantwortlich ist. Sieht man das spezifisch Pharisäische in der Ausbildung einer der menschlichen Verantwortlichkeit entsprechenden Anthropologie, etwa im Sinne der Willensfreiheit (Ps. Sal. 9, 4; Akibas רְשׁוּת Abot 3, 15; vgl. das διαβούλιον bei Sir. 15, 14), so muß man feststellen, daß gerade diese bei Josephus fehlt.

[2]) Die Bezugnahme auf den Aufstieg Vespasians in 6, 312 f. wirkt im jetzigen Zusammenhang wie ein Fremdkörper.

— im Sinne der Vorstöße Schlatters (1893) und Webers (1921) —
aufbaut.

Was die Erzählung vom Aufstieg Vespasians anbetrifft, so ist dort
bereits aus äußeren Gründen wahrscheinlich, daß Josephus römisches
Quellenmaterial herangezogen hat, da er bis zum Eintreffen seiner
Weissagung Gefangener gewesen war (b 3, 408; 4, 624 ff.) [1]) und
als solcher kaum Zugang zu dem z.T. geheimen Material der Reichs-
politik gehabt hatte. Die jüdische Legitimation Vespasians hat Josephus darin durchgeführt, daß er entgegen dem historischen Sachverhalt [2]) die Akklamation, die dem Flavier zuteil wird, zuerst von
den Legionen Judäas (nicht den ägyptischen, vgl. 5, 46) vollzogen
werden läßt. Insofern wird Vespasian in seinem Werk der aus dem
Lande der Juden hervorgehende Weltherrscher (6, 312 f.). Wird
dieser Zusammenhang (b 4, 588-617) bereits in der bisherigen Forschung (Weber, Michel-Bauernfeind) ganz ähnlich beurteilt, so kann
unsere Analyse noch einen weiteren Eingriff des Josephus deutlich
machen, durch den Vespasians für die Juden verhängnisvolle Ver-
zögerungsstrategie verschleiert wird: Der Abschnitt 4, 550-555 stand
in der Quelle zwischen § 490 und 491. Erst wenn man diesen ursprünglichen Zusammenhang der militärischen Aktionen um Jerusalem im Sommer 68 erkennt, tritt historisch die Tatsache vor Augen,
daß Vespasian ganze zehn Monate den Krieg ruhen ließ und infolge-
dessen die Entschlossenheit der Juden zum Widerstand immer weiter-
wachsen mußte.

Unterstützend für die Quellenkritik kann hier der theologische
τύχη-Gebrauch des Josephus eingesetzt werden, wie er sich im Selbstbericht b 3, 391 zeigt und nun von Josephus im Sinne der höheren
Fügung zugunsten Vespasians verwandt wird: 4, 622. Davon unterschieden ist die τύχη der hellenistischen Quelle, die ganz ohne Beziehung zum josephischen Gottesdenken steht und das ungewisse,
dem Menschen feindlich gegenüberstehende Schicksal bezeichnet
(4, 591. 607; 5, 46; vgl. 3, 71. 100. 106).

Wird im Bericht über Vespasians Aufstieg die josephische Bearbeitertätigkeit in Kürzungen, Umstellungen und in ganz geringem Umfang auch durch eigene Einschübe erkennbar, so zeigt sich seine

---

[1]) Weber S. 99 denkt an Cäsarea als ständigen Ort dieser Gefangenschaft.

[2]) Tacitus und Sueton bezeugen den 1. Juli 69 als den Beginn der Flavier-
herrschaft. An diesem akklamierten die Legionen Ägyptens, erst am 3. Juli die
in Judäa stehenden.

Hand innerhalb des Berichts über die Belagerung Jerusalems vor allem in den reichlich eingefügten kürzeren oder längeren kommentierenden Einschüben, die das Geschehen in seinem Sinne verständlich machen wollen, ferner — bei der Schilderung der Kämpfe um den Tempel — in einer tendenziös-apologetischen Umgestaltung des ursprünglichen Berichts zugunsten des Titus. Entsprechend der heilsgeschichtlichen Auffassung der Reden ist besonders der Zusammenhang von Versündigung und Gericht herausgearbeitet, daneben aber auch das Determinationsdenken (hier durch die Begriffe εἱμαρμένη und χρεών) [1] stark betont. Häufig stehen beide Ebenen der Argumentation direkt nebeneinander, z.B. so, daß auf den Frevel und die Verstocktheit der Aufständischen hingewiesen wird, die Gottes Gericht verlangen, daneben aber die Tatsache, daß dies Gericht nicht bloß die Schuldigen, sondern die Gesamtheit des Volkes [2] trifft, auf einen Ratschluß Gottes zurückgeführt wird, der den unmittelbaren Schuld-Strafe-Zusammenhang überbietet [3]. Diesem Ratschluß bzw. Plan Gottes kommt nach Josephus eine eigene Rationalität zu: Nicht die Schuld erklärt hier den Geschichtsablauf, sondern ein innerhalb des Zeitablaufs selbst liegendes Geheimnis: In der εἱμαρμένη liegt eine terminliche Exaktheit (ἀκρίβεια), wenn die Zerstörung des Tempels wie einst die durch Nebukadnezar wieder auf einen 10. Ab fällt (6, 268). Vielleicht hat Josephus hier apokalyptische Motive bewahrt und sie mit stoischen Denkmitteln (περίοδος) neu gefaßt [4].

Im Verhältnis zur Analyse Webers, die auf die Herausarbeitung der römischen Vorlage ausgerichtet ist, kann unsere Untersuchung den Anteil des Josephus in seiner lehrhaften Eigenart deutlich machen. Durchweg erweist er sich als umfangreicher, als Weber annahm. Insbesondere zeigt sich, daß Josephus seine kleineren und größeren Erweiterungen des römischen Berichts sehr bewußt an solchen Stellen einsetzt, in denen eine besondere Kriegsmaßnahme der Römer berichtet wird. Hier überbietet er gern die militärische bzw. menschlich-pragmatische Motivation der Quelle durch eine theologische Motiva-

----

[1] Vgl. im einzelnen 5, 354 f. 559; 6, 218. 267 f. Sofern τύχη vorkommt, scheint sie in diesem Teil des Bellum im allgemeinen dem römischen Bericht zuzuweisen zu sein.

[2] Josephus stellt hier wie in den Reden gern „Volk, Stadt und Tempel" nebeneinander.

[3] Vgl. etwa 5, 355; 5, 566. 572.

[4] Dem entspricht auch das stoische οὐχ' ἅπαξ, ἀλλὰ πολλάκις in a 4, 314 (vgl. das Stoikerzitat in SVF (v. Arnim) II 190, 19 f., Hinweis bei A. Oepke, ThWb I S. 389).

tion, deren sekundärer Charakter deutlich hervortritt: Die Wiederaufnahme der Belagerungstätigkeit erfolgt wegen der Verstocktheit der „Tyrannen", vor besonderen militärischen Maßnahmen wird ein Friedensangebot berichtet usw. [1]). Titus ist der Vertreter der φιλανθρωπία, der nur widerwillig den Weg der militärischen Konsequenz geht, aber die Zeloten lassen ihm keine andere Wahl.

In 5, 19 f. hat Josephus selbst einen Hinweis gegeben, wie er den Geschichtsbericht über den Zusammenbruch Jerusalems verstanden wissen will. Er soll „Klage" sein in dem Sinne, wie man nach der Zerstörung des ersten Tempels auch geklagt hat über einstige Größe und jetziges Elend Jerusalems und wie man damals sich mit dem Gebet um Erneuerung an Gott gewandt hat. Die Kraft dieser Klage ist jedoch dadurch gebrochen, daß Josephus sich nicht mit seinem Volk unter eine gemeinsame Schuld beugen kann. Sein römischer Aufenthaltsort markiert mehr als eine äußerliche Distanz zu seiner palästinischen Heimat. Trotzdem ist mit der Kategorie der „Klage" ein alttestamentlich-jüdisches Motiv in das sonst grundsätzlich nach hellenistischen Vorbildern gearbeitete Bellum eingebracht, das noch deutlich genug den Punkt markiert, an dem er als Jude die Theorie von der Objektivität des Historikers durchbrechen muß.

---

[1]) Als Beispiel der „Sekundärmotivation" vgl. 5, 261 f. und 559. Größere Einlagen: 5, 360-445; 6, 94-130. 288-315.

LITERATUR

I. QUELLENTEXTE UND ÜBERSETZUNGEN

a) *Josephus*

Flavii Josephi opera edidit et apparatu critico instruxit B. Niese (7 Bände), Berlin 1887-1895.

Josephus, with an English Translation by H. St. J. Thackeray (weitere Bearbeiter: R. Marcus, A. Wikgren, L. H. Feldman), London-Cambridge/Mass. 1926-1965 (9 Bände). Der Jüdische Krieg erschien 1927 und 1928 in den Bänden II und III, herausgegeben von H. St. J. Thackeray.

Flavius Josephus. De Bello Judaico (Zweisprachige Ausgabe mit Kommentar), hrsg. von O. Michel und O. Bauernfeind. Darmstadt 1959-1969. Bd. I: b 1-3, Bd. II, 1: b 4-5, Bd. II, 2: b 6-7, Bd. III: Ergänzungen und Register.

יוסף בן־מתתיהו קדמוניות היהודים, Übersetzung ins Hebräische mit Einleitung und Erklärungen von A. Schalit, Bd. I-III, 1. und 2. Aufl. Jerusalem 1955-1963.

Flavio Giuseppe. La Guerra Giudaica. Traduzione e commento a cura di G. Ricciotti. 3. Aufl. Torino 1963. Bd. I: Einleitung, Bd. II: b 1-3, Bd. III: b 4-7.

Flavius Josephus. Der Jüdische Krieg. Übertragen und eingeleitet von H. Endrös. 2 Bände, München 1965 und 1966.

b) *Altes Testament*

Biblia Hebraica edidit R. Kittel, textum masoreticum curavit P. Kahle, 9. (= 7.) Aufl. Stuttgart 1954.

Septuaginta ed. A. Rahlfs, 2 Bände, 6. Aufl. ohne Jahr (= 1. Aufl. 1935).

Die Heilige Schrift Alten und Neuen Testaments, übersetzt und neu bearbeitet von H. Menge, 13. Aufl. Stuttgart 1954.

c) *Judentum*

Die Apokryphen und Pseudepigraphen des Alten Testaments, übersetzt und hrsg. von E. Kautzsch, Bd. I: Die Apokryphen des Alten Testaments, Bd. II: Die Pseudepigraphen des Alten Testaments, Darmstadt 1962 (fotomechanischer Nachdruck der ersten Ausgabe Tübingen 1900).

Die Texte aus Qumran, hebräisch und deutsch, von E. Lohse, Darmstadt 1964.

Die Texte vom Toten Meer, Bd. I: Übersetzung, Bd. II: Anmerkungen, von J. Maier, München-Basel 1960.

Philo, with an English Translation by F. H. Colson and G. H. Whitaker, in 10 vols. and 2 supplementary vols., Bd. III London-Cambridge/Mass. 1930 (Nachdruck 1960).

Der Babylonische Talmud, neu übertragen durch L. Goldschmidt, Bd. III: Joma, Sukka, Jom tob, Roš hašana, Taanith; Berlin 1965, Bd. VI: Sota, Gittin, Qiddušin; Berlin 1966.

(H. L. Strack-)P. Billerbeck, Kommentar zum Neuen Testament aus Talmud und Midrasch, 6 Bände, 4. (bzw. 3.) unveränderte Auflage München 1965-1969.

J. Bonsirven, Textes rabbiniques des deux premiers siècles chrétiens, Rom 1955

d) *Neues Testament*

Novum Testamentum Graece cum apparatu critico curavit D. Dr. Eberhard
Nestle, novis curis elaboraverunt D. Dr. Erwin Nestle et D. Kurt Aland D.D.,
24. Aufl. Stuttgart 1960.

e) *Griechen und Römer*

Herodoti historiae ed. C. Hude, Bd. I 3. Aufl. Oxford 1927 (Neudruck 1957).
Polybius, The Histories, with an English Translation by W. R. Paton, in 6 vols.,
London-Cambridge/Mass. 1922-1927 (Nachdruck 1967 und 1968).
Epictetus. The Discourses as reported by Arrian, the Manual, and the Fragments,
with an English Translation by W. A. Oldfather, in 2 vols., London-Cam-
bridge/Mass. 1925-1928 (Nachdruck 1961 und 1959).
Stoicorum veterum fragmenta, coll. J. v. Arnim, Leipzig 1903.
Dio's Roman History, with an English Translation by E. Cary etc. in 9 vols.,
vol. VIII London-Cambridge/Mass. 1955.
Die Fragmente der griechischen Historiker, von F. Jacoby; 2. Teil Zeitgeschichte
A: Universalgeschichte und Hellenika, Leiden 1961; 2. Teil Zeitgeschichte C
(Kommentar), Leiden 1963 (beides fotomechanischer Nachdruck).
P. Cornelii Taciti libri qui supersunt, ed. E. Koestermann, Tom. II fasc. 1:
Historiarum Libri, Leipzig 1961.
Suetonius, with an English Translation by J. C. Rolfe, in 2 vols. London-Cam-
bridge/Mass. 1913 und 1914 (Nachdruck 1964 und 1965).

II. HILFSMITTEL

a) *Wörterbücher*

W. Gesenius-F. Buhl, Hebräisches und aramäisches Handwörterbuch über das
Alte Testament, unveränderter Neudruck der 1915 erschienenen 17. Auflage,
Berlin-Göttingen-Heidelberg 1954.
M. Jastrow, A Dictionary of the Targumim, the Talmud babli and yerushalmi,
and the Midrashic Literature, 2 Bde. New York 1950.
H. G. Liddell-R. Scott, A Greek-English Lexicon, 9. Aufl. Oxford 1940.
W. Bauer, Griechisch-deutsches Wörterbuch zu den Schriften des Neuen Testa-
ments und der übrigen urchristlichen Literatur, 5. Aufl. Berlin 1958.

b) *Konkordanzen*

E. Hatch-H. A Redpath, A Concordance to the Septuagint and the older Greek
Versions of the Old Testament, 3 Bde. Oxford 1897 und 1906 (photomecha-
nischer Nachdruck Graz 1954).
K. H. Rengstorf, A Complete Concordance to Flavius Josephus. Suppl. I:
Namenwörterbuch zu Flavius Josephus von A. Schalit, Leiden 1969.
A. Schmoller, Handkonkordanz zum griechischen Neuen Testament, 10. (= 7.)
Aufl. Stuttgart 1953.

c) *Bibliographien*

L. H. Feldman, Scholarship on Philo and Josephus (1937-1962), Studies in Ju-
daica (Yeshiva University), New York ohne Jahr (1962).
H. Schreckenberg, Bibliographie zu Flavius Josephus (ALGHJ 1), Leiden 1968.

III. SEKUNDÄRLITERATUR

Altheim, F., Römische Religionsgeschichte I, Berlin 1956 (Sammlung Göschen 1035).

Avenarius, G., Lukians Schrift zur Geschichtsschreibung, Meisenheim/Glan 1956.

Bernays, J., Über die Chronik des Sulpicius Severus, Gesammelte Abhandlungen II 1858 S. 172 f.

Betz, O., Offenbarung und Schriftforschung in der Qumransekte (WUNT 6), Tübingen 1960.

Bickermann, E., Art. Makkabäerbücher I-III, in: Pauly-W. RE 14 (1928) Sp. 779-800.

Bloch, H., Die Quellen des Flavius Josephus in seiner Archäologie, Leipzig 1879.

Brießmann, A., Tacitus und das flavische Geschichtsbild (Hermes Einzelschriften Heft 10), Wiesbaden 1955.

Büchler, A., The Sources of Josephus for the History of Syria (in „Antiquities" XII, 3-XIII, 14), JQR 9 (1897), S. 311-349.

Bultmann, R., Die Geschichte der synoptischen Tradition, FRLANT NF 12, 3. Aufl. Göttingen 1957.

Buriks, A. A., ΠΕΡΙ ΤΥΧΗΣ, De ontwikkeling van het begrip tyche tot aan de Romeinse tijd, hoofdzakelijk in de philosophie, Leiden 1948.

McCasland, S. V., Portents in Josephus and in the Gospels, JBL 51 (1932) S. 323-377.

Charles, R. H., Eschatology. The Doctrine of a Future Life in Israel, Judaism and Christianity. 2. Aufl. 1913, Nachdruck New York 1963.

Collomp, P., La place de Josèphe dans la technique de l'historiographie hellénistique, Publications de la Faculté des Lettres de l'Université de Strasbourg, Fasc. 106 (Études historiques), Paris 1947.

Corssen, P., Die Zeugnisse des Tacitus und Pseudo-Josephus über Christus, ZNW 15 (1914) S. 114-140.

Delling, G., Josephus und das Wunderbare, Novum Testamentum 2 (1958) S. 291-309.

Destinon, J. v., Die Quellen des Flavius Josephus in der Jüdischen Archaeologie XII-XVII = Jüdischer Krieg Buch I, Kiel 1882.

Dibelius, M., Die Reden der Apostelgeschichte und die antike Geschichtsschreibung, 1949 (= Aufsätze zur Apostelgeschichte, FRLANT NF 42 5. Aufl. Göttingen 1968, S. 120-162).

Domaszewski, A. v., Die Religion des römischen Heeres, Trier 1895.

Drexler, H., Untersuchungen zu Josephus und zur Geschichte des jüdischen Aufstandes 66-70, Klio 19 (1925), S. 277-312.

Drexler, H., Rezension zu Ad. Brießmann, Tacitus und das flavische Geschichtsbild, Gnomon 28 (1956) S. 523.

Drüner, H., Untersuchungen über Josephus, Diss. Marburg 1896.

Edersheim, A., Art. Josephus, in: Dictionary of Christian Biography III (1882) S. 441-460.

Ehrlich, E. L., Der Traum im Talmud, ZNW 46 (1956) S. 133-145.

Eißfeldt, O., Einleitung in das Alte Testament, 2. Aufl. Tübingen 1956.

Farmer, W. R., Maccabees, Zealots, and Josephus. An Inquiry into Jewish Nationalism in the Greco-Roman Period, 2. Aufl. New York 1958.

Gerlach, E., Die Weissagungen des Alten Testaments in den Schriften des Flavius Josephus und das angebliche Zeugniß von Christo, Berlin 1863.

Glatzer, N. N., Untersuchungen zur Geschichtslehre der Tannaiten. Ein Beitrag zur Religionsgeschichte, Berlin 1933.

Hahn, I., Josephus und die Eschatologie von Qumran, in: Qumran-Probleme, Berlin 1963 S. 167-191.

Harnack, A. v., Der jüdische Geschichtsschreiber Josephus und Jesus Christus, Internationale Monatsschrift für Wissenschaft, Kunst und Technik 7 (1913) Sp. 1036-1067.

Hengel, M., Die Zeloten. Untersuchungen zur jüdischen Freiheitsbewegung in der Zeit von Herodes I bis 70 n. Chr. (AGSU 1), Leiden 1961.

Herford, R. T., Die Pharisäer (Übersetzung W. Fischel), Köln 1961.

Herzog-Hauser, G., Art. Tyche, in: Pauly-W. RE 2. Reihe VII (1948) Sp. 1643-1689.

Hölscher, G., Die Quellen des Josephus für die Zeit vom Exil bis zum Jüdischen Kriege, Diss. Marburg, Leipzig 1904.

Hölscher, G., Art. Josephus, in: Pauly-W. RE 9 (1916) Sp. 1934-2000.

Homo, L., Vespasien, l'empéreur du bon sens. Paris 1949.

Howald, E., Vom Geist antiker Geschichtsschreibung, München 1944, Nachdruck 1964.

Kraus, H.-J., Art. Klagelieder Jeremiä, in: RGG III (1959) Sp. 1627-1629.

Kraus, H.-J., Gottesdienst in Israel. Grundriß einer Geschichte des alttestamentlichen Gottesdienstes, 2. Aufl. München 1962.

Kroymann, J., Fatum, Fors, Fortuna im Geschichtsdenken des Tacitus, in: Satura (Festgabe O. Weinreich), Offenburg/Baden 1952 S. 71-102, hier zitiert nach V. Pöschl, Tacitus (Wege der Forschung Bd. 97), Darmstadt 1969 S. 130-160.

Laqueur, R., Der jüdische Historiker Flavius Josephus. Ein biographischer Versuch auf neuer quellenkritischer Grundlage, Gießen 1920; 2. Aufl. als reprografischer Nachdruck mit einem Nachwort von O. Michel, Darmstadt 1970.

Laqueur, R., Rezension zu W. Weber, Josephus und Vespasian, Philologische Wochenschrift 41 (1921) Sp. 1105-1114.

Laqueur, R., Art. Nikolaos von Damaskus, in: Pauly-W. RE XVII (1936) Sp. 362-424.

Latte, K., Römische Religionsgeschichte (Handbuch der Altertumswissenschaft V, 4), München 1960.

Lausberg, H., Handbuch der literarischen Rhetorik, 2 Bände, München 1960.

Luterbacher, F., Der Prodigienglaube und der Prodigienstil der Römer, Burgdorf 1904 (Nachdruck Darmstadt 1967).

Michel, O.-Bauernfeind O., Die beiden Eleazarreden in Jos. bell. 7, 323-336; 7, 341-388. ZNW 58 (1967) S. 267-272.

Michel, O., Spätjüdisches Prophetentum, Neutestamentliche Studien für R. Bultmann, Berlin 1954, S. 60-66.

Michel, O., Miszelle „Ich komme" (Jos. Bell. III, 400) ThZ 24 (1968) S. 123 f.

Michel, O., Zur Methode der Forschung, in: Studies on the Jewish Background of the New Testament, Assen 1969, S. 1-11.

Michel, O., Ein Beitrag zur Exegese des Traktates Abot, in: Verborum Veritas (Stählin-Festschrift), Wuppertal 1970 S. 349-359.

Moore, G. F., Fate and Free Will in the Jewish Philosophies according to Josephus, HThR 22 (1919) S. 371-389.

Morel, W., Eine Rede bei Josephus, Rhein. Mus. 75 (1926) S. 106-115.

Motzo, B., Saggi di storia e letteratura giudeo-ellenistica, Firenze 1924.

Neusner, J., A Life of Rabban Yohanan ben Zakkai. Ca. 1-80 C.E. (SPB 6), Leiden 1962.

Niese, B., Bemerkungen über die Urkunden bei Josephus Archaeol. B. XIII. XIV. XVI. Hermes 11 (1876) S. 466-488.

Niese, B., Zur Chronologie des Josephus, Hermes 28 (1893) S. 194-229.

Niese, B., Der jüdische Historiker Josephus, Hist. Zs. 40 (1896) S. 193-237.

Niese, B., Art. Josephus, in: ERE vol. VII, Edinburgh 1914 Sp. 569-597.

Norden, E., Josephus und Tacitus über Jesus Christus und eine messianische Prophetie, Neue Jahrbücher für das klassische Altertum 16 (1913) S. 637-666.

Oepke, A., Art. ἀποκαθίστημι, ThWb I S. 386-392.

Otto, P., Strabonis ΙΣΤΟΡΙΚΩΝ ΥΠΟΜΝΗΜΑΤΩΝ fragmenta, Leipzig 1889.

Otto, W., Art. Herodes, in: Pauly-W. RE Suppl. II (1913) Sp. 1-205.

Pédech, P., La méthode historique de Polybe, Paris 1964.

Pohlenz, M., Die Stoa. Geschichte einer geistigen Bewegung, 3. Aufl. Göttingen 1964 (2 Bände).

Rössler, D., Gesetz und Geschichte. Untersuchungen zur Theologie der jüdischen Apokalyptik und der pharisäischen Orthodoxie (WMANT 3), 2. Aufl. Neukirchen 1962.

Russel, D. S., The Method and Message of Jewish Apocalyptic, London 1964.

Scala, R. v., Die Studien des Polybios, Bd. I Stuttgart 1890.

Schalit, A., König Herodes. Der Mann und sein Werk (StJ 4), Berlin 1968 (Übersetzung aus dem Hebräischen).

Scheller, P., De hellenistica historiae conscribendae arte, Diss. Marburg 1911.

Schemann, F., Die Quellen des Flavius Josephus in der jüdischen Archaeologie Buch XVIII-XX = Polemos II, cap. VII-XIV, 3, (Diss. Marburg) Hagen 1887.

Schlatter, A., Zur Topographie und Geschichte Palästinas, Calw und Stuttgart 1893.

Schlatter, A., Wie sprach Josephus von Gott? (BzFchrTh 14, Heft 1), Gütersloh 1910.

Schlatter, A., Die hebräischen Namen bei Josephus (BzFchrTh 17, Heft 3), Gütersloh 1913.

Schlatter, A., Der Bericht über das Ende Jerusalems. Ein Dialog mit Wilhelm Weber (BzFchrTh 28, Heft 1), Gütersloh 1923.
(Die drei zuletzt genannten Arbeiten finden sich neuerdings zusammengefaßt in A. Schlatter, Kleinere Schriften zu Flavius Josephus, hrsg. und eingeführt von K. H. Rengstorf, Darmstadt 1970.)

Schlatter, A., Die Theologie des Judentums nach dem Bericht des Josefus, (BzFchrTh 2. Reihe Bd. 26), Gütersloh 1932.

Schlatter, Th. (hrsg.), Ad. Schlatters Rückblick auf seine Lebensarbeit (Bz Fchr Th, Sonderheft), Gütersloh 1952.

Schürer, E., Rezension zu H. Bloch, Die Quellen des Flavius Josephus in seiner Archäologie, ThLZ 1879, Sp. 564-572.

Schürer, E., Rezension zu A. Schlatter, Zur Topographie und Geschichte Palästinas, ThLZ 1893 Sp. 223-227.

Schürer, E., Geschichte des jüdischen Volkes im Zeitalter Jesu Christi I, 3. und 4. Aufl. Leipzig 1901.

Shutt, R. J. H., Studies in Josephus, London 1961.

Stählin, G., Die Apostelgeschichte, übersetzt und erklärt (NTD 5), 10. Aufl. Göttingen 1962.

Stauffer, E., Christus und die Cäsaren, 4. Aufl. Hamburg 1952.

Stein, E., De Woordenkeuze in het Bellum Judaicum van Flavius Josephus, Amsterdam 1937.

Täubler, E., Die nicht bestimmbaren Hinweise bei Josephus und die Anonymushypothese, Hermes 51 (1916), S. 211-232.

Thackeray, H. St. J., Josephus, the Man and the Historian, New York 1929.

Weber, W., Josephus und Vespasian. Untersuchungen zu dem jüdischen Krieg des Flavius Josephus, Berlin-Stuttgart-Leipzig 1921.

Westermann, C., Art. Klagelieder Jeremias, in: EKL Bd. II (1958) Sp. 843 f.
Weynand, Art. Vespasian (Flavius Nr. 206), in: Pauly-W. RE VI (1909) Sp. 2623-
    2695.
Windisch, H., Die Orakel des Hystaspes, Amsterdam 1929.

STELLENREGISTER

(Ein Sternchen * verweist auf den Anmerkungsapparat)

Vita		419		89*
1 f.	60*; 75	424 f.		66*
10-12	60*; 75	*Contra Apionen*		
11	53	1, 4		66*
12	146*	29-36		146*
17	22	30 ff.		75
17-19	58; 146	32		147*
18	93*	35		147*
28-380	8*	40		141*
28-413	19*	41		146*
80	60*	47 f.		9
123	49*	49		9
142	89*	50		140
180	89*	54		75
198	60*	55		9
342	9; 16*	56		9; 16*
357 f.	9	2, 130		89*
358	16*	187 f.		147*
361	92	194		147*
363	92	218		51*; 124*
413	66*	227		89*
414 ff.	66*	228		89*
417	89*			

ALTES TESTAMENT UND JUDENTUM

Genesis		38, 17	33
41, 38	53	*Psalmen*	
Exodus		8, 7	23*
14, 13 f.	33*	*Klagelieder (Threni)*	
19, 6	32	Kap. 1	137
Leviticus		1, 1	113; 136
23, 15	127*	5	140
Numeri		7	113; 140
24, 17b	71	8-10	140
Deuteronomium		18	139
16, 9	127*	Kap. 2	137
1. Könige		2, 3	138
2, 28	60	4 f.	139
19	56*	7	113; 139 f.
2. Könige		13-19	134*
18 u. 19	30*	14	139
Jesaja		15	113
10	30	16 f.	140
10, 34	74	17	139
36 u. 37	30*	20	138
56	32	Kap. 3	137
Jeremia		3, 42	139
7, 9	33*	59-66	140
11	32	Kap. 4	137
17, 5-8	33	4, 6	138*
26	32	10	138
37, 11-15	73*	11	138

NEUES TESTAMENT

GRIECHEN UND RÖMER